法感通幽

法学阅读方法与写作思维

刘树德 著

中国法制出版社
CHINA LEGAL PUBLISHING HOUSE

图书在版编目（CIP）数据

法感通幽：法学阅读方法与写作思维 / 刘树德著
. —北京：中国法制出版社，2021. 10
ISBN 978 - 7 - 5216 - 2068 - 9

Ⅰ. ①法… Ⅱ. ①刘… Ⅲ. ①法律文书 - 写作 - 中国
Ⅳ. ①D926. 13

中国版本图书馆 CIP 数据核字（2021）第 143470 号

责任编辑：韩璐玮（hanluwei666@ 163. com）　　封面设计：周黎明

法感通幽：法学阅读方法与写作思维
FAGAN TONGYOU：FAXUE YUEDU FANGFA YU XIEZUO SIWEI

著者/刘树德
经销/新华书店
印刷/三河市紫恒印装有限公司
开本/880 毫米 ×1230 毫米　32 开　　印张/ 10. 5　字数/ 223 千
版次/2021 年 10 月第 1 版　　2021 年 10 月第 1 次印刷

中国法制出版社出版
书号 ISBN 978 - 7 - 5216 - 2068 - 9　　定价：58. 00 元

北京市西城区西便门西里甲 16 号西便门办公区
邮政编码：100053　　传真：010 - 63141852
网址：http：//www. zgfzs. com　　**编辑部电话：010 - 63141791**
市场营销部电话：010 - 63141612　　**印务部电话：010 - 63141606**

（如有印装质量问题，请与本社印务部联系。）

序言（一）

陈兴良*

刘树德新近完成了《法感通幽》一书，邀请我为其新书作序。刘树德勤于著述，这在我国法学界也是十分突出的。我为刘树德所写的书序就多达六篇，这已经创下我为同一位作者的著作写序的纪录，这些书序收入我的《法外说法》（第二版，北京大学出版社2020年版）序跋集。本序是我为刘树德写的第七篇序。可见刘树德写作之勤、出书之多，令人赞叹。尤其是，刘树德作为最高人民法院的一名法官，仅仅是在工作之暇进行业余写作，居然如此多产。我自己作为专业的写作者，不禁感到汗颜。对于刘树德在著述上的成就，作为其导师，本人可谓与有荣焉。

当然，我也并不认为著作等身就一定是好的，也不否认十年磨一剑可能会出佳作精品。然而，无论如何，勤能补拙，由此养成的写作习惯是难能可贵的。而刘树德的《法感通幽》一书恰好可以为我们揭开刘树德之所以能够写作高产的秘密，这就是广闻博记，勤于读书。只有勤于读书，才能为写作积累资料和厘清思路，从而为勤于写作提供学术营养。我之所以这么说，是因为本书大体上是一部读书笔记，由此可以发现刘树德读书之多、之广与之杂。说多是因为本书收录了近50篇读书笔记，对应的就是近50本书，这已经不是一个小数目。说广是因为本

* 北京大学博雅讲席教授。

书反映了刘树德读书的范围十分广泛，不仅包括刑法书籍，而且包括法理以及其他部门法的书籍，可谓来者不拒，开卷有益。说杂是因为他所读的书有专著，也有教科书，还包括论文集等各种类型。

读书笔记可以说是刘树德读书的附属物，它具有对所读之书的一定从属性。读书笔记是常见的一个用语，其关键词是笔记。根据百度百科的解释，笔记是中国古代记录史学的一种文体。笔记可以分为随笔、笔谈、杂识、日记、札记等，是一个含义宽泛的概念，而狭义上的笔记大体上可以等同于札记。刘树德的这本书可以说是狭义上的笔记，是在读书过程中，对书中感兴趣的内容的摘抄、整理、综述和感想。通读刘树德本书内容，可以发现这些内容分为三种类型：

1. 书评性质的读书笔记

在本书中，某些篇章具有一定的书评性质，但还达不到书评的程度，因而属于书评性质的读书笔记。我之所以将某些篇章定性为书评性质的读书笔记，是因为这些篇章的内容介乎于书评与读书笔记之间，但更接近于读书笔记。应该说，书评与读书笔记是两种既有密切联系又有明显区分的文体。书评属于学术批评的一种载体，相对来说，在文学领域更为通行，甚至文学评论本身在相当程度上是以书评为主体的。而在其他学术领域，书评往往不受重视，甚至受到冷落。例如，在法学界就是如此。法学可以说没有真正意义上的书评，没有一位学者会主动为他人的著作写书评，绝大多数书评都是受邀而写。至于书评的内容，一般以赞美为基调，绝少批评。在这种情况下，书评成为一种肤浅的文字，没有真知灼见，没有学术含量，因而也不被人所重视。不仅书评的作者，即使是被评之书的作者也不把书评当作一回事。而刘树德在本书中对某些著作的评论并非出于功利的目的，而完全是出于本人的学术兴趣。因此，这种书评更为中立，更为超脱，评价也较为中肯，较为客观。例如，《正确对待形式/实质解释论的来源与语境》一文，是对刘艳红教授的《实质刑法观》（第二版，中国人民大学出版社2019年版）一书的点评，在某种意义上具有书评的性质。刘艳红教授的《实质刑法观》是其代表作之一，该书第二版出版以后，刘树德对该书进行了仔细的阅读。其仔细之处在于：此次阅读，刘树德特别在意该专著新版是否对形式/实质系列范畴，例如，形式/实质合理性、形式/实质理性、形式/实质思维、形式/实质判断、形式/实质解释（论）、形式/实质法治国、（罪刑法定原则）形式/实质侧面、形式/实质犯罪概念、形式/实质犯罪论（体系）、形式/实质刑法观等重新进行辨析与论证。此外，刘树德还特别关注该书新增的两章，即第七章“形式与实质刑法解释论的来源、功能与意义”，对形式与实质刑法解释论的语境进行了澄清；第八章“实质刑法观的体系化思考”，在一定程度上使读者更好地了解实质刑法观的全貌，尤其是对学界批评或质疑实质刑法观作出了针对性的回应。因此，刘树德是在读过刘艳红该书第一版以后，又对第二版再次认真阅读，洞察第一版与第二版之间的差异。在一般情况下，同一本书的不同版本之间区别并没有那么大，因而在读过第一版以后，对第二版就不会再认真阅读，只是浏览一下而已。有些人甚至不再购买第二版，即使在论文引用中，也仍然引用第一版。其实，根据严格的学术规范，在新版出版以后，论文注释应当引用新版。当然，对于不以写作为目的的阅读者来说，出于经费上的考虑，在已有旧版的情况下不购买新版书，也是完全可以理解的。在一般情况下，我会为论文注释引用购买新版书，然而还做不到对新版书像刘树德这样仔细阅读。刘树德对刑法中的形式与实质问题曾经做过思考，具有相应的知识储备，因而对两种形式与实质进行了区分：第一种是黑格尔所言的法律的形式/实质合理性中的“形式”（“法律的外在品质”）—“实质”（“法律的内在精神”）。

第二种是日本学者大谷实、前田雅英所持的形式/实质犯罪论中的“形式”（“从具有通常的判断能力的一般人是否能够得出该种结论的角度出发进行判断”）—“实质”（“应从处罚的必要性和合理性的角度进行判断”），以及阮齐林提出的形式/实质解释中的“形式”（“刑法分则具体条文明文规定应受处罚的行为”）—“实质”（“在分则条文规定的罪状之外，构筑一个不依赖于分则罪状的一般犯罪构成或者犯罪成立的‘规格’”）。前者关涉罪刑法定原则，后者则是解释方法论问题。因此，刘树德提醒读者需要始终抱持一种区别的立场来对不同场合中“形式/实质”的具体所指和区分准据仔细地加以辨析。应该说，刘树德对此的分析已然超出读书笔记的范畴，具有一定的分析性与评论性，因而更接近于书评。

2. 读后感性质的读书笔记

读后感是指在阅读一本书以后引发的感想，这种感想虽然来自所读之书，但其内容又不拘泥于该书。事实上，这种读后感性质的读书笔记，是作者个人的所思所想，虽然起意于某书但又疏离于某书，具有其独立的价值。例如，《因循守旧还是与时俱进》一文，是刘树德读车浩教授的《阶层犯罪论的构造》（法律出版社2017年版）一书以后所写的笔记。在该文的引言，刘树德说：“拜读车浩教授的《阶层犯罪论的构造》（法律出版社2017年版）之际，笔者正好在整理《认真对待理由——裁判文书说理23讲》书稿（此书稿正式出版时改名为《无理不成“书”——裁判文书说理23讲》，中国检察出版社2020年版），自然而然地触发了对阶层犯罪论与刑事裁判说理的关联性思考。”因此，这篇读书笔记是在读书时所产生的一种关联性思考，也可以说是读书的收获。刘树德关于裁判文书说理的著作，主要是在讨论裁判文书中如何说理的问题。这里的裁判文书当然并不限于刑事审判的裁判文书，而且也包括民事审判和行政审判的裁判文书。无论何种裁判文书都涉及说理的方法论根据问题。车浩教授的该书内容并没有直接涉及裁判文书说理的主题，然而从阶层犯罪论体系角度，刘树德立即联想到刑事裁判文书的说理根据问题。因为刑事裁判文书说理的一个重要内容就是对行为是否构成犯罪的论证说理，而这种说理除了事实与证据层面外，还包括犯罪论体系的运用。从某种意义上说，犯罪论体系是论证某一行为是否成立犯罪的方法论根据。因此，在本文中，刘树德从以下三个方面就阶层犯罪论体系对刑事审判裁判文书说理的意义进行了阐述：一是阶层犯罪论对裁判文书“说理部分”整体结构的影响；二是阶层犯罪论对裁判文书说理思维的影响；三是阶层犯罪论对裁判文书说理论据的影响。最后，刘树德回到该文的主题：在采用三阶层犯罪论体系还是四要件犯罪论体系作为刑事审判裁判文书说理根据的问题上，是因循守旧还是与时俱进？对此，刘树德得出了自己的结论。因此，该文虽然是一篇读书笔记，却并不是局限于某书的评论，而是由该书而生发的感想。

3. 综述性质的读书笔记

关于读书，有一句老话，这就是“不动笔墨不读书”。这句话的意思是在读书的时候，应当同时勾画内容要点，并对重点内容进行综述。这也是读书笔记中所谓笔记的本义之所在。这里的笔记不仅是原文照抄，而且还要进行整理归纳，由此而消化本书的内容。在本书中，这种综述性质的读书笔记占有一定的比例，表明刘树德读书并不是泛读而是精读，读一本书就将这本书的内容吃透，这是一种值得赞赏的读书方法。例如秦雪娜博士的《共犯从属性研究》（中国法制出版社2020年版）一书，是作者的博士论文。刘树德针对该书撰写了《追求刑法教义的精致化》一文。精细化，这是刘树德读了该书以后的一种感觉，而精细化也正是刑法教义学的特征之一。当然，即使在刑法教义学的不同观点之间，仍然存在精细与粗疏之别。应该说，刘树德对教义学的精细化这个特征抓得还是比较准确的。在该书中，秦雪娜博士在论述正犯与共犯的区分制与单一制时，提到区分制相比于单一制，具有某种程度的精细化。当然，之所以说刘树德的这篇文章属于综述性质的读书笔记，是因为在该文中，存在对所读之书内容的大量摘抄梳理。例如，秦雪娜博士注重在共犯领域促进刑法教义精致程度的提升，刘树德对此从六个方面进行了归纳，而这些归纳基本上都是直接引用秦雪娜博士的叙述段落，而没有太多的个人评论和分析。因此，这篇文章还不能说是一篇书评，只能归之于读书笔记。

一般来说，作者不会把读书笔记当作一种正式的文体。这是因为读书笔记具有一定的随意性与私密性，主要是用于个人使用，很少公开出版。刘树德这本读书笔记分为不同专题，而且每篇读书笔记都是一篇独立完整的文章，因而已经具备了出版的条件。从某种意义上说，这本书大体上是一种关于读书的书。本书名曰《法感通幽》，是一个十分独特的书名，无论是法感还是通幽，都会引起读者的兴趣。法感，顾名思义，是指法感觉。如果添加价值内容，就是指对法的正义等内容的感悟或者体悟。刘树德引用了各种对法感的定义，我较为欣赏的是徐雨衡的定义："法感"是"个体基于其社会化历程与个人经历所形成的、在面临特定的情景或特定的案例时所产生的关于是非曲直的朴素正义感"。[①]至于通幽二字，来自唐诗"曲径通幽处，禅房花木深"一句，通常是指环境幽静。刘树德将通幽与法感相连接，表达的可能是通过读书所感觉体悟的如同禅意一般的法意。这个书名不俗，而且拙朴。同时，我注意

① 参见徐雨衡：《"法感"在法律推理中的价值及其适用》，载《法制与社会发展》2020年第2期。

到刘树德对本书还拟了一个副标题："法学阅读方法与写作思维"。如果说，法感通幽是抽象的，那么，这个副标题就是具象的，它直指本书的内容。本书不仅对初入法学之门的读者具有启发意义，而且对写作者也具有一定的启迪性，这就是如何写好一本法学书。

是为序。

谨识于北京海淀锦秋知春寓所

2020 年 12 月 30 日

序言（二）

卓泽渊*

读书，于我们来说有着多样的动因与追求。不同的旨趣，使读书成为一件令人炫目而又十分优雅的事情。在读书这件事情上，最能使我敬佩的是读而能有感，有感而能发，发而能成文，汇文而能成书的境界。

为实用而读书，是读书者的常态。我们都会因为实用的需要而读书。比如为了操作某个物件，通过某一考试，学习某一技艺，从事某一职业而读书，等等，不一而足。这些读书都是必要的，必须的，也是十分有用的。读书是知识的不尽来源，这也许就是宋朝朱熹所描述的感觉："半亩方塘一鉴开，天光云影共徘徊。问渠那得清如许？为有源头活水来。"

为志趣而读书，那是特别令人羡慕的事情。读书本身就是一件乐事，更让我们觉得快乐的是，还能增长知识、广博见闻、陶冶性情、激发灵感。读到高兴处，为之兴高采烈，或击节称赞，或舞之蹈之，乐莫大焉。这也许就是明代于谦的感受："书卷多情似故人，晨昏忧乐每相亲。眼前直下三千字，胸次全无一点尘。活水源流随处满，东风花柳逐时新。金鞍玉勒寻芳客，未信我庐别有春。"这种乐趣只有读书人自己最为清楚。

将读书的感悟发而成文，汇文成书，是读书的别样境界。它是认知

* 中共中央党校国家行政学院教授。

的再创造、知识的再生产，是一种崇高的精神活动。作为我们法学界、法律界的同人，本书作者刘树德，是一个刑法学博士、一个法官、一个司法体制改革以及审判管理专家，同时也是一个乐于阅读，并能把读书境界提升到极致的学者。他将新作《法感通幽》书稿发给我，使我能先睹为快。

该书以优美的文字将读者的思绪引进一本本法学专著、一篇篇法学文章。随着作者的论述，我们进入了一个又一个法学与法律的场景，既能感受原作所构建的美妙世界，又能获得本书作者的感悟，进而生发出我们自己的联想。这就形成了一个更为奇妙的阅读场景：“原作—感悟—新感悟”。“原作”“感悟”“新感悟”这三者就是引导和助推我们“通幽”的元素，作者这么做了，我们也不妨一试。《法感通幽》所期待的，正是许多人所追求的那种，可以想见而又难以言喻的法与法治的幽深之境，法律与法学的玄妙之处。我愿意为之击节，并介绍给读者。

通幽法感自接地，卷帙成梯可触天。
世上风云书海里，庭中争讼律条间。
粗茶淡墨一心静，国法天规两眼观。
哪有纷争不堪解，胸中锦绣是宏篇。

2021年春于大有北里

通过阅读养成“法感”（代前言）

据德国学者考证，亚里士多德最早论及“法感”[①]，一是认为法官的心灵是“使正义荣耀的心灵”，二是主张人类具有善恶、公义等感觉。德国许多学者均对其有所论述，例如，政治学家、哲学家古斯塔夫·鲁梅林在1871年就任图宾根大学校长作演讲时强调，“法感”作为“内在驱动力”，是道德秩序的第二种形式，与“良知”（Gewissen）并驾齐驱，代表着善是社会生活主导力量的理念；法学家耶林曾以权利被侵害的一刹那为例说明“法感”，认为在此时“法律的真义、真正的不知便由直接的感觉、感情的形式而现形”；“正义感是一切法律之心理渊源，法律的力量完全和爱情的力量一样，都基于感觉，理解与见识不能够补足感觉的残缺”[②]。国内学者尚未对“法感”形成共识性的界定，例如，吴从周教授认为，“法感”是“一种无可比拟的情绪，是针对某一案件事实而接触到法律构成要件时，被激发的一种感觉”[③]；徐雨衡博士认为，“法感”是“个体基于其社会化历程与个人经历所形成的、在面临

① “法感”亦称“法律观”（Rechtsanschauung）、“法意识”（Rechtsbewusstsein）、“法感受”（Rechtsempfinden）、“法知”（Rechtsgewissen）、“法确信”（Rechtsiiberzeugung），等等。参见吴从周：《初探法感（Rechtsgefuehl）——以民事案例出发思考其在法官判决中之地位》，载《台北大学法学论丛》2014年第92期。

② 转引自徐雨衡：《“法感”在法律推理中的价值及其适用》，载《法制与社会发展》2020年第2期。

③ 参见吴从周：《初探法感（Rechtsgefuehl）——以民事案例出发思考其在法官判决中之地位》，载《台北大学法学论丛》2014年第92期。

特定的情景或特定的案例时所产生的关于是非曲直的朴素正义感”①。此处没有对“法感”的界定及其相关问题作深入研究的意图，而只是借此引出与该书相关的话题。

一是关于书名的确定。2020年5月12日22时30分睡觉之际，“法感”一词出现在脑海之中，这直接地与前几日我品读陈璇教授《刑法归责原理的规范化展开》（“法感觉”一词多处出现）和微信中见到徐雨衡博士的论文《“法感”在法律推理中的价值及其适用》有关。第二日早晨坐地铁7时5分左右想到“法感通幽”这个题目。

二是关于书的诞生。这本书的形成过程有些特殊。按照魏敦友教授的观点，关于读书写不写（体会或感想）各不尽然，朱熹为写一路，王阳明大略为不写一路。“朱熹一路或为才思中人者所持，然有大才者不必操此一路，阳明子讲心外无物者是也。我辈才或中者，采朱熹一路为好，如硬循阳明一路，则或会流于狂禅”。② 就我而言，先前读完书后主动地去写读后感的，只是偶尔为之；不过，应好友之邀，读完其所赠大作之后写点读书心得之类的，则是经常乐意为之，亦算是“礼尚往来”吧。未曾想到，“积之既久，自成规模”，2019年国庆假期，我打开电脑检索文件包，发现读后感已经有了些库存。于是决定从当时开始，有意识地、主动地读书并将读书心得草就成文。此次裒辑成书时，除“拟稿办文之要”部分外，我从“裁判说理之道”“法治践行之思”“刑法学问之术”中加以挑选与整理。

三是关于书的效用。美国学者将阅读分为两种：一是为获得资讯而阅读；二是为增进理解而阅读，同时认为只有后一种才是真正的阅读，

---

① 参见徐雨衡：《“法感”在法律推理中的价值及其适用》，载《法制与社会发展》2020年第2期。

② 参见魏敦友：《当代中国法哲学的反思与建构》，法律出版社2011年版，第376页。

理由是,“没有任何外力的帮助,你就是要读这本书。你什么都没有,只凭着内心的力量,玩味着眼前的句子,慢慢地提升自己,从只有模糊的概念到更清楚地理解为止。这样的一种提升,是在阅读时的一种脑力活动,也是更高的阅读技巧。这种阅读就是让一本书向你既有的理解力作挑战”①。按照陈金钊、吕玉赞教授的观点,阅读无疑有助于型塑“前理解”(Vorverstaendnis)、“法感”(Rechtsgefühl)、“判决感”(Entscheidungsgefühl),从而在思维上引导法官等作出正确的判断,并提供相应的批判性工具和理性重构程序。② 美国联邦最高法院大法官布雷耶认为,“一个好的法官与其说是一个斩钉截铁的英雄或义正词严的斗士,不如说是一个啰啰唆唆、犹犹豫豫、不断掂量‘一方面,另一方面’的学究——正是这种啰唆和犹豫显示出一个法官的审慎和平衡感”③。联合国前南国际刑事法庭刘大群法官认为,法律思维的形成起码需要“三个五”,即通过五种思维方式(逻辑思维、辩证思维、批判思维、换位思维和逆向思维)、五种能力(语言能力、认知能力、研究能力、表达能力和社会实践能力)以及五个事件(精读一本书、研究一个案例、钻研一个法律原则、写一篇文章和参加一次社会实践)来提升思维与技能④。刘哲检察官认为,读书是“一个自我扩展的过程”“一个再次认识自我的过程”“一个自我进化的过程”⑤。显然,前述学者、

---

① 参见[美]莫提默·J. 艾德勒、查尔斯·范多伦:《如何阅读一本书》,郝明义、朱衣译,商务印书馆2006年版,第11页。

② 参见陈金钊、吕玉赞:《基于思维规则的法律方法研究》,北京大学出版社2020年版,第55页。

③ 转引自刘瑜:《法治的“秘密”》,载凤凰网,http://book. Ifeng. com/yeneizixun/detail_ 2013_ 04/03/23846624_ 2, shtml,最后访问时间:2013年8月21日。

④ 参见汪闵燕:《法治的精神就是讲道理——访联合国前南国际刑事法庭刘大群法官》,载《法制日报》2014年3月11日。

⑤ 参见刘哲:《司法观》,清华大学出版社2020年版,第3页。

法官和检察官均直接或者间接地强调了阅读的重要性。就法官“法感”及其司法经验而言，具体养成路径无非是两条：一是在亲自实践中直接领悟与总结提升；二是在跟他人学习中间接地汲取与消化吸收。其中，通过阅读他人的著作无疑又是向他人学习的一种重要方式。据张骐教授分析，曾经担任美国联邦最高法院大法官一职长达30年且著述颇丰、影响巨大的美国著名法学家霍姆斯在其名著《普通法》中的经典论断——“法律的生命不在于逻辑，而在于经验”① 中的“经验”就是“习惯、信仰、意见、直觉、一个民族的历史、社会利益、法律目的”，这些是决定法律生命的重要因素。② 既然法律生命决定于此种广泛意义上的“经验”，那么，法官的阅读范围越广越好，既要读“有形之书”，也要读“无形之书”（“三人行，必有我师焉”，亦即向身边人学习）。当然，面对“信息爆炸”和精力有限等方面的主客观因素，每个人必须解决好在有限时间内阅读什么、如何阅读等问题进而达至“帕累托”最佳状态。此时，按照邓正来先生“知识的两大铁律”③ 之一“知识增量只能在一定的知识脉络里才有意义”的观点，每个人自然应结合自己的专业背景及其所从事的具体职业或者工作而有目的地选择书目来加以

① 参见［美］小奥利弗·温德尔·霍姆斯：《普通法》，冉昊、姚中秋译，中国政法大学出版社2006年版，第1页。该论断已为国内众多法律人耳熟能详，且引发不少学者的延伸思考，参见徐爱国：《霍姆斯〈法律的道路〉诠释》，载《中外法学》1997年第4期；张芝梅：《法律中的逻辑与经验：对霍姆斯的一个命题的解读》，载《福建师范大学学报（哲学社会科学版）》2004年第1期；胡铭、王震：《现实主义中寻找中国当代法律的道路》，载《浙江社会科学》2014年第5期；陈金钊：《法律思维的逻辑基础：从霍姆斯到亚狄瑟》，载《第十四届全国法律逻辑学术讨论会论文集》2016年7月；张骐：《中国判例之路中的经验与逻辑——霍姆斯论断的启示》，载《清华法学》2020年第6期；等等。

② 参见张骐：《中国判例之路中的经验与逻辑——霍姆斯论断的启示》，载《清华法学》2020年第6期。

③ 另一规律是“人的理性的有限性决定了知识批判的必然性”，参见魏敦友：《当代中国法哲学的反思与建构》，法律出版社2011年版，第380页。

阅读。就我而言，基于先前所学的国际政治、刑法学专业和主要从事的司法改革、审判调研工作，近些日子阅读的大多是关于司法改革、刑法学、法理学、政治学等方面的著作。就个人的工作与学术经历而言，此种广泛性的阅读确实是有益的，无论是参与司法改革、刑事审判，还是从事综合调研、拟稿办文，均直接或者间接地受到这些“阅读作品”的影响。

四是关于书里的故事。因工作所需，特别是在司法改革过程中往往会对有关制度的生成史进行整理，例如为何裁判文书样式从先前的“主文在首部”调整为“主文在尾部”，为何最高人民法院制定的司法解释及非司法解释类规范性文件只有一个（即《中华人民共和国人民法院法庭规则》）冠“中华人民共和国”名号，最高人民法院与最高人民检察院的司法解释制度又是如何嬗变成现今模样的，二审终审制度最终确立的依据又是什么，等等。我慢慢地养成了收集整理法治进程中发生的有趣故事的习惯。另外，我还经常说服周围的法官或者同事整理记录有关审判、最高人民法院发展历程的故事，以为后来人留下些东西。为此，我在有关读后感中如实记录了我所闻所见所经历的一些故事，当然不会涉及那些仅适宜私聊的情形与细故。

目　录

【拟稿办文之要】

如何起草司法解释/非司法解释类审判业务规范性文件

2018年3月11日修正的《宪法》第一百三十二条规定：最高人民法院是最高审判机关。最高人民法院监督地方各级人民法院和专门人民法院的审判工作，上级人民法院监督下级人民法院的审判工作。1981年6月10日全国人大常委会通过的《关于加强法律解释工作的决议》第二条规定：凡属于法院审判工作中具体应用法律、法令的问题，由最高人民法院进行解释。凡属于检察院检察工作中具体应用法律、法令的问题，由最高人民检察院进行解释。最高人民法院和最高人民检察院的解释如果有原则性的分歧，报请全国人民代表大会常务委员会解释或决定。2018年10月26日修订的《人民法院组织法》第十八条规定：最高人民法院可以对属于审判工作中具体应用法律的问题进行解释。最高人民法院可以发布指导性案例。宪法和这些法律是最高人民法院行使职权的法定依据。当然，从实践来看，最高人民法院“实际行使职权”与“法定文本职权”并不完全吻合，因而间或需要通过法解释方法来论证权力行使的合法性和正当性。例如，最高人民法院制定司法解释是有明确法律依据的，但是，最高人民法院同时又在制定有关非司法解释类审判业务规范性文件，如会议纪要、指导意见，等等，这些情形可以从“最高人民法院监督地方各级人民法院和专门人民法院的审判工作”和审判实践需要等方面来加以合法性证立。

对于最高人民法院审判业务部门或者综合审判业务部门的工作人员来说，起草司法解释或者非司法解释类审判业务规范性文件是一项重要工作。笔者此处重点结合《关于加强和规范裁判文书释法说理的指导意见》（法发〔2018〕10号，2018年6月1日通过，2018年6月13日实施）（以下简称《释法说理意见》）的制定过程，并回顾先前参与起草相关司法解释及非司法解释类审判业务规范性文件的工作点滴与经验，总结如下。

一、规范性文件的制定背景及定位

无论是司法解释还是非司法解释类审判业务规范性文件的起草，既可能是常态化的工作任务，也可能是上级批示下达的临时、紧急任务，其中，前种任务往往因需要遵循最高人民法院有关制定司法解释工作的流程（1997年7月1日发布的《最高人民法院关于司法解释工作的若干规定》，后被2007年3月9日发布的《最高人民法院关于司法解释工作的规定》所取代），故承办人对其制定背景、需要解决的重点问题等都事先有所考虑，并通过立项报告具体反映出来。在后者任务中，承办人务必吃透上级的批示精神，并反复研读批示所附带的相关材料，同时扩展性地进行问题思考、熟悉相关背景、掌握文件需要重点解决的问题。

【示例一】《最高人民法院关于修改〈中华人民共和国人民法院法庭规则〉的决定》（法释〔2016〕7号）属于按照既有流程制定出台的司法解释。

【示例二】《最高人民法院关于进一步推进案件繁简分流优化司法资源配置的若干意见》（法发〔2016〕21号）（以下简称《繁简分流意见》）则属于上级临时部署要求完成的工作。

文件的制定背景和上级的批示精神往往影响到文件的性质定位（即是制定司法解释还是出台非司法解释类规范性文件）、价值取向的平衡以及制定目的（帽段的表述）。1997年《最高人民法院关于司法解释工作的若干规定》第九条规定：司法解释的形式分为“解释”“规定”“批复”三种。对于如何应用某一法律或者对某一类案件、某一类问题如何适用法律所作的规定，采用“解释”的形式。根据审判工作需要，对于审判工作提出的规范、意见，采用“规定”的形式。对于高级人民法院、解放军军事法院就审判工作中具体应用法律问题的请示所作的答复，采用“批复”的形式。2007年《最高人民法院关于司法解释工作的规定》第六条规定：司法解释的形式分为“解释”“规定”“批复”和“决定”四种。对在审判工作中如何具体应用某一法律或者对某一类案件、某一类问题如何应用法律制定的司法解释，采用“解释”的形式。根据立法精神对审判工作中需要制定的规范、意见等司法解释，采用“规定”的形式。对高级人民法院、解放军军事法院就审判工作中具体应用法律问题的请示制定的司法解释，采用“批复”的形式。修改或者废止司法解释，采用“决定”的形式。2021年6月9日公布的《最高人民法院关于修改〈最高人民法院关于司法解释工作的规定〉的决定》将第六条第一款修改为：“司法解释的形式分为‘解释’、‘规定’、‘规则’、‘批复’和‘决定’五种。”在第六条第三款之后增加一款作为第四款：“对规范人民法院审判执行活动等方面的司法解释，可以采用‘规则’的形式。”原第六条第四款、第五款作为第六条第五款、第六款。每种形式均有各自适用的范围，同时也会影响到内容的结构安排、条款表述（例如，会议纪要、指导意见就不会采用条文式的表达法）等。

【示例三】1979 年 12 月 11 日，最高人民法院审判委员会依照当时《人民法院组织法》的有关规定，讨论通过了《人民法院法庭规则（试行）》。1979 年《人民法院法庭规则》原计划由全国人大常委会讨论通过或经最高人民法院审判委员会讨论后提请全国人大常委会批准，因此，当时在“人民法院法庭规则”的前面冠以“”国名。后来因故虽未提交全国人大常委会讨论，但仍保留了此冠名，成为目前最高人民法院发布的文件中唯一一件有此冠名的。1993 年 11 月 26 日最高人民法院审判委员会讨论通过了新的《人民法院法庭规则》（1994 年 1 月 1 日施行）。鉴于 1997 年《关于司法解释工作的若干规定》出台之前司法解释的形式没有明确限定，1993 年由最高人民法院审判委员会讨论通过的《人民法院法庭规则》理应被视为实质意义的司法解释，继而根据 2007 年《关于司法解释工作的规定》采取“决定”的形式，即《关于修改〈人民法院法庭规则〉的决定》（法释〔2016〕7 号），正式确定为司法解释，并根据该决定对 1993 年《人民法院法庭规则》作相应修订后，于 2016 年 4 月 13 日重新予以公布，确保《中华人民共和国人民法院法庭规则》（以下简称《法庭规则》）具有司法解释的法律效力①。

【示例四】《法庭规则》就涉及多重价值的平衡，为此，第一条作了如下表述：“为了维护法庭安全和秩序，保障庭审活动正常进行，保障诉讼参与人依法行使诉讼权利，方便公众旁听，促进司法公正，彰显司法权威……”

① 参见李少平主编：《〈中华人民共和国人民法院法庭规则〉条文理解与适用》，人民法院出版社 2016 年版，导言第 25 页。

二、规范性文件的谋篇布局与结构安排

（一）综合性的司法解释或者非司法解释类规范性文件

这类规范性文件往往涉及的问题与条文较多，内容丰富，需要做好整体布局和结构安排。

【示例一】《繁简分流意见》既涉及办案的多个环节（立案、送达、审判、执行），又涉及不同的审判领域（刑事、民事、行政），还涉及众多的工作领域（裁判文书繁简分流、人案配比、多元化纠纷解决机制建设、律师作用发挥、引导当事人诚信理性诉讼），此时需要有整体性的考虑，并对此作出相对合理的结构安排（此类文件往往难以遵循一个逻辑将所有条款进行有序安排）。

【示例二】《释法说理意见》既涉及释法说理的一般性、共性规定，又涉及刑事、民事、行政审判的特殊性、个性规定；既涉及释法说理的实体内容，又涉及释法说理工作机制，同样需要总体性的合理安排。

（二）专门性/单一性的司法解释或者非司法解释类规范性文件

这类规范性文件往往是解决某一方面或者某个特殊问题，在条文较多时，同样需要遵循一定的逻辑作出安排。

【示例一】《最高人民法院关于人民法院庭审录音录像的若干规定》（法释〔2017〕5号）（以下简称《录音录像规定》）基本上就是按照庭审活动的有序推进来安排每个条款的先后顺序[①]。

【示例二】《法庭规则》的条文结构按照法庭、法庭相关人员、庭审活动、责任规制四大板块进行安排。

---

① 参见李少平主编：《最高人民法院庭审录音录像司法解释理解与适用》，人民法院出版社2017年版，第1～3页。

三、规范性文件起草的具体方法

（一）拟定条文主题词

在初稿至送审稿阶段，每条宜拟出“主题词”。此种做法主要有以下几点考虑：一是便于各条的拟定围绕主题词来进行；二是便于科学梳理和排列各条文的先后顺序；三是便于拟定审议阶段的起草说明。

【示例】《关于落实类案强制检索机制统一法律适用的指导意见（试行，初稿）》或《关于加强类案检索统一法律适用的指导意见（试行，初稿）》

第一条（类案定义）本意见所称类案是指在争议焦点和法律适用方面具有类似性的案件。

第二条（适用范围）具有下列情形之一的案件，应当进行类案检索：

（一）合议庭对法律适用问题意见分歧较大的案件；

（二）法律适用规则不明的新类型案件；

（三）拟作出的裁判与本院或者上级法院的类案裁判可能发生冲突的案件；

（四）被上级法院指令再审或者发回重审的案件；

（五）院庭长根据审判监督管理权限要求类案检索的案件；

（六）其他需要进行类案检索的案件。

第三条（检索主体及平台）法官或者法官助理在办理案件过程中，可以依托中国裁判文书网、办案平台、档案系统、法信、智审等，对指导性案例、上级法院及本院裁判、其他类案裁判等进行检索，必要时可制作书面检索报告。

第四条（检索范围和顺序）类案检索范围包括：

（一）最高人民法院发布的指导性案例；

（二）最高人民法院和高级人民法院发布的典型案例或者参考性案例；

（三）上级人民法院和本院裁判生效的案件；

（四）全国其他地方法院裁判生效的案件。

类案检索应该按照本条第一款规定顺序逐层分类检索，在第一项至第三项检索到相关案例的，可不再检索第四项和第五项规定的案件。

第五条（检索方法）法官或者法官助理应当熟悉常用检索工具，熟练掌握关键词搜索等方法。

争议焦点与法律性质认定、拟适用法律选择有关的，可从基本案情中提炼关键词进行检索；争议焦点与法律规定理解适用有关的，可以将拟适用的法律规定作为关键词进行检索。

第六条（类案识别和比对）承办法官或者法官助理应当以争议焦点、法律适用问题等为要素，将检索到的相关案件与在办案件进行类似性比对，以确定是否属于类案。

第七条（类案裁判要点整理）承办法官或者法官助理应当结合基本案情、争议焦点、法律适用等，从检索的类案中梳理提炼裁判要点。

第八条（检索报告）类案检索报告应当包括待决案件争议焦点、检索人、检索时间、检索方法、检索样本情况、类案裁判文书、类似性说明、类案裁判要点等内容。

第九条（诉讼参与人提交类案检索报告）公诉机关、案件当事人及其辩护人、诉讼代理人可以随同诉状或者答辩状一并提交类案检索报告，详细说明检索时间、检索方式、案例来源、基本案情、裁判要旨、提交理由与目的等，并根据法院要求附录裁判文书。

第十条（结果运用）对最高人民法院颁布的指导性案例，合议庭或者独任法官应当参照适用。

对最高人民法院和高级人民法院发布的典型案例或者参考性案例，合议庭或者独任法官应当参照适用。

对上级人民法院和本院裁判生效的案件，以及全国其他地方法院裁判生效的案件，合议庭或者主审法官应当斟酌其裁判观点，决定是否参考适用。

第十一条（偏离类案的提交与衡平）拟作出的裁判结果偏离、改变既有类案裁判规则的，合议庭或者独任法官应当进行充分论证，并按照有关规定提交专业（主审）法官会议或者审判委员会讨论。

第十二条（法官回应）按照本意见第二条规定应当进行类案检索的案件，诉讼参与人提交类案检索报告的，合议庭或者独任法官应当对其主张的法律适用观点在裁判文书的裁判理由部分予以回应。

其他案件，诉讼参与人提交类案检索报告的，鼓励合议庭或者独任法官在裁判文书的裁判理由部分予以回应。

第十三条（责任承担）各级法院应当将合议庭或者独任法官类案检索及结果应用情况，作为案件质量评查及司法责任承担的重要依据。

第十四条（公开与共享）各级法院应当定期对本院的类案检索报告进行归纳整理，并在一定范围内公布，供本院及下级法院法官办案参考。

第十五条（案例数据库建设及检索技术改进）各高级法院可以结合本地经济社会发展情况和审判工作实际，建立可供检索的审判案例数据库。类案检索技术的研发、运用和培训工作，并加强与技术公司的协作，提升类案智能推送的精准化。

（二）绘制新旧条文对照表

司法解释或者非司法解释类规范性文件的起草，存在首次制定和接续制定的区别。所谓接续制定，是在对既有规范性文件进行部分修改或者全部修改的基础上重新制定新的规范性文件。此时制定新旧条文对照表有三个优点：一是便于吸收既有规范性文件中仍可以保留的条款；二是便于借鉴学习既有规范性文件中的有益经验（包括结构安排、条文表述等）；三是便于突出新的规范性文件中增加或者完善的地方；四是便于拟定审议阶段的起草说明。

【示例】《最高人民法院关于庭审活动录音录像的若干规定》《最高人民法院关于人民法院庭审录音录像的若干规定（修订送审稿）》（修订条文对照表）

原条文	拟修订条文
为加强审判管理，完善法庭记录方式，保护当事人的诉讼权利，促进司法公正，根据有关诉讼法规定，结合人民法院工作实际，现就庭审活动录音录像问题作如下规定：	为进一步深化司法公开，规范庭审活动，提高庭审效率，促进司法公正，保障诉讼参与人诉讼权利，根据《中华人民共和国刑事诉讼法》《中华人民共和国民事诉讼法》等法律规定和有关立法精神，结合审判工作实际需要，制定本规定。
一、人民法院开庭审理第一审普通程序和第二审程序刑事、民事和行政案件，应当对庭审活动全程同步录音或者录像；简易程序及其他程序案件，应当根据需要对庭审活动录音或者录像。 对于巡回审判等不在审判法庭进行的庭审活动，不具备录音录像条件的，可以不录音录像。	第一条　人民法院在审判法庭开庭审理案件，应当对庭审活动进行全程录音录像。

续表

原条文	拟修订条文
二、人民法院应当在审判法庭安装录音设备；有条件的应当安装录像设备。人民法庭可以根据实际需要在部分审判法庭安装录音或者录像设备。	第二条　人民法院应当在法庭内配备固定或者移动的录音录像设备。 有条件的人民法院可以在法庭安装使用智能语音识别同步转换文字系统。
三、庭审录音录像应当由书记员或者其他工作人员自案件开庭时开始录制，并告知诉讼参与人，至闭庭时结束。除休庭和不宜录音录像的调解活动外，录音录像不得间断。 书记员应当将庭审录音录像的起始、结束时间及有无间断等情况记入法庭笔录。	第三条　庭审录音录像应当自宣布开庭时开始，至闭庭时结束。除下列情形外，庭审录音录像不得人为中断： （一）休庭； （二）公开庭审中的不公开举证、质证活动； （三）不宜录制的调解活动。 负责录音录像的人员应当对录音录像的起止时间、有无中断等情况进行记录附卷。
四、当事人和其他诉讼参与人对法庭笔录有异议并申请补正的，书记员应当播放录音录像进行核对、补正。如果不予补正，应当将申请记录在案。	该条相关内容调整到第七条。
五、人民法院应当使用专门设备存储庭审录音录像，并将其作为案件材料以光盘等方式存入案件卷宗；具备当事人、辩护人、代理人等在人民法院查阅条件的，应当将	该条相关内容调整到第五条、第十一条、第十八条。

续表

原条文	拟修订条文
其存入案件卷宗的正卷。未经人民法院许可，任何人不得复制、拍录、传播庭审录音录像。 庭审录音录像的保存期限与案件卷宗的保存期限相同。	
六、人民法院应当采取叠加同步录制时间或者其他措施保证庭审录音录像的真实性、完整性。对于毁损庭审录音录像或者篡改其内容的，追究行为人相应的行政或者法律责任。 因设备、技术等原因导致庭审录音录像内容不完整或者不存在的，负责录制的人员应当做出书面说明，经审判长或者庭长审核签字后附卷；内容不完整的庭审录音录像仍应存储并入卷。	第四条　人民法院应当采取叠加同步录制时间或者其他措施保证庭审录音录像的真实和完整。 因录音录像设备出现故障休庭的，应当在消除故障、调换设备或更换法庭恢复庭审后继续录制。 因设备故障导致录音录像不真实、不完整的，负责录音录像的人员应当作出书面说明，经审判长或独任审判员审核签字后附卷。
	第五条　人民法院应当使用专门设备在线或离线存储、备份庭审录音录像；因设备故障等原因导致录音录像不符合技术标准的，应当一并存储。 庭审录音录像的归档按照电子诉讼档案管理规定执行。

续表

原条文	拟修订条文
	第六条 人民法院通过使用智能语音识别系统同步转换生成的庭审文字记录，经审判人员、书记员、诉讼参与人核对签字后参照法庭笔录管理和使用。
	第七条 诉讼参与人对法庭笔录有异议并申请补正的，书记员可以播放庭审录音录像进行核对、补正；不予补正的，应当将申请记录在案。
	第八条 适用简易程序审理民事案件的庭审录音录像，经当事人同意的，可以替代法庭笔录。
	第九条 人民法院应当将替代法庭笔录的庭审录音录像同步保存在服务器或者在庭审结束后刻录成光盘，并采取对其完整性校验值签字或者其他方法进行确认。
	第十条 以庭审录音录像替代法庭笔录的案件，当事人上诉、人民检察院抗诉或者人民法院决定再审的，原审人民法院应当制作录音录像转换文本或誊本，经独任审判员签字后随卷移送。

续表

原条文	拟修订条文
	第十一条　当事人、辩护律师、诉讼代理人等依照规定申请复制录音或者誊录庭审录音录像，案件未审结或者案卷未归档的，由承办该案件的法官或者审判辅助人员负责办理；已归档的，由档案部门工作人员负责办理。
	第十二条　当事人、辩护律师、诉讼代理人以及公众通过审判流程信息公开平台、诉讼服务平台以及其他便民诉讼服务平台等查阅庭审录音录像的，人民法院应当提供便利；必要时提供专门的查阅场所或配备相应设施。 对提供查阅的录音录像，人民法院应当设置必要的安全防范措施。
	第十三条　人民法院及其工作人员根据案件审理或者审判管理等工作需要，可以查阅、复制、迁移、誊录庭审录音录像。
	第十四条　人民法院依照有关规定可以通过电视、互联网或者其他公共传媒系统播放依法公开审理案件的庭审录音录像；但是，对其涉及未成年人、被害人或者证人保护等不宜公开的内容，必须进行相应的技术处理。

续表

原条文	拟修订条文
	公共传媒采取直播、转播、复制等方式利用依法公开审理案件的庭审录音录像的，应当按照人民法院相关规定履行审批手续。
	第十五条　人民法院进行法官业务技能考核、培训以及总结审判经验时，可以参考庭审录音录像。
七、在庭审中，诉讼参与人或者旁听人员违反法庭纪律或者有关法律规定，破坏法庭秩序、妨碍诉讼活动顺利进行的，庭审录音录像可以作为追究其法律责任的证据。	第十六条　人民法院可以通过庭审录音录像调查核实诉讼参与人、旁听人员违反法庭纪律、危害法庭安全或者扰乱法庭秩序，并将其作为追究法律责任的证据。
八、当事人和其他诉讼参与人认为庭审活动不规范或者存在违法现象的，人民法院应当结合庭审录音录像进行调查核实。	第十七条　人民检察院、诉讼参与人认为庭审活动不规范或者违反法律规定的，人民法院应当结合庭审录音录像进行调查核实。
九、人民法院院长、庭长或者纪检监察部门，可以根据工作需要调阅庭审录音录像。调阅不公开审理案件的庭审录音录像，应当遵守有关保密规定。	该条相关内容调整到第十三条、第十九条。

续表

原条文	拟修订条文
	第十八条　未经人民法院许可，任何人不得对庭审活动进行录音录像。 尚未依法公开播放的庭审录音录像，任何人不得擅自进行拍录、复制、删除、迁移和利用。 违反前两款规定的，追究相应的责任。
	第十九条　涉及国家秘密、商业秘密、个人隐私的庭审录音录像，对其录制、存储、查阅、复制、誊录等，依照国家有关规定办理。
十、高级人民法院可以结合当地实际，在庭审录音录像的技术、管理、应用等方面制定本规定的实施细则。	第二十条　庭审录音录像涉及的相关技术保障、技术标准和规范，由最高人民法院另行制定。
十一、人民法院进行其他审判、执行、听证、接访等活动，需要录音录像的，参照本规定执行。	第二十一条　人民法院从事其他审判活动或者进行执行、听证、接访等活动需要进行录音录像的，参照本规定执行。
	第二十二条　本规定自 年 日起施行。最高人民法院此前发布的司法解释及规范性文件与本规定不一致的，以本规定为准。

（三）合理安排条、款、段

条、款、段、项均是具体条文的构成单元。起草过程中，同一条文的设款分段方式值得注意。这既要考虑每个条文的主题，也要考虑各款之间及同一款前、中、后段之间的逻辑关系；既要防止同一条文的同一款过长，也要关注各款及各段之间的先后顺序及逻辑关系。

【示例一】2020年7月8日《最高人民法院关于适用〈中华人民共和国刑事诉讼法〉的解释（送审稿）》（以下简称《刑诉法解释送审稿》）第4.1.5条

对于提起公诉的案件，人民法院应当审查与定罪量刑有关的证据材料，特别是证明被告人无罪或者罪轻的证据材料是否全部随案移送；未随案移送的，应当通知人民检察院在指定时间内移送。人民检察院未移送的，人民法院应当根据在案证据对案件事实作出认定；因缺乏证据材料导致有关事实存疑的，应当依法作出有利于被告人的认定。

【解说】此条的“人民检察院未移送的……”建议独立作为一款。

【示例二】《刑诉法解释送审稿》第4.1.6条

对于依法应当对取证过程录音录像的案件，相关录音录像未随案移送的，必要时，人民法院可以通知人民检察院在指定时间内移送。人民检察院未移送，导致不能排除刑事诉讼法第五十六条规定的以非法方法收集证据的情形的，对有关证据应当依法排除；导致有关证据的真实性无法确认的，不得作为定案的根据。

【解说】此条可以考虑“人民检察院未移送……”作为独立的一款。

【示例三】《刑诉法解释送审稿》第3.14条

辩护律师可以查阅、摘抄、复制案卷材料。其他辩护人经人民法院许可，也可以查阅、摘抄、复制案卷材料。合议庭、审判委员会的讨论记录以及其他依法不公开的材料不得查阅、摘抄、复制。

辩护人查阅、摘抄、复制案卷材料的，人民法院应当提供便利，并保证必要的时间。

值班律师查阅案卷材料的，适用前两款规定。

复制案卷材料可以采用复印、拍照、扫描、电子数据拷贝等方式。

【解说】此条从逻辑角度而言，建议作如下调整：

辩护律师可以查阅、摘抄、复制案卷材料；其他辩护人经人民法院许可，可以查阅、摘抄、复制案卷材料。

辩护人查阅、摘抄、复制案卷材料的，人民法院应当提供便利，并保证必要的时间。

复制案卷材料可以采用复印、拍照、扫描、电子数据拷贝等方式。

合议庭、审判委员会的讨论记录以及其他依法不公开的材料不得查阅、摘抄、复制。

值班律师查阅案卷材料的，适用前四款规定。

（四）重视“项”的表述及安排

1. 注意避免具体项的表述与所在条文重复。

【示例一】《刑诉法解释送审稿》第2.2条

审判人员违反规定，具有下列情形之一的，当事人及其法定代理人有权申请其回避：

（一）违反规定会见本案当事人、辩护人、诉讼代理人的；

（二）为本案当事人推荐、介绍辩护人、诉讼代理人，或者为律师、其他人员介绍办理本案的；

（三）索取、接受本案当事人及其委托的人的财物或者其他利益的；

（四）接受本案当事人及其委托的人的宴请，或者参加由其支付费用的活动的；

（五）向本案当事人及其委托的人借用款物的；

（六）有其他不正当行为，可能影响公正审判的。

【解说】此条第一项中的“违反规定”与前文的“违反规定”重复。修改意见：审判人员违反规定会见本案当事人、辩护人、诉讼代理人，或者违反规定实施下列行为之一的……；或者借鉴《最高人民法院关于审判人员在诉讼活动中执行回避制度若干问题的规定》第二条的表述，将第一项的“违反规定”改为“私下”。

【示例二】《刑诉法解释送审稿》第3.9条

具有下列情形之一，被告人没有委托辩护人的，人民法院可以通知法律援助机构指派律师为其提供辩护：

（一）共同案件中，其他被告人已经委托辩护人的；

（二）案件有重大影响的；

（三）人民检察院抗诉 的；

（四）被告人的行为可能不构成犯罪的；

（五）有必要指派律师提供辩护的其他情形。

【解说】该条第五项的“其他情形”与前文的“下列情形”存在重复。修改意见：第五项改为“其他有必要指派律师提供辩护的”。同样的情形较为普遍，例如《最高人民法院、最高人民检察院关于办理危害药品安全刑事案件适用法律若干问题的解释》第一条、第二条；《最高人民法院、最高人民检察院关于办理危害食品安全刑事案件适用法律若干问题的解释》第六条，等等。

【示例三】《关于落实类案强制检索机制统一法律适用的指导意见（试行，初稿）》或《关于加强类案检索统一法律适用的指导意见（试行，初稿）》第二条（适用范围）

具有下列情形之一的案件，应当进行类案检索：

（一）合议庭对法律适用问题意见分歧较大的案件；

（二）法律适用规则不明的新类型案件；

（三）拟作出的裁判与本院或者上级法院的类案裁判可能发生冲突的案件；

（四）被上级法院指令再审或者发回重审的案件；

（五）院庭长根据审判监督管理权限要求类案检索的案件；

（六）其他需要进行类案检索的案件。

【解说】上述一至六项中的“案件”与“具有下列情形之一的案件”中的“案件”重复。而《最高人民法院关于统一法律适用加强类案检索的指导意见（试行）》（以下简称《类案检索意见》）第二条的下列表述则避免了此种重复：

人民法院办理案件具有下列情形之一，应当进行类案检索：

（一）拟提交专业（主审）法官会议或者审判委员会讨论的；

（二）缺乏明确裁判规则或者尚未形成统一裁判规则的；

（三）院长、庭长根据审判监督管理权限要求进行类案检索的；

（四）其他需要进行类案检索的。

2. 各项的体例宜保持一致。

【示例一】《关于进一步加强最高人民法院审判监督管理工作的指导意见（三稿）》第九条（提交主审法官会议）

合议庭经评议认为案件具有下列情形之一的，应当由审判长提交主审法官会议研究讨论：

（一）合议庭对案件处理未能达成一致意见的；

（二）合议庭拟对二审案件改判、发回重审的；

（三）合议庭拟对申请再审审查案件裁定发回重审、指令再审的；

（四）依据当事人的再审申请已裁定再审的案件，再审审理后合议庭一致或多数意见拟维持原判的；

（五）经最高人民检察院检察委员会讨论作出抗诉决定的或最高人民检察院对本院生效判决提出抗诉的再审审理案件；

（六）纳入院庭长审判监督管理范围的案件；

（七）法律、司法解释以及相关文件明确规定应当提交审判委员会讨论的其他案件。

【解说】第五项至第七项与第一项至第四项的表述不一致。《进一步加强最高人民法院审判监督管理工作的意见（试行）》第十一条中第四项至第七项与第一项至第三项未能保持一致。

【示例二】《刑诉法解释送审稿》第 9. 3. 4 条

审判长应当告知当事人及其法定代理人、辩护人、诉讼代理人在法庭审理过程中依法享有下列诉讼权利：

（一）可以申请合议庭组成人员、法官助理、书记员、公诉人、鉴定人和翻译人员回避；

（二）可以提出证据，申请通知新的证人到庭、调取新的证据，申请重新鉴定或者勘验、检查；

（三）被告人可以自行辩护；

（四）被告人可以在法庭辩论终结后作最后陈述。

【解说】第一项、第二项与第三项、第四项不一致，前者未出现主语，后者有主语。

3. 注意各项之间的逻辑、先后顺序。

【示例】《刑诉法解释送审稿》第 15. 14 条

对上诉、抗诉案件，应当着重审查下列内容：

（一）第一审判决认定的事实是否清楚，证据是否确实、充分；

（二）第一审判决适用法律是否正确，量刑是否适当，对涉案财物的处理是否正确；

（三）在调查、侦查、审查起诉、第一审程序中，有无违反法定程序的情形；

（四）上诉、抗诉是否提出新的事实、证据；

（五）被告人的供述和辩解情况；

（六）辩护人的辩护意见及采纳情况；

（七）附带民事部分的判决、裁定是否合法、适当；

（八）第一审人民法院合议庭、审判委员会讨论的意见。

【解说】第七项与第二项均涉及裁判主文，不宜隔开。

4. 条下项的顺序应当采用“（一）（二）……”的表述，而非“（1）（2）……”的表述。

【示例】《最高人民法院关于人民法院委托评估、拍卖工作的若干规定》（法释〔2011〕21号）第八条

人民法院对其委托的评估、拍卖活动实行监督。出现下列情形之一，影响评估、拍卖结果，侵害当事人合法利益的，人民法院将不再委托其从事委托评估、拍卖工作。涉及违反法律法规的，依据有关规定处理：

（1）评估结果明显失实；

（2）拍卖过程中弄虚作假、存在瑕疵；

（3）随机选定后无正当理由不能按时完成评估拍卖工作；

（4）其他有关情形。

【解说】此条中（1）（2）（3）（4）宜修改为（一）（二）（三）（四）。

5. “第（一）项”的表述不正确，应改为“第一项”。

【示例】最高人民法院行政审判庭《关于如何适用〈工伤保险条

例〉第十四条第（六）项及第十六条第（一）项如何理解的答复》（〔2004〕行他字第19号）；最高人民法院研究室《关于对惯窃罪犯可否适用〈关于严惩严重破坏经济的罪犯的决定〉第一条第（一）项问题的答复》（1994年2月9日）。

【解说】上述文件中，“第（一）项”的表述不准确，宜表述为“第一项”。

（五）防止规范冲突

避免新出台的规范性文件与现行法律及最高人民法院既有生效的规范性文件条款冲突，是确保规范性文件合法性、协调性的关键之举。2007年《关于司法解释工作的规定》第三条规定：“司法解释应当根据法律和有关立法精神，结合审判工作实际需要制定”；第二十条规定：“研究室主要审核以下内容：（一）是否符合宪法、法律规定；（二）是否超出司法解释权限；（三）是否与相关司法解释重复、冲突……”

【示例一】《录音录像规定》第八条规定：“适用简易程序审理民事案件的庭审录音录像，经当事人同意的，可以替代法庭笔录。”

2018年修正的《刑事诉讼法》第二百零七条规定：“法庭审判的全部活动，应当由书记员写成笔录，经审判长审阅后，由审判长和书记员签名。法庭笔录中的证人证言部分，应当当庭宣读或者交给证人阅读。证人在承认没有错误后，应当签名或者盖章。法庭笔录应当交给当事人阅读或者向他宣读。当事人认为记载有遗漏或者差错的，可以请求补充或者改正。当事人承认没有错误后，应当签名或者盖章。”2017年修正的《民事诉讼法》第一百四十七条规定：“书记员应当将法庭审理的全部活动记入笔录，由审判员和书记员签名。法庭笔录应当当庭宣读，也可以告知当事人和其他诉讼参与人当庭或者在五日内阅读。当事人和其他诉讼参与人认为对自己的陈述记录有遗漏或者差错的，有权申请补正。如果不予补正，应当将申请记录在案。法庭笔录由当事人和其他诉讼参与人签名或者盖章。拒绝签名盖章的，记明情况附卷。”[①]《录音录像规定》第八条规定突破了传统纸质笔录的定义，从以下四个方面来论证其“合法性”：一是诉讼法关于“笔录”的规定体现在一审普通程序中，简易程序作为特殊程序，对此没有专门规定。因此，根据审判实际工作需要，在尊重和确保双方当事人诉讼权利的情况下尝试用庭审录音录像替代法庭笔录，与诉讼法规定的精神没有冲突。二是从法庭笔录的属性和作用来看，庭审录音录像对庭审活动的记录具有真实、客观、完整、全面的特点，相比于书记员的记录方式更具优势。诉讼法对笔录“阅读”“签字”等规定，实际上是通过诉讼参与人“自认”“修订”来弥补书记员记录上的误差和缺陷，从形式上确认和固定法庭笔录的内容，使法庭笔录能够最大限度地体现直接言词原则和客观真实原则。从这个意义上看，庭审录音录像记载的庭审过程对当事人诉讼权利的保障更加有效。三是具有可供借鉴的经验。我国香港特别行政区在 20 世纪 90 年代开始逐渐废除庭审书面记录，转变为全面采用数码录音记录法庭审讯，数码录音成为正式的法庭记录。基于贯彻直接言词原则的基本需要，以及减低存储（视频资料存储需要的空间大）成本的考虑，我国香港法院只要求保存庭审录音，庭审录像发挥监控作用，在处置藐视法庭行为时作为证据使用。我国澳门特别行政区自 2014 年 1 月 1 日起生效的新修订的《刑事诉讼法典》，增加了法庭录音及录像的强制性条款，规定了庭审中口头声明的记录必须通过录音或视听录音录制作出，仅在无该等设备可供使用时，才能使用其他方法。四是重点促进民事审判实践中突出问题的解决。适用简易程序审理的民事案件纠纷的有效化

① 2017 年修正的《行政诉讼法》没有类似规定。

解，对于提升整体审判质效至关重要。同时，兼顾全国各地司法水平和考虑硬件建设等因素，法条没有规定“庭审录音录像替代法庭笔录”适用于所有的案件。

【示例二】犯罪行为造成精神损害的，是否可以提起民事诉讼，司法解释的规定不一致。

《最高人民法院关于确定民事侵权精神损害赔偿责任若干问题的规定》（法释〔2020〕17号）第一条规定：因人身权益或者具有人身意义的特定物受到侵害，自然人或者其近亲属向人民法院提起诉讼请求精神损害赔偿的，人民法院应当依法予以受理。

《最高人民法院关于适用〈中华人民共和国刑事诉讼法〉的解释》（法释〔2021〕1号）（以下简称《刑诉法解释》）第一百七十五条规定：被害人因人身权利受到犯罪侵犯或者财物被犯罪分子毁坏而遭受物质损失的，有权在刑事诉讼过程中提起附带民事诉讼；被害人死亡或者丧失行为能力的，其法定代理人、近亲属有权提起附带民事诉讼。因受到犯罪侵犯，提起附带民事诉讼或者单独提起民事诉讼要求赔偿精神损失的，人民法院一般不予受理。

（六）及时吸收和巩固既有文件成果

从既往实践来看，随着经济社会形势的发展和法律的修改变化，一些规范性文件会不时地被修改乃至废止，此时就会出现新修订的司法解释（尤其是类似于有关刑事诉讼法、民事诉讼法、行政诉讼法适用的“大而全”司法解释）如何充分吸收此前已经出台的规范性文件（尤其是非司法解释类规范性文件）的相关内容的问题。显然，基于司法解释“具有法律效力”的定位，有必要将那些被实践证明具有良好效果的有关内容予以吸收，进而通过“准立法化”来巩固修订成果。

【示例】《释法说理意见》对裁判文书释法说理的原则、类型、环节、繁简、语言规范、辅助论据、附件运用等方面作出了许多具体规定，从《刑诉法解释送审稿》第9.5.10条之规定来看，“裁判文书应当写明裁判依据，阐释裁判理由，反映控辩双方的意见并说明采纳或者不予采纳的理由。适用普通程序审理的被告人认罪的案件，裁判文书可以适当简化”，仍然有丰富和充实的空间。

（七）注意常用语词的规范

《立法技术规范（试行）（一）》（全国人大法工委发〔2009〕62号）对实践中使用比较混乱，意思相近的，且容易引起歧义的一些法律常用词语的使用作了规范，包括：和，以及，或者；应当，必须；不得，禁止；但是，但；除……外，除……以外；依照，按照，参照；制定，规定；会同，商；缴纳，交纳；抵销，抵消；账，帐；以上，以下，以内，不满，超过；日，工作日等。《立法技术规范（试行）（二）》（全国人大法工委发〔2011〕5号）对立法实践中一些存在混用或者使用不一致的法律常用词语进行了规范，包括：作出，做出；公布，发布，公告；违法，非法；设定，设立；执业人员，从业人员；批准，核准；注销，吊销，撤销；根据，依据；谋取，牟取等。

1. “但是”。《民法典》总共用了223处“但是”，没有单用“但”字的。注意“但是”前后标点符号的使用。

【示例】《民法典》第十条、第十六条、第二十二条、第四十九条

第十条　处理民事纠纷，应当依照法律；法律没有规定的，可以适用习惯，但是不得违背公序良俗。

第十六条　涉及遗产继承、接受赠与等胎儿利益保护的，胎儿视为具有民事权利能力。但是，胎儿娩出时为死体的，其民事权利能力自始不存在。

第二十二条　不能完全辨认自己行为的成年人为限制民事行为能力

人，实施民事法律行为由其法定代理人代理或者经其法定代理人同意、追认；但是，可以独立实施纯获利益的民事法律行为或者与其智力、精神健康状况相适应的民事法律行为。

第四十九条　自然人被宣告死亡但是并未死亡的，不影响该自然人在被宣告死亡期间实施的民事法律行为的效力。

2. “应当”。《民法典》共出现750次“应当”，单独“应”字出现在“造成不应有的损害的”（第一百八十一条、第一百八十二条，2次）、“标的物在有效使用年限届满后应予回收的”（第六百二十五条，1次）。

3. “可以”。《民法典》共出现484次“可以”，单独“可”字出现在“可选择的标的发生不能履行情形的”（第五百一十六条，1次）、“标的可分”（第五百一十七条，2次）、“可转让单据”（第八百四十条，2次）、“不可归责于”（第四百三十三条、第七百二十九条等，10次）、“不可避免”（第一千零二十条，2次）、“不可抗力”（第一百八十条、第一百九十四条等，10次）情形中。

【示例】《刑诉法解释送审稿》共使用“也可以”43处。例如，第1.9条：在行驶中的汽车上犯罪，由最初停靠地的人民法院管辖。必要时，也可以由始发地、途经地、目的地的人民法院管辖。建议改为：在行驶中的汽车上犯罪，由最初停靠地的人民法院管辖；必要时，可以由始发地、途经地、目的地的人民法院管辖。

4. “或者”。《民法典》共出现1027次“或者”，未单独使用单字“或”的。

（八）注意常用标点符号的规范（国家标准（GB/T 15834－2011）《标点符号用法》）

【示例一】标有引号的并列成分之间是否用顿号，做法不一致（按照《标点符号用法》，标有引号的并列成分之间，通常不用顿号）。

2020年5月28日第十三届全国人民代表大会第三次会议通过的《民法典》第一千二百五十九条：民法所称的“以上”、“以下”、“以内”、“届满”，包括本数；所称的“不满”、“超过”、“以外”，不包括本数。

2020年6月30日第十三届全国人民代表大会常务委员会第二十次会议通过的《香港特别行政区维护国家安全法》第六十四条：香港特别行政区适用本法时，本法规定的“有期徒刑”“无期徒刑”“没收财产”和“罚金”分别指“监禁”“终身监禁”“充公犯罪所得”和“罚款”，“拘役”参照适用香港特别行政区相关法律规定的“监禁”“入劳役中心”“入教导所”，“管制”参照适用香港特别行政区相关法律规定的“社会服务令”“入感化院”，“吊销执照或者营业许可证”指香港特别行政区相关法律规定的“取消注册或者注册豁免，或者取消牌照”。

【示例二】标有书名号的并列成分之间是否用顿号，做法不一致（按照《标点符号用法》，标有书名号的并列成分之间，通常不用顿号）。

1999年3月15日第九届全国人民代表大会第二次会议通过的《合同法》（已废止）第四百二十八条：本法自1999年10月1日起施行，《中华人民共和国经济合同法》、《中华人民共和国涉外经济合同法》、《中华人民共和国技术合同法》同时废止。

《民法典》第一千二百六十条：本法自2021年1月1日起施行。《中华人民共和国婚姻法》、《中华人民共和国继承法》、《中华人民共和国民法通则》、《中华人民共和国收养法》、《中华人民共和国担保法》、《中华人民共和国合同法》、《中华人民共和国物权法》、《中华人民共和国侵权责任法》、《中华人民共和国民法总则》同时废止。

《法庭规则》第一条规定：为了维护法庭安全和秩序，保障庭审活动正常进行，保障诉讼参与人依法行使诉讼权利，方便公众旁听，促进司法公正，彰显司法权威，根据《中华人民共和国人民法院组织法》《中华人民共和国刑事诉讼法》《中华人民共和国民事诉讼法》《中华人民共和国行政诉讼法》等有关法律规定，制定本规则。

四、规范性文件起草的科学化径路

十八届四中全会审议通过的《关于全面推进依法治国若干重大问题的决定》强调指出，“法律是治国之重器，良法是善治之前提。建设中国特色社会主义法治体系，必须坚持立法先行，发挥立法的引领和推动作用，抓住提高立法质量这个关键。要恪守以民为本、立法为民理念，贯彻社会主义核心价值观，使每一项立法都符合宪法精神、反映人民意志、得到人民拥护。要把公平、公正、公开原则贯穿立法全过程，完善立法体制机制，坚持立改废释并举，增强法律法规的及时性、系统性、针对性、有效性”。在现行立法体制下，最高人民法院承担着重要的准“立法”职责，《关于全面推进依法治国若干重大问题的决定》的这段话应成为起草制定规范性文件的根本遵循。为最大限度地提升规范性文件的质量，司法实践着重从科学化入手。实际上，起草规范性文件工作已经固化了诸多成文的或者惯例的规定性程序，主要包括：1. 承办人及其所在处室经过多方面调研论证、反复打磨，形成征求意见稿；2. 以所在业务部门名义，征求院内相关部门意见，（绝大多数的）须报请主管院领导批准书面征求全国各高级法院的意见、书面征求中央有关机关和主管部门（全国人大法工委、最高人民检察院、公安部、司法部、有关主管部门等）的意见、召开专家论证会或者（以及）法院系统一线人员座谈会听取意见；3. 在全面梳理、充分吸收前述各种意见建议的基础上，形成送审稿；4. 逐级报请院领导，提交审判委员会（必要时，提交党组会）讨论决定；5. 按照审委会或者党组会的决定意见，修改形成最终定稿；6. 按照公文发布程序，最后发布正式文件。

【示例】《释法说理意见》出台过程中的几个重要稿：[①]

1.《最高人民法院关于规范裁判文书说理工作的若干规定（初稿）》（2015 年 12 月 6 日）

2.《最高人民法院关于人民法院裁判文书说理的若干规定（征求各高院及本院业务部门意见稿）》（2016 年 12 月 13 日）

3.《最高人民法院关于人民法院裁判文书说理若干问题的意见（征求本院业务部门意见稿）》（2017 年 9 月 11 日）

4.《最高人民法院关于人民法院裁判文书说理若干问题的意见（提交讨论稿）》（2018 年 2 月 19 日）

5.《最高人民法院关于加强和规范裁判文书释法说理的指导意见（最终稿）》（2018 年 4 月 17 日）

此处还结合笔者先前的经历着重补充以下几点：1. 承办人对规范性文件最终质量的影响很大。尽管每一道环节均有不同层级的人员把关，但靠后环节的工作内容更多地体现为把关、润色和提升，基础工作主要还是体现在第一道环节或者处在前端的几个环节。

2. 承办部门负责人带领承办人及其他人员，发挥各自优势，形成合力，提交较高质量的初稿，同时按照上级的指示修改出成熟的征求意见稿至关重要。

3. 全面梳理、认真琢磨、充分吸收各环节征求到的意见及建议（一般会在起草说明或者附件中全面记录和反映），特别是要高度重视

---

① 参见刘树德：《无理不成“书”——裁判文书说理 23 讲》，中国检察出版社 2020 年版，第 383～425 页。

规范性文件稿中的重点条款及争议较大条款。一是在提交上会前求得最大的共识（尤其是内容涉及合法性或者业务涉及其他部门的条款，事前必须以书面的形式征求中共中央政法委员会、立法机关及其他有关政法机关、主管部门的意见）；二是必要时根据不同意见设计不同方案，并拟出相应的条文，提交审委会讨论作出最终决定。

【示例一】提请审议时，需要同时汇总回复意见并作为附件上报。有关部门对《最高人民法院关于人民法院庭审录音录像的若干规定(征求意见稿)》“第七条　适用简易程序审理民事案件的庭审录音录像，经双方当事人同意，可以替代法庭笔录”的回复意见汇总如下：

全国人大常委会法制工作委员会：民事诉讼法对于使用简易程序审理的民事案件，其庭审录音录像是否可以替代法庭笔录的做法没有作出明确规定。建议在进行这一实践探索中，严格适用条件，切实维护庭审的客观性，尊重和保护双方当事人的诉讼权利。

最高人民法院民二庭：除适用简易程序审理的民事案件外，庭审录音录像不能替代庭审笔录，至少要有庭审摘要。就目前的科技水平而言，纸质记录的保存是最可靠的。

最高人民法院民四庭：对第七条建议再斟酌。法庭笔录是书面卷宗的一部分，纸质卷宗较电子材料保存性更为持久、安全性更高。简易程序审理的案件不作法庭记录并不会减少太多的工作量，但却破坏了纸质卷宗的完整性。庭审录音录像刻成光盘或同步保存在服务器上，也导致日后阅卷的不便。

最高人民法院审判管理办公室：第七条限定适用范围为“简易程序”“民事案件”，是否可以扩展至其他情形，如刑事速裁程序。

中国应用法学研究所：建议将第七条修改为“适用简易程序审理民事案件的庭审录音录像，经双方当事人同意，可以替代法庭笔录；法庭文字笔录与录音笔录不一致的，以核对后的录音笔录为准；录音笔录不清晰导致不能辨认笔录内容的，以法庭文字笔录为准”。

北京市高级人民法院：建议明确庭审还是由书记员制作笔录，录音录像仅作为对笔录内容产生异议时的参考。理由：第一，根据民事诉讼法的规定“书记员应当将法庭审理的全部活动记入笔录”，因此法庭笔录应当是庭审活动的记录方式，录音录像制度是辅助法庭记录的配套制度，如果将录音录像直接替代法庭笔录，那么书记员是否还需要记录？书记员是否还需要参加庭审？如果不记录，法官撰写裁判文书是否需要通过回放重播来核实关键信息？第二，替代法庭笔录的庭审录音录像，当事人和其他诉讼参与人如何签字？是否需要重新播放？从某种角度上看，录音录像代替庭审笔录可能会给当事人查卷和法院审判管理工作本身带来不便。因此，建议庭审还是由书记员制作笔录，录音录像同步进行，在笔录有异议时作为参考。或者将决定权赋予法院，对于录音录像代替笔录的标准以列举方式加以明确或者先试点运行，再逐步推开。

上海市高级人民法院：建议明确对于当事人申请复制庭审录音录像是否准许，如何办理手续？

浙江省高级人民法院：建议将“适用简易程序审理的民事案件”和“经双方当事人同意”两个条件删除，修改为：有条件的人民法院可以使用庭审录音录像替代法庭笔录。理由：一是根据浙江庭审记录改革实践，适用范围已经逐渐扩大至简单刑事案件、行政案件，有的法院在普通程序案件中也适用，效果不错；二是庭审录音录像记录是最直接完整的记录，并不需要当事人同意，而且如需当事人同意很可能影响庭审记录改革效率功能的实现。

福建省高级人民法院：第七条规定了庭审录音录像可替代法庭笔录，但未规定书记员是否需要在场，建议明确规定“书记员仍应在场”。

当事人同意以庭审录音录像替代笔录的，建议规定庭前签署“同意书”。

河南省高级人民法院：第七条、第八条、第九条以庭审录音录像替代传统庭审笔录是一项具有重大意义的创新举措，是下一步庭审记录工作模式发展的方向，但目前还缺乏法律层面的支持，尚不具备全面推广的条件。就我省来说，目前只有中牟县法院在今年开启了该项试点，试点效果还有待观察。庭审录音录像的法律效力如何，如何克服其易被剪辑不稳定的缺陷，如何被当事人确认，如何一审、二审有效衔接，如何进行长期保存，是否真正具有替代庭审笔录的优越性，能否有效提高庭审效率，庭审中书记员缺失对独任制审判格局的影响等问题均有待实践检验，建议在总结试点地区经验的基础上再作出规定。

【示例二】《刑诉法解释送审稿》共27章、652条，相比于2012年《最高人民法院关于适用〈中华人民共和国刑事诉讼法〉的解释》（以下简称《2012年刑诉法解释》）增加107条，实质性修改229条，其中重点条文共有84条。此处以重点条文之一即第11.2条为例加以说明，即“被告单位的诉讼代表人，应当是法定代表人、实际控制人或者主要负责人；法定代表人、实际控制人或者主要负责人被指控为单位犯罪直接负责的主管人员或者因客观原因无法出庭的，应当由被告单位委托其他负责人或者职工作为诉讼代表人。但是，有关人员被指控为单位犯罪的其他直接责任人员或者知道案件情况、负有作证义务的除外”。该《刑诉法解释送审稿》作了如下详细的说明：本条根据司法实践反映问题对《2012年刑诉法解释》第二百七十九条的规定作出修改完善，作为重点条文提请讨论。

（1）《2012年刑诉法解释》关于被告单位诉讼代表人确定的范围过窄。根据《2012年刑诉法解释》第二百七十九条的规定，被告单位的诉讼代表人限定在被告单位内部的四类人员：法定代表人、主要负责人、其他负责人以及职工。其他人员不能担任诉讼代表人，由此带来了诉讼代表人确定范围过窄的问题：在单位法定代表人、主要负责人涉案的情况下，难以从单位职工中确定诉讼代表人，且单位职工还可能作为证人，故实践中在被告单位内部无法确定诉讼代表人的现象并非个例。此种情况下，往往采取两种做法：一是放松审查，确定并不符合条件的人员担任诉讼代表人；二是将本系单位犯罪的案件作为自然人犯罪起诉，从而放弃对被告单位的指控，导致犯罪单位有逃脱刑事制裁之虞。基于此，有必要对被告单位诉讼代表人的确定范围作适度扩展，以满足实践所需。

（2）扩大被告单位诉讼代表人确定的范围。此次司法解释修改过程中，学者普遍认为，在现有规定人员范围的基础上，可以考虑在单位外部确定由律师担任被告单位的诉讼代表人。具体而言，对被告单位诉讼代表人的确定可以分为三个层次，即法定代表人或者主要负责人，其他负责人或者职工，律师。需要特别说明的是，之所以将诉讼代表人的选定范围扩大至律师，是考虑到在目前审理的单位犯罪案件中，诉讼代表人主要起到的是代表犯罪单位意志、维护单位合法权益、保障诉讼正常进行的作用，即在审理过程中协助法院完成向被告单位履行权利告知、参加庭审等职责。律师是法律专业人士，其作为被告单位的诉讼代表人受其职业身份及代理关系的双重约束，更能全面深入地保障委托人的合法权益，有利于案件的公正审理。从境外情况来看，单位聘请律师代表单位诉讼，也有类似做法，如美国2018年《联邦刑事诉讼规则》第43（b）（1）条规定“法人可以由全权代理的律师代表出庭”。

征求意见过程中，全国人大常委会法制工作委员会提出：“单位犯罪案件被告单位的诉讼代表人的诉讼地位类似于被告人，律师并非被告单位的工作人员，且兼任被告单位诉讼代表人和辩护人可能存在职责冲突，征求意见稿的规定是否妥当，需进一步研究。”司法部建议将“律师”修改为“法定代表人委托的人员”。经研究，根据上述意见，对相关表述作了进一步调整。一方面，考虑到其他中央部门、最高人民法院内所有审判庭、地方所有高级人民法院均未对律师担任被告单位的诉讼代表人提出不同意见，说明由律师担任被告单位的诉讼代表人符合实践所需，故仍然规定律师可以担任被告单位的诉讼代表人。另一方面，综合有关部门的意见，将“由律师担任被告单位的诉讼代表人”的情形作了进一步限定，即区分层次，强调律师担任诉讼代表人是最后选择。

（3）担任被告单位诉讼代表人的律师不得同时兼任辩护人。对于被告单位诉讼代表人的律师是否可以同时兼任被告单位的辩护人，存在不同看法。征求意见过程中，全国人大常委会法制工作委员会、司法部和最高人民法院刑一庭、刑二庭以及湖南高级人民法院等持反对意见，认为律师作为被告单位的诉讼代表人同时兼任辩护人的情形存在角色和职责冲突。诉讼代表人与律师属于不同诉讼角色，承担着不同的诉讼职责。诉讼代表人全权代表本单位的意志，而律师主要承担辩护代理职责，履行辩护人义务。将诉讼代表职责与辩护代理职责合二为一，由律师担任诉讼代表人，容易引发社会公众质疑，影响司法公信力。基于此，采纳全国人大常委会法制工作委员会等单位的意见，在本条第二款增加但书规定，明确“不得同时担任被告单位或者被指控为单位犯罪直接责任人员的辩护人”。

【示例三】2014年10月14日《人民法院法庭规则（修订稿）（征求意见稿）》（拟以院名义向最高人民检察院、司法部、公安部和中宣部的意见）第五条第一款，就拟定了下列三种方案①：

方案一：进入法庭的人员应当出示有效身份证件并接受人身及携带物品的安全检查。人民法院可以为检察人员、律师等出庭履行职务的人员设置专门的安检通道。

方案二：进入法庭的人员应当出示有效身份证件并接受人身及携带物品的安全检查。

对出庭履行职务的检察人员、律师等只进行工作证件和出庭通知查验。

方案三：进入法庭的人员应当接受人身及携带物品的安全检查。

对出庭履行职务的检察人员、律师等只进行工作证件和出庭通知查验。

4. 创造或者利用各种条件和资源，在公开范围内，听取相关人士的意见建议，"三人行，必有我师焉"，借助"外脑"或者"智库"，求得最大限度的智力支撑。

【示例一】《法庭规则》制定过程中，我们专门请北京博物院著名的语言文字学家张志和教授、法律语言研究会常务副会长宋北平教授为最终的送审稿进行文字方面把关，尤其是对其中"法庭纪律"部分（每次开庭要宣读）字斟句酌。

【示例二】《法庭规则》制定过程中，承办人杨建文同志曾让其就读于中国政法大学民商法学院二年级的女儿杨东对有关条款提出意见。她提的一些意见亦被采纳。

5. 按照马克思主义哲学观点，"内因是关键，外因是条件"，承办

---

①《法庭规则》第六条：进入法庭的人员应当出示有效证件，并接受人身及携带物品的安全检查。持有效证件和出庭通知履行职务的检察人员、律师可以通过专门通道进入法庭。需要安全检查的，人民法院对检察人员和律师平等对待。

人自身要强化问题意识，加强理论研究，提升文稿写作能力，注重相关工作方法的学习和运用。正如北京建筑大学环境与能源工程学院王崇臣教授所说，“发现问题、提出问题、分析问题、解决问题、成果表达能力的建立过程，就是一种研究”。北京大学教育学院陈洪捷教授也提到，“能不能提出好问题，决定于以下几方面：第一，你对专业领域的知识掌握的广度、深度如何？第二，你对该领域对应的现实领域、前沿问题的熟悉程度怎样？第三，你的研究方法训练如何？”①

【示例】在《释法说理意见》起草过程中，“裁判理由”和“裁判依据”两个范畴之间的界定及关系是一个有争议的问题。笔者对此进行了较为系统的研究②，同时，亦征求了若干专家的意见，获益良多。例如，清华大学法学院王亚新教授通过微信（2018 年 11 月 13 日 18 时 52 分）回复认为，“裁判理由是运用这些依据进行的论证说理，是对法官推论的结构层次和逻辑的表述。裁判依据首先指法律条文、司法解释等规范和法院认定的案件事实及相应的有真实性的证据，再延伸到包括指导性案例、学界的通说或主流学说、商业惯例，等等”。吉林大学法学院宋显忠教授通过微信（2018 年 11 月 13 日 21 时 34 分）回复认为，“裁判依据既包括事实依据，也包括法律规则依据。裁判理由则是裁判推理的根据，除了事实和法律依据之外，还包括法官意见（即法官对证据和规则的选择、解释与判断）和法官的推理过程。裁判理由要比裁判依据范围大且宽泛，可以说裁判理由是对裁判依据的补充”，等等。

---

① 参见温才妃：《为何我们的研究生提不出问题》，载科学网，http：//news. sciencenet. cn/htmlnews/2020/8/444291. shtm，最后访问时间：2021 年 3 月 2 日。

② 参见刘树德：《“裁判依据”与“裁判理由”的法理之辨及其实践样态》，载《法治现代化研究》2020 年第 3 期。

【裁判说理之道】

为“说理的社会”而呐喊

曾经拜读梁治平先生的短评《我们需要一个说理的社会》（《金融时报》2018 年 2 月 12 日）[1] 时，正好笔者在反复研究打磨有关人民法院裁判文书释法说理的规范性文件，因而对此文更生一种钦敬之情。后来，笔者收到了王兰萍老师寄来的梁治平先生新作《变化中的法律与社会》（商务印书馆 2020 年版）。

通读完这本短品集后，笔者不经意间发现了梁先生在《我们需要一个说理的社会》一文中的开头语，即“其实这个想法很多年了。今天还在这里讲，是因为这么多年过去了，每每看到身边发生的各种各样的事情，依然觉得这种需要很迫切”，并非“虚言”，而是确有“真凭实据”的。按照梁先生对“说理”的界说，即“就是一个社会里的人遵循某种共享的规则而展开的表达、论证、说服活动”，“是一种主体间的活动，不仅是一种个人的思想方法、行动方式，更是一种社会互动的形式，是一种生活方式，甚至可以说是一种文化样式”[2]，笔者从阅读此

---

① 为避免多次引用同一著作而带来不必要的重复，此处采取在正文相应位置用括号夹注出版信息或页码的形式，下同。

② 参见梁治平：《我们需要一个说理的社会》，载《金融时报》2018 年 2 月 12 日。

部由前后跨度逾30年的文章（最早的刊发于1986年，序言写于2018年4月，共93篇）组成的新著中发现，梁先生确实一直在为促成一个“说理的社会”而鼓呼、呐喊和努力，尤其以法律人身份“不断观察、思考、讨论和提出答案”（自序第2页）。

此处按时间顺序摘录的系列有关“论辩”“论证”“说理”“理由”等的观点及论述就足以管窥一豹，具体包括：“作为一门科学，法学不仅是不可替代的，而且不能够没有自由地探索、论辩与批评”（《法学的未来与未来的法学家》，1988年，第331页）；“这一类的论辩与诘难，我承认不是全无益处，但是做得太执着便迹近于学究式的挑剔了”（《学术史研究门外谈》，1991年，第344页）；“现代化代价高昂，这固然不是一个能够用来反对人们寻求现代化的借口，但却是迫使我们深思现代性及其后果的充分理由”（《世纪末的思绪》，1995年，第368页）；“清末之‘沈派’（西化论）与‘反沈派’（国情论）论辩中隐含的问题不仅是真实的，而且仍未消失”（《中国法学与百年中国》，1996年，第336页）；“媒体负有社会监督的使命，它有义务客观公正地报道公众所关注的事情，也有权发表自己的看法，但那并不意味着它能够直接充当执法者，也不意味着它有权力和有理由去干预司法”（《司法自治与行业自律》，1997年，第113页）；“批评要讲求事实，以理服人，不能道听途说、捕风捉影甚至主观臆断”（《批评的界限》，1998年，第117页）；“讲合情合理，就要具体情况具体对待，只有法律才强调一视同仁。所以，合法与合乎情理常常不能够一致”（《也说“民愤”》，1998年，第121页）；“所谓健全的审判制度能够做到的，只是为利益冲突的当事人提供一个公开场所，让他们在尽可能平等的条件下充分表达自己的要求，陈述自己的理由，最后，由受过专门训练且富有经验的第三者依法作出裁判”（《再谈法律的正义》，1998年，第135～136页）；“这两种观点各有道理，互有短长。不过，着眼于中国的历史和现实，我更倾向于后一种观点。自然，在陈说我的理由之前，应当先把这两种观点摆出来”（《两种法治观》，2001 年，第 165 页）；“它隐含着一种危险，让人们面对权利冲突、利益平衡的复杂问题放弃理性思考和论证的责任”（《超越公、私范畴的财产》，2002 年，第 182 页）；“强为区分，以教材为允许甚且鼓励和要求抄袭复制的一类，本身并非教材具有特殊性质的论据，而不过是认抄袭为正当的自白”（《抄袭的根源》，2004 年，第 286 页）；“……有理由怀疑，只规定‘必要费用’而非合理‘报酬’的法律，是否能够更好地改变拾金而昧于己的局面”（《拾金不昧的美德和不道德的法律》，2006 年，第 201 页）；“这并不是一个限制娱乐场所营业时间的拿得出来的理由”“所有这类限制都必须经过特别程序，立法者更要提出令人信服的合法且正当的理由”“倘若法律介入，强行规定一个合法行业的营业时间，必有极特殊的理由而不可”（《请给我一个理由》，2006 年，第 239 ~ 240 页）；“很难想象，法院有什么理由要重开审判。因为这并不是什么证据，而是一项抗辩，而法院没有理由接受一项迟到的抗辩”（《行业利益与法院角色》，2006 年，第 254 页）；“人们批评和反对‘公处’的理由之一，是其‘侵犯了当事人的隐私权’。而隐私权之所以有价值，最终要在人格尊严里面寻找依据”（《“公处”的逻辑》，2006 年，第 259 页）；“我所反对的，是那种用诸如‘符合国际惯例’之类的大话、空话来代替认真思考和论证的做法”“在一个动辄讲求‘与国际接轨’，‘国际惯例’已变成一种不可置疑的标准和理据的社会里，标榜‘国际惯例’的做法不但有把复杂的事情简单化之虞，还可能是政治上不负责任的，甚至是危险的”“‘国际惯例’云云不能够代替说理，更不能代替理性的思考和论辩。否则，一个象征开放的句式就可能变成压制思想、拒绝说理的说辞”（《“国际惯例”》，2007年，第273～275页）；“责任重大如此，足以令夺其性命。这理由究竟是法律的还是政治的，这里且不必详论”（《权力与责任》，2008年，第293页）；“在中国即将进入全面小康社会的今天，我们实在看不出有非利用野生动物不可的理由”（《就新修订的〈野生动物保护法〉答澎湃新闻》，2016年，第392页）；等等。

“说理的社会就是一个以说理原则主导的社会，一个通过一系列制度来保障说理原则的社会，一个人们乐于并且习惯于通过说理来彼此相待的社会，也是一个尊重并且善于说理的社会。”[①] 从法律之维而言，确实需要“社会中人（当然也包括法律人）”围绕“何为法律？法律何为？法律与社会的关系实际怎样？又应当怎样？”（自序第2页）等系列问题进行不断的观察、思考与论证。很荣幸，笔者十余年来有机会参与裁判文书改革和起草制定《释法说理意见》等规范性文件，从而为促成“说理的社会”作出自己力所能及的贡献。当然，亦正是此种较长时期的参与经历，即使笔者一直坚持不懈地反复思考裁判文书如何说理、裁判文书改革有无成效”等问题[②]，也让笔者更认同梁先生的如下论说，“过去数十年间，中国社会正是以改革、改变、变革、变化为其主要特征。尽管变中也有不变或鲜有改变者，着眼于变的一面，亦足以令我们对当下社会有深入的了解，同时于中国社会之变与不变、应变与未变诸方面有更深刻的认识”（自序第2页）。

---

① 参见梁治平：《我们需要一个说理的社会》，载《金融时报》2018年2月12日。

② 参见刘树德：《无理不成“书”——裁判文书说理23讲》，中国检察出版社2020年版，第446页。

读名著·话“说理”

尽管笔者在十余年前就买来读过德国法学名家拉伦茨《法学方法论》(学生版，陈爱娥译，商务印书馆 2003 年版)，但此次认真研读黄家镇博士翻译的《法学方法论》(全本，商务印书馆 2020 年版)[①]，确实既较为全面地知悉了德国法学方法论的发展演变史，也更加深刻地理解了拉氏在该名著中的许多论题与观点。例如，“经常能发现判例法思维方式和法典化成文法思维方式二者之间相互趋近的现象，其原因在于：前者当下正处在形成并凝固原则的阶段，由此已开始体系构建；而后者相反正处在松解体系，并重新转向问题思考的阶段”(第 219 ~ 220 页)；“尽管法秩序内部的评价矛盾有时必须容忍，但因其与同种事物应相同对待并且相同评价的原则相矛盾，因此应当尽可能避免”(第 421 ~ 422 页)；“‘利益衡量’并非简单地被看作法感的事，也即并非一种无法被理性所理解的过程，相反至少在某种程度上其仍须遵守若干明确的原则，就此而言它也是可以进行事后审查的”(第 518 页)；“有义务追求判决实质正当性的司法权必须支持这种观点：遵从裁判先例的要求必须退居法的安定性之后。裁判先例可能为自身要求某种程度的正确性推定；但法官不可未经审查就信赖它，至少在他发现裁判先例的正当

---

① 据译者介绍，学生版相比于全本缺少“历史批判部分”，即从萨维尼至拉伦茨写作时代 150 年至 180 多年间德国法学理论和法学方法论的发展史。

性存在疑问时，必须形成自己的判断”（第 541 页）；等等。

笔者此次有幸得到黄博士赠送这一译著，无疑要感谢武汉大学法学院罗昆教授的引见。当时罗教授正好与笔者在讨论其前期参与调研起草的《类案检索意见》实施过程中可能遇到的相关问题，例如，类案检索范围如何设定，类案平台如何搭建，待决案件与类案的相似性如何识别，法官如何说理回应检察机关、当事人提交的裁判不一致的类案，冲突类案如何处理，等等。基于此种因缘际会，笔者此次品读过程中也就多了一份心思，时刻关注此部名著中有关“说理”的论述。通读下来发现，有关“说理”的论述大致可以分为以下几个方面：

1. 关于什么是说理。具体包括：“埃塞尔将裁判的发现与大部分情况下是在嗣后进行的说理区别开：前者主要涉及个案的适当裁判，后者主要是证明事先取得的裁判与制定法一致，于此法官可以运用所有他认为能服务于此目的的‘方法’”（第 186 页）；“教义学的任务就在于整理这些标准，这些标准使得即使在有疑义的案件中借由充分论证作出判决成为可能，而不是任由法官作出任意的判决”（第 298 页）；“对作为法院裁判说理手段的拟制之评价与法律拟制的评价有所不同。与法条不同，说理诉诸的是基于正确认知的正当性；它不是规定某种东西，而是希望产生说服力”（第 336 页）；“‘说理’在这里意指：通过易于理解的衡量现行法出发来正当化裁判”（第 371 页）；“法院在裁判理由中表达的法律见解与制定法不同，并没有直接的规范效力。判决理由本身并不创设规范，而只在表达一种法律见解，当然，这种对于法院就该案件的裁判具有决定性意义的法律见解——只要它不仅是‘附带意见’——是说理脉络中必不可少的部分”（第 450 页）。

2. 关于为何说理。具体包括：“在任何时代，‘法条中成型的法’总体来看只能构成法的大部分，不过是所占份额多少不同而已……故而产生了‘以可说理之方式’填补法律漏洞之任务”（第122页）；“即使完全不考虑法技术上强制判决说理的规定，法官如果想他的裁判免于偏颇或者‘专断’的责难，就不能回避这一问题（即“最初‘凭感觉’发现的结论显得‘正当’的根据是什么”——引者注），而是必须作出回答”（第165页）；“裁判必须附有说理的强制性要求需要展现一种井然有序的思考过程，在这一过程中，每个论据都获得其应有的位置，最后以一特定的结论来结束这一过程”（第194页）；“裁判说理的最主要任务是证实裁判符合制定法规定。而‘演绎式的说理模式’最能达到这一目的，也就是说以逻辑涵摄的模式适用制定法规范”（第205页）；“法学理论绝不仅是单纯的意见表达，可以任由人们随意选择——但似乎不少实务界人士都是持这种态度，他们将理论视为采石场，他们只从中选择刚好合适的石块——而是像自然科学理论那样是一种陈述语句体系，也要求‘正确的’、恰当的说理”（第567页）；“法官不应当做出不能被控制的衡平裁判，而是应依据其所提出的原则来裁判，并在个案中说明理由”（第599页）。

3. 关于如何说理，具体包括：“对由不同观点杂糅而成的大杂烩式的裁判说理，根本无法批判”（第206页）；“在实践理性范围内，运用与经验和演绎证明方式不同的其他的说理方法，不仅恰当而且自足”（第234页）；“只有那些不偏不倚、不怀成见、有经验并且‘能有智慧地完成说理程序的人’，才能是‘理性讨论’的参与者”（第236页）；“这种类型式论证说理的欠缺，导致将说理贬斥为一种表象说理，而其本来可能是恰当的说理，如果法院坦然地进行类型说理论证的话”（第287页）；“我们的最高法院在裁判理由中会详细讨论教义学的研究成果，即使其最终作出了不同的判决。如此一来又再次促进了双方的对话交流”（第303页）；“因为法学方法论是特定法秩序的方法论，而法秩序本身对法院的活动会有一定的要求，这些要求反过来一起决定法院的论证方式和说理风格，因此方法论也必须考虑这些要求”（第 316 页）；“拟制还可以进一步分为作为立法技术手段的拟制、作为裁判说理手段的拟制以及在学术中应用的拟制”（第 333 ~ 334 页）；“拟制掩盖了决定性的判断理由；它将说理贬低为虚有其表的说理。因此法院应当避免裁判说理的拟制”（第 336 页）；“至少在涉及价值判断时，人们不能要求法律上的说理必须具备像数学或物理学证据那样的逻辑严密性”（第 371 页）；“在个案余留给法官的判断空间内，即便他不再能做透彻的说理论证，也必须基于他合乎义务的判断，做出符合法定标准或者类型要求的裁判”（第 372 页）；“法官说理的目标在于使讼争当事人以及寻求权利保护者确信判决的准确性（在于制定法与法一致的意义上）……如果要达到此目的，说理本身就必须是‘理性的、可理解的、可控制的并因此是可以讨论的说理脉络’”（第 451 页）。

正如拉氏所言，“在当代方法论讨论中，一个问题占据讨论的中心位置，即法官如何获得‘正当的’裁判”（第 227 页），“‘方法论’考虑更多的是法学研究、提供专家意见以及说明判决理由的流程”（第 201 页），“方法上的提示给出方向上的协助，使控制思维过程成为可能，尤其是可以审查是否遗漏了重要的观点，并可以强制解释者说明其运思过程”（第 315 页），因此，（法学）方法论对于法官通过“说明判决理由”来获得“正当的”裁判无疑是具有重要意义的。可以说，《释法说理意见》从方法论之维度作了相关规定，例如，第七条规定：“……如果没有最相类似的法律规定，法官可以依据习惯、法律原则、立法目的等作出裁判，并合理运用法律方法对裁判依据进行充分论证和说理……”第十五条规定：“裁判文书释法说理应当避免使用主观臆断的表达方式、不恰当的修辞方法和学术化的写作风格，不得使用贬损人格尊严、具有强烈感情色彩、明显有违常识常理常情的用语，不能未经分析论证而直接使用‘没有事实及法律依据，本院不予支持’之类的表述作为结论性论断”，等等。当然，亦如拉氏所强调的，“方法的选择并非完全任凭法官随意而为，而且如果法官以正确的方式来进行的话，法秩序至少在多数案件中是能够提供一种——在最基本的裁判正义意义上的——‘可接受的’答案”（第272页）。也就是说，（法学）方法论毕竟只是实现“正义裁判”目标的工具，法官务必秉持“努力让人民群众在每一个司法案件感受到公平正义”的司法目标和宗旨，以科学系统的（法学）方法论为指导，根据个案准确运用法律论证/解释方法做出法律效果与社会效果有机统一的裁判。

裁判说理需要方法论指引

所谓“方法”意为“遵循某一道路，即为实现一定的目的，必须按照一定的纯虚所采取的步骤”[①]，方法侧重于人们为达到一个目的而采用的行动、手段或方式[②]。方法论是指“人们对一门学科的概念、理论以及基本推理的研究”[③]。可以说，“方法”提供了“方法论”的体系基础，而“方法论”则重在说明方法在何种程度上具有恰当性，从而为人们思维提供相应的科学基础[④]。

就在《民法典》颁布不久，姚辉教授推出了力作《民法学方法论研究》（中国人民大学出版社 2020 年版）。这是姚辉教授在妥善平衡好“狐狸式”（以多变善变见长）与“刺猬式”（以钻得深兼且固守立场取胜）学术角色[⑤]的基础上，将“民法多个不同领域的星星点点用法律适用的线索串联起来”（“徘徊在研究的边缘——后记”，第 601 页）而成的厚重专著。

该书共包括八章，具体是：“法律的基本命题”（从终点开始；是

---

① 参见严平：《走向解释学的真理——伽达默尔哲学述评》，东方出版社 1998 年版，第 18 页。

② 参见［德］阿·迈纳：《方法论导论》，王路译，三联书店 1991 年版，第 6 页。

③ 参见［英］马克·布劳格：《经济学方法论》，石士均译，商务印书馆 1992 年版，第 1 页。

④ 参见胡玉鸿：《法学方法论导论》，山东人民出版社 2002 年版，第 90 页。

⑤ 参见黄灿然：《刺猬与狐狸》，载《书城》2002 年第 5 期。

否存在法律人所独有的方法；是否存在“公正”的裁判；社科法学 vs. 法教义学），“民法的体系”（体系与体系思维；体系中的概念；体系化的基础与路径；民法典中的体系弱化），“体系的外部效应”（宪法基本权利与人格权；行政权力与民事权利；民刑交叉案件的裁判规则：以合同效力为例），“体系的内部效应”（民商关系；人格权法的体系定位；基本原则的体系效应；民事责任这个筐；物权行为这个梗），“民事法律渊源”（法典化的反思；制定法实证主义下的民法法源；以民法的适用为坐标原点的法源论；习惯作为法源；司法解释的生命力；题外话：学说的价值），“民法规范类型”（类型化的基础与意义；民法规范类型化；效力性强制性规范认定：以《合同法》第五十二条为切入点），“法律适用及漏洞填补”（法律事实的形成与认定；法律解释的民法面向；法律漏洞填补的实证考察），“民法中的价值判断”（作为方法论的价值判断；价值判断规则；价值传递路径：一般条款；价值判断辅助技术；标本与分析）。

无疑，伴随着《民法典》的正式实施，民法学的学术路径或切口会逐步发生“立法/对策论”向“解释/教义论”的转变，同时，“立法/对策论”与“解释/教义论”在民法学知识体系中的权重亦会发生变化。立足于此种背景，此书无论定位为“一个民法学视野下的方法论考察”还是“法学方法论在民法当中的实践”（代前言“复杂是由简单来支撑的”，第 VI 页），均具有重要的学术意义和实践价值。

正如姚辉教授所言，该书“作为一项关于法律适用的研究”，“从法律适用的几个基本命题出发，以‘科学的’‘体系化’的法律的寻找为目标，途中穿越体系的内外部关系及其效应以及法律条文的鉴别和适用，一直走到价值判断和利益衡量”，“坚持了从实务切入的导向，将纠纷、判例、疑难以及学术争鸣夹杂在了可能原本会被认为是抽象玄虚的理论阐述之中”。无论是全书内容的“法律适用”聚焦还是写作路径的“实务切入”导向，均触发了笔者从“裁判说理”的视角来品读和鉴赏该著的兴趣。

通读过程中不时地发现，姚辉教授在许多章节中直接或者间接地论及了“裁判说理、论证”这个话题，例如，“在实在法并未对侵犯死者名誉进行规定的情况下，法官判决对死者的名誉权予以保护，并予以充分说理，在当时不仅弥补了法律漏洞，对于完善实在法秩序也起到了关键作用”（第46页）；“虽然法经济学、法哲学等法学外视角的观察对法律的说理具有价值，但必须被转译为法教义学的语言进行沟通，‘法言法语’起到了法律的‘母语’的作用”（第49页）；“如此司法策略虽然也可能涉及对财产契约的性质认定以及承担婚姻关系能否直接援用《合同法》的相关法律法规之论证风险，但仅从实践的效率性、便捷性目标出发，这样的裁判思路或许也不失为一种选择”（第171页）；“由于在理论逻辑上强调制定法法源的唯一性，法官的实际裁判思维及过程往往有一种被异化的危险。即对于案件事实，法官依据‘先见’可能已经形成了某种价值上的倾向，对案件裁判已经达成了某种结果意义上的认知，而在进行涵摄的过程中，法官通过求助可以达到此种倾向或认知的法律规范来对案件进行说明和论证”（第265页）；“法律适用者判决案件时，并不是任意的，而是在法源的基础之上进行判断，法源既是一种依据，也是一种制约因素。其判断的过程也必须通过充分的说理加以论证”（第271页）；“法官的思维范式并不是根据事实去寻找规则再作出裁判，而是根据基于职业经验培养起来的‘直觉’直接对案件事实作出反应，产生预判断，然后再去寻找法律依据为自己的判断作出论证”（第277页）；“法官作出判决的理由无论是形式主义的还是功能主义的，都应当以判决说理的方式真实地反映出来，以便当事人和公众进行检验，这既是现代法治社会对司法行为的要求，也是法律得以发展完善的必由之路”（第 280 页）；“‘同案同判’也并非绝对，法官亦可就类似案件作出与指导性案件截然不同的法律解释与选择，只是在如此情形下，法官需要负担更为沉重的说明义务，以充分阐述其裁量的合理性”（第 299 页）；“实行指导性案例制度并不意味着法官的裁判不需理由，指导性案例仅是为法官提供了裁判思路和裁判结果上的指引而已，仅仅具有‘参照’价值”（第 306 页）；“参考法理还可以起到增强裁判说理性的功能，因为法理本身就是对社会生活与审判实践的经验总结，具有突出的解释和说服能力。民事审判要增加其说理性，就必须要大量地参考法理”（第 311 页）；“在极其特殊的情形即疑难案件中，各类解释方法可能仍然无法切实调和个案的利益状态，此时就需要运用利益衡量、价值判断等方法，以弥补论证的不足，从而实现个案的公平正义”（第 383 页）；“根据不同类型的价值判断适用不同的法律论证规则，对法官施加不同程度的法律论证义务”（第 463 页）；“价值判断是司法裁判过程中的必备项目，价值判断的论证既不能单纯地通过经验也不能通过自证进行”（第 507 页）；“即使在此时必须采用利益衡量之法调整最终判决，法官也需审慎思考和充分论证”（第 526 页）；“在利益衡量的每一步，法官都要注意说理的充分性，对其所持的理由尽量地阐释清楚，将参与的配置实体权利和社会资源的过程展示于当事人和社会公众，使越来越多的渗入司法过程的伦理因素昭然于阳光之下，从而使司法结果更容易获得普通公众的认同”（第 527 页）；“由于我国法并未明定以物抵债协议的法律属性，无论是‘诺成合同说’还是‘要物合同说’，只要说理本身能够前后融贯，在形式逻辑层面就无对错之分，但在价值层面，这个命题的结论无疑具有优劣之分”（第 538 页）；等等。

除了上述有关“裁判说理、论证”的相关论述之外，立足于《释法说理意见》来看，该书的许多章节内容均可对裁判文书说理起到指引作用，例如，“法律事实的形成与认定”（第354～377页）的论述对应于《释法说理意见》的如下规定：“裁判文书释法说理，要阐明事理，说明裁判所认定的案件事实及其根据和理由，展示案件事实认定的客观性、公正性和准确性”“裁判文书应当结合庭审举证、质证、法庭辩论以及法庭调查核实证据等情况，重点对裁判认定的事实或者事实争点进行释法说理”；“民事法律渊源”（第252～313页）、“法律解释的民法面向”（第378～406页）、“法律漏洞填补的实证考察”（第407～431页）、“作为方法论的价值判断”（第454～468页）、“价值传递路径：一般条款”（第489～502页）的论述对应于《释法说理意见》的如下规定：“民事案件没有明确的法律规定作为裁判直接依据的，法官应当首先寻找最相类似的法律规定作出裁判；如果没有最相类似的法律规定，法官可以依据习惯、法律原则、立法目的等作出裁判，并合理运用法律方法对裁判依据进行充分论证和说理”；“题外话：学说的价值”（第309～313页）、“体系与体系思维”（第55～65页）、“附论：民事指导性案例的方法论功能”（第296～308页）的论述对应于《释法说理意见》的规定：“除依据法律法规、司法解释的规定外，法官可以运用下列论据论证裁判理由，以提高裁判结论的正当性和可接受性：最高人民法院公布的指导性案例；最高人民法院发布的非司法解释类审判业务规范性文件；公理、情理、经验法则、交易惯例、民间规约、职业伦理；立法说明等立法材料；采取历史、体系、比较等法律解释方法时使用的材料；法理及通行学术观点；与法律、司法解释等规范性法律文件不相冲突的其他论据”；等等。

尤其是，全书中诸多具有“规则意义”的论述更能直接范导和指引法官说理思维和论证步骤，例如，“对民法学方法论中的技术规则进行系统化的整理就显得尤有必要。系统化的整理将有助于不同法官在适用法律时通过达成共识的技术规则发展法律，使裁判结论保持一致性，确保实现类案同判，满足法律规则的可预期性以及裁判的权威性”（第504页）；在具体案件中进行价值判断应当遵循以下步骤：“首先，应明定所处理问题的本质，即明确对待当事人双方的纠纷时裁判者缘何会在此利益与彼利益之间纠结往复；其次，厘清案涉纠纷所纠葛的利益关系并作出价值判断；再次，结合价值判断的结论对法教义学上的各种判断方法作出选择；最后，基于前述论断得出能够适度平衡各种利益的裁判模式”（第511页）；在“打假”案件中，对“打假”能否获得惩罚性赔偿进行裁判，可具体依相关步骤进行说理论证，“购买商品或接受服务者是否为消费者→产品是否存在瑕疵→经营者是否存在欺诈→经营者是否存在免责事由”（第588页）；等等。

“无论是法学方法论抑或法律方法论，作为一种体系化的科学思维方式，其内容一定是建基在作为整体科学范畴（如果是的话）的法学以及法律之上的，是法律学而不仅仅只是某个实体法的规范抽象和功能提升”（代前言，第V项）。此部《民法学方法论研究》尽管是作为民法学者的姚辉教授从民法的维度进行“一次曲折艰难的”学术冒险之旅而成的，但对于民事、刑事、行政裁判文书说理均具有重要的方法论指引价值。

察知日本刑事裁判说理的点滴

2019年12月15日至20日，基于亚洲开发银行支持的研究项目“中国司法改革：利用大数据提升司法公正”工作需要，笔者受单位指派率团赴日本进行交流考察。此次笔者带了刚买来不久的《法官物语》（［日］长岭超辉著，阿班布译，法律出版社2017年版）。正如该书封底所言，“《法官物语》以法官之声为线索，收录了99个真实的法庭故事。在这些关乎生与死、罪与罚、爱与恨的法庭故事中，通过品味那些平时不易流露的法官内心的真实声音，读者诸君或许可以更加感性地认知到，司法究竟是怎样运作的，以及正义是怎样实现的”。趁这次先后访问日本最高裁判所、法务省、东京高等裁判所、东京地方裁判所、日本国立情报学研究所、东京大学法学院、日本辩护士协会的机会，笔者不时地就《法官物语》的“所阅所思”向参与座谈交流的日本同人“核对”“确认”乃至“追问”，确实更进一步地察知了日本刑事裁判说理的有关情况，从而得以了解日本刑事司法的某些侧面。

正如作者在“前言”中所归纳的，在公开的场合，能够倾听法官心声的宝贵机会，存在于以下几种情形之中：一是补充询问。即在检方和辩方交叉询问结束后，主审法官存有“询问进行得仍然不够充分”的感觉时，便可以自行向证人或被告人进行补充询问（“与其说是询问，还不如说是针对被告人的训导或说教”）。二是判决理由。在判决中，法官应就主文（例如，刑事判决的主文是指被告人是有罪还是无罪以及在有罪的情况下判处何种刑罚的部分）结论背后的理由进行论述。这种论述要表明法官依据证据及证言等认定了何种事实、根据哪些法律推导出如此结论。三是补充发言、感言、旁论。此类言论大多发生在法官宣读完判决理由后，是以世人为倾听对象发表的建议。此类言论没有强制力，但有时会成为政府或地方自治体行动的依据。四是训诫或说教，即《日本刑事诉讼法》第二百二十一条（判决宣告后的训诫）规定："审判长宣读判决后，可以针对被告人的未来向其进行适当的训诫。"五是闭庭后发言，即法官在宣告闭庭后，在法庭上所说的一些非正式的话。六是其他（法庭外）发言，主要是指法院的代表人（长官、院长）在新闻发布会上回答司法记者们的提问，或者因犯罪被逮捕的法官在接受警察、检察官的调查时所作的供述。

与之相适应，《法官物语》中涉及刑事裁判说理的部分大致可分为三种类型：一是刑事庭审说理。例如，京都地方裁判所上垣猛审判长在一起抢劫杀人案庭审中说道，"如果你不是凶手，请说明情况，这样我会心怀感谢。的确，沉默权是被告人的一种权利，但是，我是真的希望在倾听你的心声——哪怕只有一点——之后再做出判决"（第32页）；东京地方裁判所青柳勤法官在审理演员Ivan持有大麻案的庭审中通过连续发问的方式说道，"24岁？这不成年了吗?!你也接受过良好的教育，也曾经是一名演员，不是吗?!""你无所谓吗？如果再犯，就要被关进监狱服刑了，你知道吗?!""刚才的话稍微有些严厉；但我之所以要说这些，是因为防止犯罪是我的工作"（第58～59页）；千叶地方裁判所小池洋吉审判长在审理某市议会主席行贿受贿案的庭审中引用格言来说教，“自古便流传有这样的谚语：‘锈生于铁而毁灭铁。’[1] 希望你心里的锈迹，尚未蔓延。不要焦虑地沽名钓誉，注重自身修为，用高洁的品格，去赢得他人的尊重吧”（第 70～71 页）；富山地方裁判所手崎政人法官在审理保育师盗窃案的庭审中采用对比的方式说道，“小孩两三岁大时，就开始被教导不可以偷东西的道理。作为一名幼儿教育者，每天告诉孩子们不可以偷东西的你，自己却是一个小偷，这太讽刺了?! 我真是受够了这样荒唐的案件!”（第 93 页）；横滨家庭裁判所横须贺支部某法官在一起父亲猥亵女儿的庭审中采用修辞的方法质问道，“被告人的所作所为超越了变态，极端变态。这是正常的父亲绝对无法想象、不配为人的行为。你打算如何弥补给女儿的未来造成的伤害?”（第 170 页）；横滨地方裁判所松浦繁审判长在审理一起杀人、遗弃尸体案的庭审中采用先扬后抑的方法说道，“你身为医生，行医诊脉，治病救人，一路走来为患者所感谢。正是这样，你亲手扼杀的生命，才格外的沉重”“你今后是怎样一个活法，全在三名死者六只眼睛的密切关注之下”（第 172～173 页）；等等。

需指出的是，个别法官的庭审说理亦引发了争论，例如，水户家庭裁判所下妻支部富永良郎法官在非公开审理一起发生在暴走族内部的案件过程中说道，“你们这些人，连一无是处的工业废物都不如”。针对富永法官的上述言论，当时的舆论毁誉参半，即“说这种话的人，简直没有资格做法官”“痛快！说的好!”（第 40～41 页）。

二是刑事裁判文书说理。例如，东京地方裁判所井上弘道审判长在奥姆真理教四号人物的判决理由中采用比较的方法说道，“被告人的刑

---

[1] 此格言最初源自佛祖释迦牟尼，原文是：“就像铁锈从铁身上冒出并对铁造成伤害一样，人的恶行也滋生于自身并将自己的命运引向歧途”，引自法句经第 18 篇“尘垢”第 240 号。

事责任极其重大”“与其说选择死刑是当然能够被允许的，不如说就应当选择死刑”（第5页）；京都地方裁判所藤田清臣法官在一起交通肇事案的判决书中采用比喻的方法说道，“在交通肇事的审判中，被害人的生命就跟车站前免费赠送的纸巾一样轻。与被害人家属的悲叹相比，以往的判例是对被告人的一种过度保护。在生命的尊严面前，法律绝对不能缺少慈悲”（第28页）；东京地方裁判所松浦繁审判长在审理一起偷税案所作判决书的判决理由中采用“先抑后扬、褒而后罚的捧杀术”的说理方法首先对被告人进行严厉的批评，“从一般国民的情况来看，被告人的偷税数额远远超过其一生的收入所得，金额之巨大令人难以企及。很多国民对此感到既震惊又气愤”（第157页）；青森地方裁判所山内昭善审判长在审理一起侵吞案所作判决书中采用修辞的方法说道，“被告人侵吞的金额极其巨大，按照县内劳动者的平均年收入计算，该金额相当于一个劳动者工作348年的收入，被害金额之巨大史无前例”（第201页）；等等。

需指出的是，个案法官的裁判文书说理因修辞不当而引发质疑，例如，京都地方裁判所山本和人法官在审理一起抢劫杀人案所作判决书中说道，“有些出租车司机，一看就是那种坏心眼的轿夫或赌博欠债的人。我认为，这种情况可谓一种显著事实”①。山本法官仅凭被告人是一名负债600万日元（约人民币4.4万元）的出租车司机，便作出“有些出租车司机是轿夫”且系“显著事实”的论述，属于“职业歧视”的言论，因而遭受到猛烈的批判（第38～39页）。

① “显著事实”是民事审判中使用的法律术语，它指的是那些没有必要拿出一个个证据来证明的众所周知的事情，即那些当然的事情。

三是庭后说理。

1. 从说理受众来看，具体包括以下情形：其一是针对旁听人员，例如，前桥地方裁判所久我泰博审判长审理被检方控诉以死刑的案件作出最终的无期徒刑判决。在庭审后，面向被害人家属所在的旁听席，他作了如下发言："罪犯杀人容易，但国家做出死刑判决却绝不是一件简单的事。我知道各位无法认可这样的结果，但这就是现实"（第12页）。其二是针对被告人，例如，东京地方裁判所中山善房审判长在审理北野武演员伤害案后说道，"今后，希望你能充分认识到：作为一名演员，其个人行为对社会具有巨大的影响力。同时，希望你戒骄戒躁，谦虚而负责任地为人处世"（第56页）。其三是针对普通世人的，例如，神户地方裁判所佐野哲生审判长在宣告被控业务上过失致死案四名被告人无罪后说道，"这是一个悲痛的故事。对被害人及家属的深切同情，在我心中久久难以释怀。我很清楚，无人因本案被追究刑法上的责任这一结果会激发出朴素的质疑。而我，只能衷心为金月美帆君祈福"（第80页）。

2. 从说理方法来看，其一是采用修辞方法，例如，东京地方裁判所细田启介审判长在宣读完偷税案实行判决后说道，"这世界上有很多人，哪怕是很小额的税金，也在认真地缴纳。而你的这种行为，无疑是将这种人视为傻瓜"（第60页）；札幌地方裁判所远藤和正审判长宣判一起准强奸罪的实刑判决后说道，"这是野兽的行径。如果你还是人的话，尽早返回人类的社会"（第88页）。其二是采用比较的方法，例如，东京地方裁判所松浦繁审判长在宣判一起偷税案的判决后说道，"在最后一刻之前我一直在困惑。例如即便是一整年拼命打球的职业棒球员落合选手，他的签约也就两亿日元，再如歌手森进一君去年的纳税额也仅仅是八千数百万日元。相比之下，你公司的偷税金额多么巨大，你明白了吧""为了让你能在你的孩子读中学前出狱，本院作出了判处1年8

个月的实刑判决”（第 158～159 页）。

3. 从说理的目的来看，其一是对被告人提出某种忠告或者建议，例如，大阪地方裁判所杉田宗久法官在宣告被控业务上过失致伤案被告人无罪后说道，“虽然这一次被告人不用负刑事责任，但造成三人不同程度受伤是不争的事实。关于这点，希望你能一直心怀歉意”（第 78 页）；大阪地方裁判所宫崎英一审判长在宣判一起杀害尊亲属案的判决后用如下说教来弥补刑罚之轻，“活下去，并用一生铭记为你倾注了无偿的爱的妈妈的脸以及在你面前咽下最后一口气时妈妈的脸”（第 165 页）；富山地方裁判所手崎政人法官在宣判一起帮助自杀案后说道，“在这个世界上，人人皆有痛苦。每个人在生活中，既会遇到好事儿，也会遇到坏事儿。生活不顺当的时候，可以做做运动或者调整心情来迈过难关。你身上所欠缺的，或许正是这种生存的智慧呀”（第 190 页）。其二是对判决作出进一步的说明，例如，东京地方裁判所饭田喜信审判长在审理偷税案后说道，“被告人在逮捕后一直承认罪行。这种果敢的态度，不愧是一流格斗家之所为。对此我毫不吝惜我的评价。但是，我仍然认为，从罪行的严重性来看，不得不对被告人判处实刑”（第 50 页）。其三是法官抒发某种情感，例如，东京地方裁判所川口政明审判长在对原内阁官房长官政治资金报告书部分未记载案宣告无罪后作了补充发言，“现在正是樱花盛开的好时节。未来会怎样，我虽不知；但至少在今天晚上，请你安心地观赏樱花吧”（第 74 页）；千叶地方裁判所小池洋吉审判长在宣判一起家人虐待致死案后说道，“一边渴望家人的爱，一边遭受家人的虐待。被害人究竟是以何种心情，忍受这样的日子呢？在其生命落幕时，他的内心有何感想呢？如果许愿能成真，我祈祷在他短暂的一生中，不全都是悲伤”（第 162 页）。

正如作者在该书“后记”所言，在评价法官的标准可归集为“判决或和解结案数量的多少”的背景下，“与其花费30分钟对被告人进行长时间的说教，还不如用同样的时间去处理一起药物案件更加容易出人头地”，后者自然就会成为许多法官的“理性选择”。但不可否认的是，总有一些法官会珍惜“在法庭上与被告人及案件当事人相遇”的缘分，会思考“怎样才能让被告人认识到自己犯下的错误”，会否弃“判完就万事大吉”的想法，从而在庭审过程、裁判文书制作以及庭后环节进行说理，为世人留下许多“令人动容的语录”。可以说，《法官物语》通过记录近100名法官的经典语录，确实能让我们察知以公民裁判员制度的导入为核心的刑事审判制度大变革背景下的日本刑事司法的诸多变化与特色。

裁判/说理依据又是什么

按照金克木先生读国外著作方法的要求，“读哲学书的前提是和对方站在同一条起跑线上，先明白他提出的是什么问题，先得有什么预备动作或‘助跑’，然后和他一同齐步前进，随时问答”①。刘星教授最近修订出版的《法律是什么：20 世纪英美法理学批判阅读》（增订版，广西师范大学出版社 2019 年版）立足“当下语境和特定知识状态”，选定了 20 世纪英美法理学的若干“较为重要的观念”，以“法律是什么”为红线，具体从本体论、价值论、知识论对“实际存在的法律命令”（以边沁、奥斯丁为代表的分析法学）、“行动中的法律”（以弗兰克、卢埃林为代表的现实主义法学）、“官员统一实践中的法律”（以哈特为代表的新分析法学）、“解释性质的法律”（以德沃金为代表的“理论争论”法学）、“意识形态中的法律”（以肯尼迪为代表的批判法学）、“作为地方性知识的法律”（以施拉格为代表的后现代法学）、“需求对话中的法律”（以波施纳为代表的新实用主义法学）的学理根据进行一番仔细梳理和“批判阅读”，即“在审视分析时融入批判阅读者自身的理念，并从一个侧面阐发批判阅读者本身的思想诉求”初版后记第 367 页），进而引领读者沿此捷径去系统性地理解和把握这些重要理论乃至进行深层次的“交往与对话”（初版序言第 2 页）。

---

① 参见金克木：《书读完了》（增订版），上海文艺出版社 2017 年版，第 220 页。

读罢全书，至少是可让读者了解知悉上述有代表性的学说是如何回答“什么是法律”以及与之相关的“法律具有哪些特性”“法治是什么”“同案同判可能吗”“法律职业共同思维或者共同体是否真命题”“法律与道德存有何种关系”等系列问题的。

1. 分析法学认为，“法律”一词是指社会最高权威如主权者的特定要求，它是一种“命令”；这种命令以制裁为后盾，并见之于白纸黑字的规定；法律具有独特的品质，以外在的强制力使自己区别于内心的道德约束；其最为重要的特征在于以强制力为依据的“义务性”；法律具有明确性、可预见性和普遍性。

2. 现实主义法学认为，“法律”就是法官那样的法律适用者所说所做的；法律适用者的判决具有最终性；对具体的案件当事人来说，最为直接有效力的不是一般规则，而是法院的具体判决；法律的确不同于道德，但这不意味着法律具有确定性；在法律适用者的具体判决中，法律只能具体而又不确定。

3. 新分析法学认为，“法律”是指一般官员统一行为模式中的主要规则和次要规则的相互结合；在这种统一行为模式中，可以发现实践中的一定规律性，并从中看出官员如何一致地表现出“社会权威机构颁布的规定即为法律”这样一类的规则内容；这类规则内容，等于官员统一承认某类规范（如义务规范）为法律。

4. 德沃金法律理论认为，“法律”存在于作为实践参与者的人们的解释之中；这种解释是一种政治道德上的确证，是从现存的明确法律制度中抽象出的一般的法律原则，用自我建立的一般法律理论来证明这种法律原则是其中的一部分，证明现存的明确法律制度是正当的，从而再以法律原则为依据反向推出具体的法律结论；这种“法律”包含具体规则、一般的法律原则、一般的法律理论和政治道德姿态。

5. 批判法学认为，“法律”一词的真正意义是“利益的对抗”；无论法律的明确规定本身是否清楚，其都会存在自身的内在矛盾；作为法律适用者，法官最终在决定法律是什么的时候只能选择一个利益压抑另一个利益；法律中是没有“客观中立”这样一个概念的。

6. 后现代法学认为，“法律”是一个“地方性”的、“区域性”的概念；在不同地方，法律理解中的“法律知识”将是不同的，其中不存在人们主观上认为如何的问题；人们主观中的“法律”最终是一个语境化的社会文化历史构成，并不存在一个统一一致的法律。

7. 新实用主义法学认为，“法律”是一个“具体需求”的概念；在形成“法律是什么”的观念时，不仅人们头脑中的社会文化历史性的知识是语境化的，而且人们的需求也是语境化的；人们总是在“具体理解”和“具体需求”之中来建构具体的法律结论；由于存在“不同理解”和“不同需求”，人们自然需要交流对话，并在交流对话中运用实践理性得到一个相对客观的法律结论（第346～349页）。正是上述这些不同的有关“法律是什么”及相关问题的解答、观念和“姿态”（“决定一切的只是姿态”——克赛诺芬尼）被案件当事人、律师、法官和社会公众所认同或者选择，使得个案尤其是类似于“里格斯诉帕尔玛（Riggs v. Palmer）”案（在该案中，A是B所立遗嘱中指定的遗产继承人，A为防止B改变遗嘱，将B杀害。当时的纽约州法律并未规定如果继承人为谋遗产故意杀害被继承人，则继承人丧失继承权——引者注）的疑难案件的处理会存在不同的裁判/说理依据、裁判结论，产生不同的法律效果和社会效果，进而受到不同的评价。

此处拟在上述“法律是什么”的各种回答基础上对“裁判/说理依据又是什么”略作思考。在中国司法语境中，“以事实为依据，以法律为准绳”实乃耳熟能详的司法原则或者司法政策，但是，该原则或者政策在裁判文书特别是裁判说理中的具体化或者实践化仍衍生出了诸多争论性问题，“裁判理由”与“裁判依据”两个范畴的内涵如何界定，两者究竟是何种关系，即种属关系、并列关系还是其他关系。2009 年 11 月 4 日施行的《最高人民法院关于裁判文书引用法律、法规等规范性法律文件的规定》(法释〔2009〕14 号)(以下简称《引用规定》) 第一条规定：“人民法院的裁判文书应当依法引用相关法律、法规等规范性法律文件作为裁判依据……”第六条规定：“对于本规定第三条、第四条、第五条规定之外的规范性文件，根据审理案件的需要，经审查认定为合法有效的，可以作为裁判说理的依据。”《释法说理意见》第十三条规定：“除依据法律法规、司法解释的规定外，法官可以运用下列论据论证裁判理由，以提高裁判结论的正当性和可接受性：最高人民法院发布的指导性案例；最高人民法院发布的非司法解释类审判业务规范性文件；公理、情理、经验法则、交易惯例、民间规约、职业伦理；立法说明等立法材料；采取历史、体系、比较等法律解释方法时使用的材料；法理及通行学术观点；与法律、司法解释等规范性法律文件不相冲突的其他论据。”

可见，《引用规定》提出了“裁判依据”和“裁判说理的依据”范畴，《释法说理意见》提出了“论证裁判理由的论据”范畴。“概念乃是解决法律问题所必不可少的工具。没有限定严格的专门概念，我们便不能清楚和理智地思考法律问题。”[①] 因此，实有必要从“实践中的法理学”[②] 视域对这些范畴作进一步的辨析。《引用规定》中“裁判依据”

① 参见［美］E. 博登海默：《法理学：法律哲学与法律方法》，邓正来译，中国政法大学出版社 1999 年版，第 486 页。

② 相对于“书本中的法理学”而言的，即“法理学在法律实践中的运用，是以立法、用法、执法、司法等载体存在的法理学或者说法理”，参见张文显：《书本中的法理学与实践中的法理学》，载钱弘道主编：《中国法治实践学派》(第 1 卷)，法律出版社 2014 年版，第 66 页。

和“裁判说理依据”① 的表述，只有从裁判结论的“最终的规范基础”（最终的裁判规范性理由）及“最终的裁判理由的理由”的区分角度而言有一定的合理性，若不作此种限定而广义地理解，就会显示出不妥之处。

理由是，无论是“裁判依据”还是“裁判说理的依据”，相对于“裁判结论”而言应该都是“裁判理由”（“裁判结论的论据”或者“裁判结论的说理依据”）。因为从论证的层次来说，裁判文书最终的结论证成是奠基于系列不同层次论证的结果（论据、论证、论点或结论）之上的，即初端的论证服务于中端的论证，最后共同服务于终端的论证。此种论证贯穿于“审查判断证据”“认定案件事实”和“法律适用”三个环节，例如，当事人提出某个关键或者争议证据，法官经过审查判断后得出是否采纳的结论，其中证据规则属于“论据”的范畴，审查判断过程属于“论证”，关于证据是否采纳的结论属于“论点”；法官运用证据证明和认定案件事实中，采信的证据属于“论据”，遵循案件事实的规则与方法来认定事实的过程属于“论证”，关于事实是否认定的结论属于“论点”；法官针对已认定的事实来适用法律中，已认定的事实和找到的法律规范属于“论据”，不断拉近和“耦合”案件事实和法律规范的过程属于“论证”，得出的裁判结果属于“论点”。

申言之，就裁判文书中“裁判依据”和“裁判理由”的关系框定而言，至少应当注意以下两点：一是要区分事实性依据/理由和规范性

① 此种划分可从德国学者将法律渊源划分为法律创设的渊源和法律认知的渊源受到启发，参见［德］马蒂亚斯·耶施泰特：《法理论有什么用?》，雷磊译，中国政法大学出版社2018年版，第99页。

依据/理由；二是要注意不同论证层次[1]的裁判依据/理由，具体分为最终的裁判理由和强化或者补强最终裁判理由的理由[2]。可以说，刘教授在该专著中围绕“法律是什么”对20世纪的英美法理学进行的“批判（或批评）式阅读”，无疑有助于对疑难案件的“裁判/说理依据又是什么”这一问题的深层次的思考与对话。

---

① 例如，麦考密克的“一阶—二阶证成”模型，其中，一阶证成是指法官如何依据某条法律来证明判决结论的正确性，这往往是一个形式推理的过程；二阶证成是指在判决依据的选择上，法官如何证明自己的选择是正确的，参见陈林林：《法律方法比较研究——以法律解释为基点的考察》，浙江大学出版社2014年版，第207页。

② “作为判决结果的依据”被称为“判决理由中的第一性依据”，“作为援引、选择这些依据的依据”被称为“判决理由的第二性依据”，参见陈林林：《裁判的进路与方法》，中国政法大学出版社2007年版，第9页。

裁判文书说理如何运用“法律知识”

“即使在不同领域，亦有必要，甚至应当，将其（法律实践中的法律知识和法学理论中的法律知识——引者注）视为同一，即它们在实质、功能、意义、价值等方面并无区别；区别仅在于，其一在实践中，其一在理论中。以此为基础，我们或许可较为顺利地理解，为何法学理论是实践性的，更是法律实践性的，为何进行法学理论研究时，我们正在进行社会实践，特别是法律实践”，这是刘星教授“法学研究书系”①之一《法学实践》（增订版，广西师范大学出版社 2019 年版，）“前言（致谢）”中的一段说明该专著主旨的一段话，令笔者回忆起曾经在起草裁判文书说理规范性文件《释法说理意见》过程中思考如何规范裁判文书说理的论据即说理依据时的“冥思苦想”和“推倒重来”。现在看来，要是当时电话联系后就去当面听取刘教授指点，那就不会经历那番“脑力磨损”了。

《法学实践》（增订版）除“导论：法学知识的‘实践性’”外，还包括 7 章：“法学‘科学主义’在中国——法学知识如何成为法律实践的组成部分”“法学的‘全球意义’——从民国时期三种法理知识的生产看”“重新理解法律移植——从‘历史’到‘当下’”“现代性观念

① 其他还有四本：《法律的隐喻》（增订版）、《中国法律思想：故事与观念》（增订版）、《法律是什么：20 世纪英美法理学批判阅读》（增订版）等。

与现代法治——一个诊断分析”“简约的法律——一种法学观点的实践表达”“法学学术与法律生活——经由‘一种实证法学努力’而分析”等。这些篇章均贯彻了一根红线和围绕一个切口——“理论中法律知识和实践中法律知识的关系”。例如，第一章“法学‘科学主义’在中国”“以中国当代的法学‘科学主义’作为轴线，从法学知识较为抽象的部分进入，分析法学知识的‘科学’‘中立’的主张所面临的各种问题，又以此作为基础，阐明、论证法学知识的内在的实践性质，同时，主张法学知识应成为实践能动性、积极参与性的”（第46页）；等等。

可以说，刘教授通过整个七章的具体论述又进一步确认了“导论”中针对“实践者思考的‘法学理论知识’”的四点主张，即“（1）法律实践者常期待将‘理论问题’的思考结果变为日后实践活动的一个知识根据；（2）被汲取的理论化的‘法律知识’，势必需在逻辑上和法律实践者主张的‘日常实践观点’，形成有效支持关系；（3）在思考‘理论问题’时，法律实践者对法学工作者‘理论观点’进行思考、汲取、借用，是顺理成章的；（4）法律实践者思考的‘理论问题’和法学工作者思考的‘理论问题’，其知识的性质为一致”（第23～26页），以及针对“理论中的法律知识的性质”所形成的四点洞见，即“（1）‘理论中的法律知识’，就性质而言，其实正是广义的‘实践中的法律知识’；（2）‘理论中的法律知识’，其实不是一个科学化、中立化的知识系统，相反，其为一种或张扬或隐蔽的规范化、立场化的知识主张；（3）在‘理论中的法律知识’里，应看到各种知识的‘平等性’‘竞争性’；（4）法学的学术操作，实质上可认为是法律实践的间接、迂回、侧面的参与，其过程甚至可认为是法律实践的延展部分或者说‘本身就是法律实践’”（第34～36页）。

基于前述论证、主张和洞见，我们自然地就可得知法律实践者和法学工作者的“理论思考”在逻辑层面上具有如下紧密关系：“法律实践者的‘理论思考’，不论从现实角度看，还是从历史角度看，实际上是法学工作者的‘理论思考’的逻辑起点”（第27页），“法学工作者的理论操作，是现实中法律实践者的‘法律说理’在学术话语运作中的延续”（第31页），同时在“知识形态”上具有家族类似性（第27页）。从作为法律实践者的法官角度而言，裁判文书说理尤其是被视为“法律知识”的判决理由（第6页）的发现和运用最能体现和印证前述两种“理论思考”的内在勾连。刘教授立足德沃金“法律论证的过程，实际上是不断增加理论化的法律理由的过程”的主张，对“莫某军玩忽职守案”①的裁判文书说理进行的如下评析，就是很好的例证，“公诉一方和法院一方，在提出具体的法律规定作为直接依据时，并且在这些直接依据‘势均力敌’时，均不得不提出理论化的法律理由，以进一步论证自己的法律主张。双方虽然另运用经验常识、社会情理等资源，但更着力运用的是法律原理”（第28页）。

确实如此，二审终审判决就运用了“法律原理”式话语作为判决理由来论证司法判决，“民事诉讼中的法官，不可能像公安机关，收集‘胁迫’一类的刑事犯罪证据；因为，其功能、职责及本身所具有的能力，与后者存在重要差异。民事诉讼中的法官，依据‘谁主张谁举证’的民事诉讼原则审理案件，是正确的职业角色分工表现”（第6页）。

结合刘星教授评析“莫某军玩忽职守案”所提及的裁判理由类型（法律规定、经验常识、社会情理等资源、法律原理）来看，《释法说理意见》第十三条规定，“除依据法律法规、司法解释的规定外，法官可以运用下列论据论证裁判理由，以提高裁判结论的正当性和可接受性：最高人民法院发布的指导性案例；最高人民法院发布的非司法解释

① 广东省高级人民法院（2004）粤高法刑二终字第24号终审裁定书。

类审判业务规范性文件；公理、情理、经验法则、交易惯例、民间规约、职业伦理；立法说明等立法材料；采取历史、体系、比较等法律解释方法时使用的材料；法理及通行学术观点；与法律、司法解释等规范性法律文件不相冲突的其他论据”，大致同样可归之于三类：法律法规、司法解释、指导性案例、非司法解释类审判业务规范性文件属于广义的“法律规定”；公理、情理、经验法则、交易惯例、民间规约、职业伦理、立法说明等立法材料，采取历史、体系、比较等法律解释方法时使用的材料属于“其他论证资源”；法理及通行学术观点属于“法律原理”。在该规范性文件起草及征求意见过程中，“法理及通行学术观点”的情形存在较大的分歧，涉及“什么是法理”“通说如何判断”“少数说是否不得援引”“学者观点如何援引”“外国学者观点可否援引”，等等。

仅以“什么是法理”为例，据文献检索和学术规整，“法理”，作为一个统合概念，至少有以下基本语义：（1）法之道理或法之“是”理。刘得宽先生认为，法理是指“物之道理，事之理路”，“法理”属于所有法源之基础，是制定法、习惯法、判例法等法源之最根底之“物”[①]。（2）法之原理或法的学理、学说。《辞海》对“法理”的解释是，“形成某一国家法律或其中某一部门法律的基本精神与学理”[②]。（3）法之条理。1911 年《大清民律草案》第一条规定，“民事，本律所未规定，依习惯法；无习惯法者，依条理”。（4）法之公理。孙国华先生认为，法之“理”指体现缘于社会利益关系的正义观、道德观、价值观，是法律所体现的人们心目中的“公理”[③]。（5）法之原则。王泽鉴先生认为，“所谓法理，应系指自法律精神演绎而出的一般法律原则，

① 参见刘得宽：《法学入门》，中国政法大学出版社 2006 年版，第 21 页。

② 《辞海》（缩印版），上海辞书出版社 2000 年版，第 1079 页。

③ 参见孙国华主编：《马克思主义法理学研究》，群众出版社 2007 年版，第 199 ~ 200 页。

为谋社会说事物不可不然之理，与所谓条理、自然法、通常法律的原理，殆为同一事物的名称”[①]。(6) 法之美德。以索伦为代表的美国法理学家提出了建构“德性法理学”，主张把道德、美德、德性、人类繁荣等纳入法理学的概念体系和理论体系[②]。(7) 法之价值。庞德指出，“在法律史的各个经典时期，无论在古代和近代世界里，对价值准则的论证、批判或合乎逻辑的适用，都曾是法学家们的主要活动”[③]。(8) 法之理据。张文显先生认为，法理“就是立法之合法性、合理性、可行性的核心理由”“任何一部法律，其规则、原则、制度都必须建立在某种法理的基础上，以某种法理为依据，并经得起法理的检验”[④]。(9) 法之条件。美国法学家富勒把“法的内在道德”作为法律之能成为法所绝对必需的先决条件，而英国法学家菲尼斯提出了法治之“善”作为法律的（资格）条件[⑤]。(10) 法之理论（法理学）。[⑥] 指出，“法理”一词也是“法理学的一种并非规范的简称”。可见，“法理”作为一个概念，其内涵与外延的界定远未达成一致，因此，我们只能做“基于语境的具体理解”(in the context)。就《释法说理意见》第十三条规定的“法理”而言，宜是指“法之原理”或已为学界普遍认同的“法的学理、学说”。

正如刘星教授所指出的，德沃金的如下结论，“法理学是司法审判的一般部分”“在法理学和司法审判或其他法律实践之间，并不存在明

---

① 参见王泽鉴：《民法总则》，中国政法大学出版社2001年版，第60页。

② 参见张文显主编：《法理复兴之端》，法律出版社2019年版，第23～24页。

③ 参见［美］庞德：《通过法律的社会控制》，沈宗灵、董世忠译，商务印书馆1984年版，第55页。

④ 参见张文显：《法理：法理学的中心主题和法学的共同关注》，载《清华法学》2017年第4期。

⑤ 参见张文显主编：《法理复兴之端》，法律出版社2019年版，第25～26页。

⑥ 《北京大学法学百科全书——法理学、立法学、法律社会学》，北京大学出版社2010年版，第243页。

确的界线”是基于“用来论证法律主张的法律原理，可不断抽象化”（第28页）的推理思路得出的，就裁判文书说理实践而言，按照复杂案件/简单案件“二八定律”原理，个案需要详细说理论证的占比就小，其中在现行法律规范体系下寻找不到法律规范作为裁判依据而需要以法律原则等作为裁判依据的“难办”案件更是少之又少，因而，作为法律实践者的法官在裁判文书说理中一般不需要像法学理论工作者那样进行“原理式”“学术化”的“理论思考”来寻得支撑裁判结论的裁判理由，而更多地表现为简单地“复述”、汲取法学理论工作进行“理论思考”所形成的“法律知识”，并以之作为裁判理由来论证裁判结论。

裁判的“故事文学化”说理

“基层司法”，作为韦伯学术研究方法层面上的“理想类型”，历来被法学界所重视，例如，吴斌主编的《基层司法论丛》（法律出版社2013年版）、唐仕春著的《北洋时期的基层司法》（社会科学文献出版社2014年版）、左卫民等著的《中国基层司法财政变迁实证研究》（北京大学出版社2015年版），等等。近期，刘星教授亦加入此行列，推出了又一学术佳作《法律与文学——在中国基层司法中展开》（北京大学出版社2019年版）。本书除“导论：为何研究中国基层司法的‘法律与文学’”外，共包括七章，即“‘文学中的法律’与‘作为文学的法律’的关系”“从法律到文学，从文学到法律——马锡伍审判方式的‘可能’运行逻辑”“走向‘文学’：契约司法”“司法日常话语的‘文学化’——源自中国基层司法经验”“判决书‘附带’——以中国基层司法‘法官后语’实践为主线”“‘故事文学’利用与司法决策——以《威尼斯商人》为样本”“基层法庭空间的塑造——从中国另类‘生动’实践看”。

正如该书“封底”所言，“本书以中国基层司法实践为圆点，探索‘法律与文学’研究的新路径。将经典文学作品中的法律故事和中国基层司法实践中发生的真实法律事件相互对照，分析之中各类角色‘讲什么’和‘怎样讲’的修辞叙事策略，也分析作家和基层司法法律人建构叙述对象时的修辞叙事策略并讨论其异同，讨论作家意图对基层司法法律人的可能启发。本书还将以此为基础，研究针对基层司法而言的

‘法律与文学’对司法公正的意义，研究这种‘法律与文学’对社会的政治伦理意义”。阅读此书，确实能让感知刘教授从“法律与文学”路径切入，围绕“能否在转型时期寻找到协调法律的现代追求和法律的圆润回应之间的辩证机制；能否在这一时期，发现司法的理性与司法的感性之间、司法的冷酷与司法的温暖之间，需要存在必要的努力，以及合作的前景”（第8页）等所作的建设性努力、学术性论证和实践性建言。

因此，当笔者浏览该书的目录发现有专章“判决书‘附带’——以中国基层司法‘法官后语’实践为主线”之际，就毫不犹豫地先开始读了此部分，意图知悉刘教授有关此问题的高见。受此“路径依赖”的影响，此处笔者又想起了先前起草有关裁判文书释法说理规范性文件过程中有关裁判文书附件的争论，进而对裁判的“故事文学化”说理略作申论。

《释法说理意见》第十四条规定：“为便于释法说理，裁判文书可以选择采用下列适当的表达方式：案情复杂的，采用列明裁判要点的方式；案件事实或数额计算复杂的，采用附表的方式；裁判内容用附图的方式更容易表达清楚的，采用附图的方式；证据过多的，采用附录的方式呈现构成证据链的全案证据或证据目录；采用其他附件方式。”此处采用“列举+兜底”的表述方式，即对司法实践中裁判文书的附件存在较为一致的类型采用列举的方式，而对于尚存争议的附件类型暂不予以明确，增设兜底项，以便为地方法院主动探索提供空间。“法官后语”就属于此种情形，无论是理论界还是实务界，均对此存在质疑[①]或者赞同[②]的

① 参见米健：《司法改革的创新与统一——“法官后语”可否缓刑》，载《法制日报》2003年3月13日；樊崇义：《沉默永远是一种选择——对“法官后语”说不》，载《法制日报》2003年6月5日；张鹏：《判决书该不该有人情味：“法官后语”引发争论》，载《北京晚报》2001年6月27日。

② 参见张晓颖：《裁判文书中的法官后语》，载《人民法院报》2002年7月5日；周道鸾：《情与法的交融——裁判文书改革的新的尝试》，载《法律适用》2002年第7期。

观点，因而《释法说理意见》仍未对此表达出同意或者反对的明确立场。

尽管如此，但是《释法说理意见》中“为便于释法说理，裁判文书可以选择采用下列适当的表达方式”的表述至少明确如下信息：一是裁判文书和附件共同承载“释法说理”的功能；二是附件表达方式要“适当”，亦即与裁判文书相得益彰、相互补充。

其实，此种既重视“整体合力赋能”又关注“各自适当区隔”的思路同样贯穿到《释法说理意见》的其他内容之中。

例如，《释法说理意见》分别规定“应当强化说理”与“可以简化说理”裁判文书类型，均服务于裁判文书释法说理的法律效果和社会效果的有机统一，同时又根据案件社会影响、审判程序、诉讼阶段等不同情况进行繁简适度的区别对待，便于简案略说，繁案精说，力求恰到好处。

再如，《释法说理意见》充分注意到庭审说理和裁判文书说理的关联衔接与有机分工，从不同角度作了相关规定，“裁判文书释法说理……要针对诉讼主张和诉讼争点、结合庭审情况进行说理，做到有的放矢”“裁判文书应当结合庭审举证、质证、法庭辩论以及法庭调查核实证据等情况，重点针对裁判认定的事实或者事实争点进行释法说理”“诉讼各方对案件法律适用存在争议或者法律含义需要阐明的，法官应当逐项回应法律争议焦点并说明理由……民事案件没有明确的法律规定作为裁判直接依据的，法官应当首先寻找最相类似的法律规定作出裁判；如果没有最相类似的法律规定，法官可以依据习惯、法律原则、立法目的等作出裁判，并合理运用法律方法对裁判依据进行充分论证和说理”“裁判文书释法说理应当避免使用主观臆断的表达方式、不恰当的修辞方法和学术化的写作风格，不得使用贬损人格尊严、具有强烈感情色彩、明显有违常识常理常情的用语……”，等等。

正如有学者所言，裁判说理是一个连贯而持久的工作，具体包括“生成阶段说理”和“外化阶段说理”，前者是指以审判法庭为载体，法官根据基本案件事实以及对双方当事人的证据材料进行筛选、辨别后，确定本案争点，并以此为基础形成内心确信，继而围绕内心确信来展示对案件结果的基本认定，并不断地向案件当事人实时展示裁判观点；后者是指以裁判文书为载体，法官在回顾案件基本事实与双方当事人基本争议后，以庭审论证所得出的案件材料、判决观点为基本支撑，对判决结论的合法性、合理性和可接受性进行释法说理[①]，或者裁判说理“既包括审判过程的说理，也包括判决理由形成过程的说理”[②]。

确实如此，庭审说理与裁判文书说理在说理场所（审判法庭系“复合空间”，包括审判台、空间布局、法槌等物理化空间和法官的性别安排、协助法官司法的社会角色搭配、法官非司法的言行举止等人文化空间，第 278 页）、说理方式（在审判法庭，“故事文学化”说理就有了存在空间，即“尽力恢复争议或疑案所依赖的具体语境，并使之成为类似文学的故事情节，产生吸引性质的说服效用”，第 244 页）、互动主体（在审判法庭，“感受相互性”普遍存在，即“参与某一活动的各方主体，总会不知不觉地重视、反馈、交换彼此微观的感知获得，并从这种获得中不断作出必要的调整”，第 289 页）、说理受众（“法庭上试图与当事人沟通，甚至说服当事人，或使当事人接受法庭的意见，法官的端茶续水、圆桌对坐、握手寒暄、微笑倾听等辅助性行为举止”便有了

① 参见付成斌：《“裁判说理”概念的厘定》，载《辽宁工业大学学报（社会科学版）》2019 年第 3 期。

② 参见袁力、邵新：《德国民事裁判文书结构与说理的关联分析》，载《法律适用》2017 年第 1 期。

题中之义，第299页）、说理效果的生成机制（在审判法庭，“具体的语言实践总是和具体的周边物化状态、语言者生理条件、协助者社会身份条件、相关的附加活动举止等，存在密切的关联，其叙事、修辞，当然包括裹挟里的策略，所有效果，均是在相互依赖中呈现的”[①]）、说理效果（在审判法庭，“如果当事人与当事人之间、当事人和法官之间，能够通过轻松、友善、真诚的交流，使之作为纠纷解决的铺垫，并使得案情原委得以顺利地揭示，且由此使各方认清并认可调解裁判的合理方案，那么，法庭空间原本期待的‘理性’‘权威’，亦能够较顺畅地实现，甚至可能更顺畅”，第302页）等诸多方面均存在差别。

因此，我们始终要以“系统论”“整体论”的观点来把握庭审说理和裁判文书说理之间的关系，既要立足“司法过程的完成或许不是甚至不应是纯粹依赖理性氛围的，另需要感性的元素作为补充，因为，司法的具体环境并非仅凭单向的理性安排即可完善、发挥作用”（第307页）的立场，切实发挥庭审说理对裁判文书说理的基础性功能、补充性功能、增强性功能，也要着眼于“营造差异化的法庭空间或许是不可避免的，此举不仅是积极面对当事人的需求，更重要的在于，如此才利于司法整体结构的社会适应能力”（第307页）的考虑，具体从人际关系（熟人社会还是陌生人社会）、空间差异（农村还是城市）、案件类型（家事纠纷还是商事纠纷，成年犯罪案件还是青少年犯罪案件）、法院层级（基层法院尤其是派出法庭还是中级以上人民法院）等多维度区别化地运用和发挥审判法庭说理的效能。

可以说，刘星教授有关裁判“故事文学化”说理的如下言说，“至

① 参见［美］保罗·贝尔等：《环境心理学》（第5版），朱建军等译，中国人民大学出版社2009年版，第41～52页。

于在司法实践中，究竟是在书面文本中还是口头话语中展开故事文学的努力，是另外一个需讨论的具体技术问题”“不应在判决书中展开，而应在具体解决纠纷的过程中或公众要求时作出的判决书之外的陈述中展开，而且，应在‘面对面’的交流叙述中展开”（第 273 页），已经为我们提供了操作化的指引——“具体问题具体分析”（尽管“逊色于故事文学”，第 269 ~ 271 页）。

裁判争议化解的说理之道

关于中国法律思想，诸多学者从不同的视角切入、以不同的叙述方式、以不同的体例结构进行过丰富而且成熟的言说与表达。刘星教授“用一种类似法律社会学的轻松方式来解读”“中国的正史典籍、野史传说、文学作品、学人论著等‘文字文本’”中显现的中国法律话语，进而形成的《中国法律思想：故事与观念·古代卷》（增订版，广西师范大学出版社2019年版），又是新尝试而成的佳作。该书先前曾以《中国法学初步》《中国法律思想导论：故事与观念》两次面世。

读罢全书，刘教授在“序言”中注解其著作特色的两段话尤其让笔者印象深刻，继而促使笔者对裁判说理针对性与聚焦性的若干思考。“本书努力将思想和实践联系起来，尤为试图在现实经验个案基础上展开思想的解释和讨论，不纯粹从理论到理论……作为法律思想的话语和作为法律行动的实践——特别是具体微观法律活动的实践——是相互交织的，在相互交织关系的重申中，它们才能更为自我揭发，更为人理解”“本书努力挖掘作为研究对象的法律思想自身可能存在的但未明言表达的思路——隐含观念，并且使其对话。这是逻辑化的思想试验，尽管也许存在过度揣测甚至臆想的痕迹，但是对于法律问题的辨析仍有启发。就最后一点来说，将可能隐含的法律思想推演出来，或许可使人们预测性地注意复杂多样的法律现象的可能，以期更好地解决法律实践问题，尤其是冲突争议化法律实践问题的同情式的解决”（序言第1～2页）。

正是基于上述不同于以往的法律思想历史的叙述方法，无论是“导论：中国法律思想的出发点”，还是“严刑峻法”“教化为先”“刚柔相济”“顺其自然”“国家法律的天下”“‘礼’或‘民间法’的世界”“法与人”“天然秩序”“激进主义”“顺势而为”“第三种态度?”等各章，刘教授均力图展示“文本话语”与“实践（裁判）行动”之间的交织样态，描绘出不同的言说主张及其理据对裁判实践争议的形成及化解所产生的影响，进而让读者在“听故事”中更加快捷地理解并增添参与思考的欲望。

例如，刘教授在“导论”中，结合《鹿州公案》里的“兄弟争田”个案，具体从“官・写在书本里的法”“赏与罚”“‘大公无私’”“市场上的兔子（定分止争）”“独角兽・‘法’”“《说文解字》”“‘法官’办‘鹿’案・礼”“乡里自治”“规矩方圆”等角度进行辨析与诠释，最后得出如下的结论，“中国法律话语是在实践之中孕育的，是在类似‘兄弟争田’那样的纠纷之中以及其他法律现实中冶炼的，正是从那类案子的‘活动’之中，吸取养分、精雕细凿；反过来它又想在实践中一显身手，渗入社会，并不知不觉地在各类社会角色的头脑中砌筑法律思想的‘意识形态’。其中的各种叙事最终都想在由蓝某元、阿明、阿定、郭氏、林氏、陈某俊和陈某义等社会角色构成的法律争议的语境中，树立自己，压抑他者；或者反之，彼此同谋”（第46页）。

再如，刘教授在“国家法律的天下”一章中专列“‘以’法与‘依’法治国”一节，立足司马迁《史记》中《杜周》所描述廷尉（“首席大法官”）杜周喜欢处处为君王着想，并按照君王的意思来解释法律的“杜周现象”，摆出两种争论的观点：一是“立法者意思”立场（杜周持这种观点），“前主所是著为律，后主所是疏为令，当时为是，何古之法乎?”（《史记》）；一是“法律文本意思”立场，“故君求之则臣得之，君嗜之则臣食之，君好之则臣服之，君恶之则臣匿之。毋蔽汝恶，毋异汝度……”（《管子》），“故明主使法择人，不自举也；使法量功，不自度也”（《韩非子》），“法也者，众之所同也……事出乎不可同，此为先王之所舍也”（《吕氏春秋》），“善为政者……不曲法以行意”（《抱朴子》），经过一番分析后有了如下“妙不可言”的发现：“‘以法治国’的观念来自‘法律乃君王意志’一说，可是，坚持这样一说，反过来可能不会实现‘以法治国’，而是‘以君王意思治国’了，结果是法律没有了地位”“中国法律思想的一些理论鼓吹君王守法，目的是希望君王不要因小失大。转来转去，还是为了君王的最高统治”，等等。

可以说，刘教授不仅在具体一章中针对某一个具体问题，周全地展示不同观点并进行有理有据的分析，而且有些章相互之间亦形成了“争论”的格局，例如，“严刑峻法”—“教化为先”—“刚柔相济”—“顺其自然”中至少存在法律优先还是道德优先、单一手段（法律或者道德）还是综合手段（德主刑辅）、有为（法罚或者教化）还是无为的“对立”，“国家法律的天下”—“‘礼’或‘民间法’的世界”中包含国家法还是民间法、公决还是私了、合法律性还是合理性、国家性还是地方性、纠纷解决机制一元化（裁判）还是多元化（裁判＋调解）的“纷争”，“激进主义”—“顺势而为”—“第三种态度”中意味着是激进变革还是渐进变革抑或是“慎之又慎”变革的“竞争”，等等。

此处重点结合《释法说理意见》略作申述。可以说，该《释法说理意见》的诸多具体规定较为全面地反映和体现了这方面的内在精神，具体包括：裁判文书说理目的的“主要价值体现在增强裁判行为公正度、透明度，规范审判权行使，提升司法公信力和司法权威，发挥裁判的定分止争和价值引领作用，弘扬社会主义核心价值观，努力让人民群众在每一个司法案件中都感受到公平正义，切实维护诉讼当事人合法权益，促进社会和谐稳定”；裁判文书释法说理“要讲明情理，体现法理情相协调，符合社会主流价值观”；裁判文书释法说理“要立场正确、内容合法、程序正当，符合社会主义核心价值观的精神和要求……要针对诉讼主张和诉讼争点、结合庭审情况进行说理，做到有的放矢……”“民事、行政案件涉及举证责任分配或者证明标准争议的，裁判文书应当说明理由”“裁判文书应当结合庭审举证、质证、法庭辩论以及法庭调查核实证据等情况，重点针对裁判认定的事实或者事实争点进行释法说理”“诉讼各方对案件法律适用存在争议或者法律含义需要阐明的，法官应当逐项回应法律争议焦点并说明理由”“法官行使自由裁量权处理案件时，应当坚持合法、合理、公正和审慎的原则，充分论证运用自由裁量权的依据，并阐明自由裁量所考虑的相关因素”“下列案件裁判文书，应当强化释法说理：……诉讼各方争议较大的案件……”“下列案件裁判文书，可以简化释法说理：……当事人达成和解协议的轻微刑事案件；适用普通程序审理但是诉讼各方争议不大的案件……”“二审或者再审裁判文书……针对一审或者原审已经详尽阐述理由且诉讼各方无争议或者无新证据、新理由的事项，可以简化释法说理”“除依据法律法规、司法解释的规定外，法官可以运用下列论据论证裁判理由……法理及通行学术观点……”；裁判文书释法说理“应当避免使用主观臆断的表达方式、不恰当的修辞方法和学术化的写作风格，不得使用贬损人格尊严、具有强烈感情色彩、明显有违常识常理常情的用语，不能未经分析论证而直接使用‘没有事实及法律依据，本院不予支持’之类的表述作为结论性论断”，等等。

例如，该《释法说理意见》从以下几个方面对裁判文书释法说理“四个原则”（合法性原则、正当性原则、针对性原则和必要性原则）

之一的“针对性原则”作了规定：一是裁判文书说理应当针对诉讼各方主张来进行；二是裁判文书说理应当针对诉讼各方的争点来进行，既包括诉讼各方对证据“三性”（关联性、合法性、真实性）的争论，也包括事实认定方面的争论，还包括法律适用方面的争论；三是裁判文书说理应当针对不同受众来进行，案件当事人、与案件程序流转相关的法官、法律职业共同体、社会普通大众均会或多或少地直接或者间接地影响法官的裁判文书说理①，确保法官裁判文书释法说理始终围绕诉讼各方“争点”来进行，并且在诉讼各方“自由对话”亦即“诉讼论证或者博弈”的基础上，通过阐明事理、释明法理、讲明情理、讲究文理来阐明裁判结论的形成过程和正当性理由，提高裁判的可接受性，实现法律效果和社会效果的有机统一。

当然，裁判个案中“法律争议”的化解毕竟受司法规律的限制，例如，现代法治国家的司法讲究的是“（已有证据证明的）法律事实”而不是“客观事实”，司法解决争议有审限、审级（两审终审 + 再审）、终局性（法律救济程序总有用尽的时刻）等方面的约束，等等，因而必定不同于纯粹“文字文本”或者“社会文本”所显现的中国法律话语“争议”解决之道，这当然是刘教授此部著作的独特贡献之所在。

---

① 参见最高人民法院司法改革领导小组办公室编：《最高人民法院关于加强和规范裁判文书释法说理的指导意见理解与适用》，中国法制出版社 2018 年版，序言第 8 页。

“常识常情常理”如何融入裁判

“现代法律规范与中国人的本土生活如何能够有机地结合在一起，从而成为一套可以反映和保护中国人日常生活中所看重的共同意义和共同价值的法律秩序，一直是我国法律理论研究中最为重要的命题之一……与上述问题意识密切相关的原理性问题，却并未得到充分系统的理论研究。该原理性问题就是，法律规范与人们日常生活当中的常识、常情和常理之间的内在联系究竟是怎样的？由此还能进一步提出的另一个问题，即法律规范是如何从饱含常识、常情和常理的惯习和传统转化而来的？”（第 202 页）这是叶一舟博士立足规范理论的视角设定的疑问。他在《论法律作为常识的制度化》（中国法制出版社 2020 年版）专著中通过系统深入的研究论证作出了自己颇有哲理深度的回答：

首先，在深入思考现代规范理论中最为重要的两个代表人物即凯尔森和哈特的思想的基础上，总结出规范理论中最为根本的原理——法律规范作为意义，该意义生发自人们在日常生活中的常识性判断和相应的常规性实践，进而主张：法律规范作为一种特殊的意义形式，正是从对这种原生于人们生活世界中的重要意义进行制度性转化而来的（第 202 页）；

其次，在深入反思批判哈特理论和澄清“霍布斯—奥斯丁”法政理论的基础上提出了“法律作为常识的制度化的‘二级模式’和‘三层面制度化’”。“二级模式”具体是：第一级是对共同体进入法律阶段后的意义建构所进行的整体设定……第二级是由主权者赋予分配特定权威和功能的个人或者机构实现对相关意义的具体化及再生成，进而实现法律体系和生活世界之间的动态平衡（第203页）。“三层面的制度化”具体是：第一层面（主权者立宪）是指从前法律阶段的生活世界到法律阶段的生活世界的过程。在此过程中，人们在日常生活的交往中所形成的意义最终汇聚到一个个人或群体之上，使其成为进入法律阶段的生活世界之意义总设定者，由他来设定重要的意义并保护相应的价值。第二层面（立法机关立法）是指在生活世界进入法律阶段后，被主权者赋予特定功能的个人或组织，负责将主权者所做的意义总设定进行一般条文化，使之具有体系性和一定程度的明确性及可操作性。第三层面（执法或者司法）是指官员尤其是法律官员在日常工作实践中不断对尚为抽象的意义和价值进行具体化和常态化的维护，实现生活世界之意义与法律体系之间的动态协调，使生活世界的意义总体能不断地延伸和更新（第19~20页）。

确如作者所言，本书“在纯理论的层面上对法律规范如何从人们的日常生活中获取相应的规范性内涵这一原理性问题”作出了精彩的解答。

基于目前身份角色和工作任务，上述“法律作为常识的制度化”的“二级模式”和“三层面制度化”中“司法”维度尤其是裁判说理方面的论述自然更会激发笔者的阅读兴趣。例如，“一个法官在判案时，没有依据法律规范进行说理，而是直接认为某一方的主张合理就予以支持，那么另一方当事人以及社会上其他人不会认为这一判决是法律规范。换句话说，这样的判决只会被归结为法官的个人意志，遵循与否仅在于是否屈服于他人的意志，而非是否遵守法律”（第188页）；“在司法过程中，法官的工作在实质上是依据法律，结合事实及案件双方当事人的意见，形成一套客观理解”（第189页）；“每一个诉讼当事人实际上都是整个规范秩序建构的参与者，诉讼当事人与法官一道构成了法治国家的意义世界的重要组成部分，因而即便在不采纳一方观点时仍用清晰的说理进行说明是最低限度的承认。只有相互承认，整个国家才能建立起相互理解的规范秩序”（第190页）；“生成于日常生活的意义如何在司法活动中被制度性地转化为具体规范，亦即常识据以通过司法实践而被制度化为法律的模式，具体包括两种：一是一般模式，即法官通过确定争议所涉及的对象在日常生活中的意义，并以此为前置判断选择具体的法律规范进行适用；二是特殊模式，即争议所涉及的对象没有明确对应的常识判断或标准先于法律判断存在，此时法官需要先确定价值选择后再以此引导法律解释”（第192~201页）；等等。

读罢该专著有关“司法”维度的论述，自然地会引发对什么是“常识”、如何识别“常识”、“常识”在哪些司法环适用以及应遵循哪些规则等系列问题的思考。此处仅围绕“常识”的定义略作延伸思考。

苏格兰启蒙哲学家托马斯·里德认为，常识具体有以下几种内涵：（1）仅作修辞的用法，即用来表示与哲学家或专家判断相对应的普通人的判断；（2）认识论的用法，即用来表达关于人类认知的首要原则；（3）心智官能的用法，即指人们共同拥有的思维和判断能力；（4）语义学的用法，即大多数人对一个语词使用时表达的意义；（5）知觉的用法，即指人们直接认识客观对象的能力；（6）形而上学的用法，即指人们对某些对象的存在所必然持有的信念（第77页）。

按照常识哲学观点，常识是指人们在日常生活中普遍遵守和适用的自明法则，而这些法则生产的基础是人们依靠直观（intuition）认知做出的并在日常交谈中被常规地使用的共同判断（第75页）。我国学者认为，“常识”从一般层面上讲就是人们在日常生活中日积月累形成的自然理解，是常规判断和常规实践的集中表现形式；与常识紧密联系的常理，就是基于人们的自然理解而形成的基本道理或基本判断[1]。

从最高人民法院出台的有关司法解释和非司法解释规范性文件来看，并未采用“常识”的表述，而是采用了“日常生活经验法则”“生活经验”“一般生活判断”“生活常识”等表述，例如，《最高人民法院关于行政诉讼证据若干问题的规定》（法释〔2002〕21号）第六十八条规定：“下列事实法庭可以直接认定：……（五）根据日常生活经验法则推定的事实”；第五十四条规定：“法庭应当对经过庭审质证的证据和无需质证的证据进行逐一审查和对全部证据综合审查，遵循法官职业道德，运用逻辑推理和生活经验，进行全面、客观和公正地分析判断，确定证据材料与案件事实之间的证明关系，排除不具有关联性的证据材料，准确认定案件事实”；《刑诉法解释》第八十八条第二款规定：“证人的猜测性、评论性、推断性的证言，不得作为证据使用，但根据一般生活经验判断符合事实的除外”；《最高人民法院关于适用〈中华人民共和国行政诉讼法〉的解释》（法释〔2018〕1号）第四十七条第三款规定：“当事人的损失因客观原因无法鉴定的，人民法院应当结合当事人的主张和在案证据，遵循法官职业道德，运用逻辑推理和生活经验、生活常识等，酌情定确定赔偿数额”；《最高人民法院关于民事诉讼证据的若干规定》（法释〔2019〕19号）第十条规定，“下列事实，当事人无须举证证明：……（四）根据已知的事实和日常生活经验法则推定出的另一事实”；第八十五条规定，“审判人员应当依照法定程序，全面、客观地审核证据，依据法律的规定，遵循法官职业道德，运用逻辑推理和日常生活经验，对证据有无证明力和证明力大小独立进行判断，并公开判断的理由和结果”；最高人民法院印发的《关于深入推进社会

---

① 参见陈嘉映：《常识与理论》，载《南京大学学报》2007年第5期。

主义核心价值观融入裁判文书释法说理的指导意见》（法〔2021〕21号）第一条规定："……立足时代、国情、文化，综合考量法、理、情等因素，加强社会主义核心价值观的导向作用，不断提升司法裁判的法律认同、社会认同和情理认同"；《释法说理意见》第十三条规定，"除依据法律法规、司法解释的规定外，法官可以运用下列论据论证裁判理由，以提高裁判结论的正当性和可接受性：……公理、情理、经验法则、交易惯例、民间规约、职业伦理……"（此处"经验法则"，是指人们在生活经验中归纳获得的关于事物因果关系或属性状态的法则或知识，既包括一般人日常生活所归纳的常识，也包括某些专门性的知识，如科学、技术、艺术、商贸等方面的知识。[①] 确如叶博士所言，"常识首先是一个复杂概念，它可以指代不同的内容；其次它根据不同作者的使用在内涵上会有不同的变化，故需要对其内涵进行澄清和划定讨论范围，以免令讨论陷入混淆或误区"（第75页）。

附带提及一下的是，"常识"在不同审判领域中的适用空间和适用规则也会呈现出差别。例如，基于《民法典》第十条规定即"处理民事纠纷，应当依照法律；法律没有规定的，可以适用习惯，但是不得违背公序良俗"，明显有别于《刑法》第三条规定即"法律明文规定为犯罪行为的，依照法律规定定罪处刑；法律没有明文规定为犯罪行为的，不得定罪处刑"，"常识"在刑事审判领域就不可能像在民事审判领域中作为裁判依据或法源而存在；再如，立足于常识主义刑法观，刑事法官对具体犯罪的判断，就应遵循从事实判断到规范判断、从生活经验判断到价值判断的先后顺序；对因果关系的判断、刑罚多元目的的权衡等

① 参见最高人民法院司法改革领导小组办公室编：《最高人民法院关于加强和规范裁判文书释法说理的指导意见理解与适用》，中国法制出版社2018年版，第211页。

众多犯罪论和刑罚论的具体问题的处理需要考虑公众的生活常识[①]，这些适用规则或关涉领域未必为民事法官所需；等等。

总之，立足于"常识理性强调常识、常情和常理在推导和思辨活动中的基础作用，以及对主张或判断的可接受性的根本影响"（第178页）的观点，无论在立法（即制定一般规范）环节还是司法（即形成个别规范）环节，"常识的制度化"工作均至关重要。"既要以生活经验为基础制定法律与解释法律，复出经验之外，作合理的价值判断"[②]；"对于规范而言，唯有符合常识理性的要求或经受住了常识理性的省察，才会被视为具有普遍的规范性，从而生成约束共同体成员之行为的义务"（第178页），"当司法谨守其内在道德时，不论最后得出的结论如何，实际上也就尊重了常识，从而增进了法治下的相互理解"。

当然，正如张龑教授所言，"因为法律是一种理性的设计，常识虽然是日常生活意义的历史凝结，但采集常识并将之加工依然是一个理性化的过程，单纯的制度化显得过于生硬，一定程度上偏离了法治的初衷"（推荐序第3页）。这就更需要我们对"常识"抱持一种理性的态度和正确的认识，即"常识除了被社会上大多数人接受之外，还具备历时性维度和一定程度上的证立"（第75页）。

① 参见周光权：《论常识主义刑法观》，载《法制与社会发展》2011年第1期。
② 参见林东茂：《一个知识论上的刑法学思考》，中国人民大学出版社2009年版，第12页。

“侧目”刑事裁判文书之“通说”

诸多刑法学者要么“针对犯罪论体系”要么“根据犯罪论体系”不断进行深入的思考①，促发了肇始于21世纪初的刑法知识转型，进而形成了“三阶层犯罪论体系”和“四要件犯罪构成理论体系”如今互相并存竞争的刑法学术话语格局。立足于此，部分学者亦开始关注此种刑法学术话语和刑法知识形态究竟在刑事审判实践中呈现为何种面相，尤其是刑事裁判文书对“三阶层犯罪论体系”是“亦步亦趋”还是“不闻语声”抑或是“偶露峥嵘”。

刘孝敏副教授所著的《刑事裁判文书中的犯罪构成知识研究》（中国政法大学出版社2020年版）就是其中的代表性成果。此书以某市中级人民法院十年间审结的全部刑事案件为基础，结合《刑事审判参考》中刊载的示范性案例，采取数据分析和个案研究相结合的方式，全面系统地梳理“犯罪构成的整体框架、构成要素的分析结构、排除犯罪的例外情形以及犯罪的特殊形态等犯罪构成的核心知识”在裁判文书中的存在状况、旨在展示刑事裁判文书中是否以及如何运用犯罪构成的相关理论，分析理论逻辑给司法实践带来的积极或消极影响，研究法官是否以及如何援引犯罪构成理论来解决具体案件中的问题（封底切口）。

基于近些年参与起草《释法说理意见》规范性文件的过程中较为

---

① 参见陈兴良：《刑法的知识转型（学术史）》，中国人民大学出版社2012年版，第8页。

关注裁判文书说理的缘故，笔者此次读到刘孝敏副教授为其选择一个中级人民法院十年间审结的刑事案件为样本的理由作出的如下解释，即“研究司法实践中犯罪构成的知识状况，主要以法官的裁判理由为基础。从裁判文书的形式来看，法官不会按部就班地对所有犯罪构成的要素和体系做出详细的说明，通常只就控诉方或者辩护方提出的控诉意见、抗诉意见或辩护意见所涉及的内容进行评价和裁判。从经验上来看，争议越大、案情越严重，控辩双方越倾向于提出相关的法律意见，裁判理由能够提供的研究素材也更充分。因此，选择中级人民法院的案件进行考察无论在样本数量上还是研究基础上都较合适”（第 9 页），立刻产生了共鸣与认同感，进而将阅读兴趣聚焦于此书所选定的中级人民法院十年间刑事案件全样本（2004 年至 2013 年期间全部审结的 4169 件刑事案件）运用“通说”进行说理的情况（《释法说理意见》第十三条规定：“除依据法律法规、司法解释的规定外，法官可以运用下列论据论证裁判理由，以提高裁判结论的正当性和可接受性：……法理及通行学术观点……”）。该书在许多章节中都存在有关样本裁判文书运用“通说”进行说理的论述，举例如下：

1. 关于因果关系的判断。理论界对因果关系的研究经历了哲学化到去哲学化的演变过程，形成或者引入的具体理论包括必然和偶然因果关系、事实和法律因果关系（相当因果关系理论、重要性理论）、条件理论和客观归责理论等①。从样本来看，“除了在一个案件中运用相当因果关系排除了医疗行为的原因性，三个案件都在不同程度上运用了因果关系的条件理论或者其裁判理由符合条件理论的逻辑，或许是因为条件理论

---

① 参见陈兴良：《刑法因果关系：从哲学回归刑法学——一个学说史的考察》，载《法学》2009 年第 7 期；王世洲：《现代刑法学（总论）》，北京大学出版社 2011 年版，第 117～126 页。

在结论上更接近于我国传统的必然和偶然因果关系理论”（第49页）。

2. 关于犯罪未遂“着手”的认定。关于“着手”的认定标准主要在“通说”与“实质的客观说”之间展开①。通说认为，着手是指已经开始实施刑法分则规定的具体犯罪构成客观方面的行为②；着手具备主观和客观两个基本特征：主观上，行为人实际具体犯罪的意志已经直接支配客观实行行为并通过后者开始表现出来；客观上，行为人已开始直接实行具体犯罪构成客观方面的行为，这种行为已经使刑法所保护的具体权益初步受到危害或面临实际存在的危险③。实质客观说认为，“实行行为只能是具有侵犯法益的紧迫危险性的行为，行为人开始实施这种行为时就是实行的着手”④ 或者“所谓实行的着手，就是开始实施行为人所追求的、具有引起某种犯罪构成结果的现实危险的行为”⑤。从样本来看，在9个案件中，援引通说的有7个，只有2个案件援引实质的客观说作为裁判理由。“在着手的认定过程中，法官倾向于援引‘通说’来处理具体案件中的争议，但是通说由于其本身缺乏确定性，无法为具体案件的处理提供太大的帮助，并且容易导致‘着手点’过于提前，从而不当扩张未遂犯的处罚范围。实质客观说在司法实践中得到一定程度的关注，也确实为认定着手提供了进一步的——尽管还不够客观、明确、可操作——判断标准，但是需要更多的案例对该理论进行必

① 参见赵秉志：《犯罪未遂形态研究》（第2版），中国人民大学出版社2008年版，第83页。

② 参见高铭暄主编：《中国刑法学》，中国人民大学出版社1989年版，第173～174页；陈兴良：《教义刑法学》，中国人民大学出版社2010年版，第589页。

③ 参见高铭暄主编：《刑法学原理》（第2卷），中国人民大学出版社1993年版，第312～313页。

④ 参见张明楷：《法益初论》，中国政法大学出版社2000年版，第360页；张明楷：《刑法学》（第2版），法律出版社2003年版，第292页。

⑤ 参见黎宏：《刑法总论问题思考》，中国人民大学出版社2007年版，第430页。

要的、经验上的补充和完善”（第 111 页）。

3. 关于犯罪中止自动性的认定。关于“自动性”的判断标准，理论界主要存在主观说、限定主观说、客观说、规范性理论等多种观点[①]。我国刑法理论的通说以主观说为基本思路，认为“犯罪中止的自动性，是指行为人出于自己的意志而放弃了自认为当时本可以继续实施和完成的犯罪”[②]。4376 个样本案件中，有 74 个涉及犯罪中止自动性的认定问题。从这些样本来看，“主观说是当前司法实践中最常援引的自动性判断标准”（第 142 页）；“客观说的援引只有在例外的时候才会出现，尽管这样的案件结论可以通过客观说得到解释，但法官仍然倾向于援引主观说作为裁判理由”（第 145 页）；“总体来看，司法实践在说明‘自动性’的裁判理由时，以主观说为主，客观说为补充。两者之间的关系既不是‘行为人没有受到外部情形影响时以主观说为标准，行为受到外部情形影响时以客观说为补充’[③]，也不是‘当主观说得出不合理结论时，可以客观说为补充’[④]，而是一般情况下援引主观说，只有当‘客观上不存在阻止犯罪完成的物理障碍，行为人面临巨大的心理压力停止犯罪’时，客观说的理论逻辑才会在裁判文书中得到体现”（第 146 页）；等等。

显然，这个全样本的分析为我们绘就了该中级人民法院特定时间内刑事法官运用“通说”进行说理状况的“素描”，同时亦为我们未来运

---

① 参见［德］克劳斯·罗克辛：《德国刑法学总论》（第 2 卷·犯罪行为的特别表现形式），王世洲等译，法律出版社 2013 年版，第 444 ~ 446 页；张明楷：《未遂犯论》，中国法律出版社、日本成文堂 1997 年版，第 376 ~ 377 页。

② 参见高铭暄、马克昌主编：《刑法学》（第 5 版），北京大学出版社、高等教育出版社 2017 年版，第 157 页。

③ 参见黎宏：《刑法学》，法律出版社 2012 年版，第 253 页。

④ 参见张明楷：《刑法学》，法律出版社 2011 年版，第 339 页。

用大数据作全国范围内的抽样研究来“深描”和呈现全国法院特定时间内刑事法官运用“通说”进行说理状况提供了示范[①]。

正如有学者所说，“在一门学科内，就争论问题所形成的理论，可以分为强势理论与弱势理论，所谓强势理论，大体是通说或者是多数说；弱势理论，则是少数说乃至个别说”[②]。从裁判文书说理而言，法官总体上会引用“通说”或者“多数说”来进行说理，从而减少法律论证负担、降低裁判被上诉审改判的概率、更有利于说服当事人接受裁判。但是，司法实践中，法官间或基于个案的特殊情形，从更好地实现个案正义目的出发，选择“少数说”或“个别说”作为裁判理由进行法律说理论证，这点已被刘孝敏副教授的实证研究所证明，例如，“放火罪既遂的‘危险状态说’在当前中国刑法理论界仍然属于通说，法院也倾向于援引改理论作为既遂的判断标准，但亦有一案援引‘犯罪结果说’来说明行为不构成犯罪既遂”（第117页）。

当然，某一理论是处在“强势”还是“弱势”地位，又不是绝对固定不变的，而是会随着经济社会等形势的发展和学术共同体共识的变化而改变，进而对刑事审判实践的指导力亦会发生改变。也就是说，今日之“通说”亦可能在未来变为“少数说”，而今日之“少数说”甚至“个别说”亦可能逐步成为“通说”。因此，从促进刑法理论与司法实践的良性互动而言，“理论界应当反思学术观点是否为司法判断提供足够具体、明确的规范性标准。刑法学者应当从实践中寻找理论发展的方向和源泉。实践界应当反思裁判文书对理论的选择是否足够坚持了立场的一致性，更重要的是，裁判说理应当包含对理论选择理由的说明，只

① 参见杨贝：《裁判文书说理的量化评价——以2017年北京市判决书论证质量调查为例》，载《中国应用法学研究》2018年第2期。

② 参见张明楷：《刑法学研究的五个关系》，载《法学家》2014年第6期。

有这样才能实现理论对实践（非强制性的）约束和限制，司法实践也能为理论研究提供经验性基础”（第179页），尤其是，刑法学界更应当关注司法实践中那些“援引弱势理论和排斥理论援引的个案”（第130～131页），进而从中总结提炼发展学术知识增长点，而实务界在遇到援引通说难以证成个案裁判结论的正当性而需要援引“少数说”“个别说”或者提出“新说”之际，则更应当加强论证说理，承担比援引“通说”更重的论证负担。

域外法官如何说理

近日，孙海波博士赠笔者一本其翻译的、理查德·瓦瑟斯特罗姆所著的《法官如何裁判》（中国法制出版社2016年版）。该书的主题正好契合笔者近年来一直所关注的裁判文书说理，自然地生发一种先睹为快之感。贯穿于本书的整个研究，瓦氏具体从“裁决规则”（rule of decision）——该规则详细说明了在通常意义上什么能够被算作是以某种方式裁决案件的好理由——视角讨论三种独特的“理想型”（韦伯）法律裁决程序，力求廓清它们最为重要的特性并评价其司法适用后果（第6页）。

第一种是“先例程序”（procedure of precedent），其裁决规则规定：所有特定案件的裁判都应当诉诸相关的、既存有效的法律规则（也就是先例）（第7页）。第二种是“衡平程序”（procedure of equity），其裁判规则规定：一个特定案件之裁判的充分必要条件，在于发现所获得的裁决结果对于庭审双方当事人来说是最为正义的或公平的（第8页）。第三种是“二阶证明程序”（two - level procedure of justification），其裁决规则与先例程序的裁决规则的相同点在于二者都诉诸一项法律规则（或者类似于法律规则之类的东西），不同之处在于这种裁决程序对于规则的诉诸并不是任何特定案件得以裁判的充分条件；其与衡平程序的裁决规则的相似性在于对正义的考量和对案件裁决结论的正当性证明是直接相关的，不同之处表现为一个特定裁决的充分条件在于一项法律规则（或者类似于法律规则之类的东西）的正义性，而不在于特定结论的正义性（第9页）。

通读完此书，笔者发现，瓦氏对“二阶证明程序”与“先例程序”“衡平程序”的比较研究，间接地说明了“二阶证明程序”的适用更有助于提升裁判的说理性。

例如，瓦氏指出，与“先例程序”和“衡平程序”相关，“二阶证明程序”“兼顾了这二者的独特属性，同时又克服了它们所包含的一些重要缺陷”（第8页）；“二阶证明程序”“似乎的确能够以某种方式将提供可预测性所必然涉及的一些问题考虑进来，而对此衡平性程序是做不到的”，同时，“似乎也能够以某种方式将追求可欲之法所必然涉及的问题加以考虑，而这一点是先例程序所做不到的”（第227页）。显然，此处“将提供可预测性所必然涉及的一些问题考虑进来”与“将追求可欲之法所必然涉及的问题加以考虑”就意味着法官对这些问题进行了论证和说理。

再如，按照瓦氏的论述，“二阶程序允许在某些条件下修正既有的法律规则”（第224页），因而，“当案件被提交至法庭裁判时，当事人双方（或者其中任何一方）用以预测裁判后果的法律规则可能会被法院当作一个眼下并不可取的规则而拒绝”（第225页），亦即“二阶证明程序可能无法‘保证’一个案件能够依照既存的法律规则被裁判”，但“二阶证明程序”“确实成功地将法官的注意力集中于这样一个事实之上，即在将某个新规则视作是裁决某个案件的令人信服的充分理由之前，新规则的引入（同样也包括该规则自身的内容）首先必须获得正当性证明”（第226页）。显然，此处“新规则的引入首先必须获得正当性证明”自然也加重了法官的论证或说明理由的负担。

与此同时，瓦氏通过“霍某斯被控违反曼恩法案案”［Hawkins v. United States，358U. S. 74（1958）］的举例（基本案情是：约翰·霍某斯，一个道德品行不端的男子，遇到一位 17 岁女孩。结识的当晚，她就同意和霍某斯一起穿越边境到另一个州去。她知道自己将要和霍某斯的妻子住在一起。在那位女人的监护下，女孩开始学习和运用这个被认为是最古老职业的秘诀，第 218 页），具体展示“衡平程序”和“二阶证明程序”何者更合适地处理类似于“霍某斯案”，亦即如何在此类案件中运用既往的一条刑事证据规则——“在刑事诉讼中不得采纳被告人的妻子或丈夫所做出的对于被告人不利的证言，即便被告人的配偶愿意提供那个急需的证据”，也充分说明了“二阶证明程序”更有助于增强裁判文书的说理效果。

正如瓦氏所言，“二阶证明程序”相比于“衡平程序”而言，“能够更好地为获得先在的认识（antecedent knowledge）提供条件”，理由是，“请考虑一下衡平性裁决程序的运作方式。刚开始，在任何案件中与裁决相关的因素在诉讼开始之前通常是很难确定的。如果认为裁决规则要求必须考虑诉讼当事人双方的利益和需求，那么只有在知晓了特定当事人的特性之后才会对‘何种裁决是一个公正的决定’产生影响。比如说，采纳这种裁决程序的法院，应当考虑当事人相关的财富状况、年龄、辨别能力以及实际上被卷入诉讼的可能性等因素。因为这些因素都与‘何种裁决能够最大限度地满足当事人双方的利益’这个问题相关；在诉讼活动开始以及他们彼此知晓对方之前，这些因素通常是难以确定的”，而“二阶证明程序”则不会遇到这方面的“难题”，“这是因为特定案件是通过诉诸适当的法律规则才被证明是正当的，我们能够有更好的机会去准确地预测运用哪种规则将会败诉以及会产生何种法律后果”（第 224 页）。

最后，瓦氏还直接明确地指出，“二阶程序对法官应清楚地阐明其判决理由提出了更高的要求”，理由是，“主张对某个裁决的证明应依赖于一些习惯的、既定的法律规则，实际上就是要求法官明确地阐明其判决论证所依赖的全部前提。要求法官公开地阐明何种规则在他看来是最可欲的，阐明是什么使得这个规则具有正当性，以及阐明案件的裁决何以被认为是从这些命题中推导出来的，或许就是要求一些具有重要意义的东西”（第236页）。“二阶证明程序”“的确有助于确保那些法官相信那些能够使其裁决获得正当性的理由可以被明确地表达出来，并因此能够接受独立的审查和客观的批评。如果某个法官持有偏见或成见，或者仅仅只是无能并且十分虚伪，那么他无疑也能够将其裁决装扮成一种‘像样的’二阶形式。但是要求该法官阐明其判决所依赖的规则以及正当化该规则的理由，仍然要求他说明为何做出那种分类，以及为何对那一特定类别中的主体或行为赋予那样的法律后果。而如果某个法官是尽心尽责的，二阶程序同样也有助于他决定自己所给出的判决理由事实上是否是一种可以被接受的充分理由。根据法律体系的要求应当如何对待这类案件？通过迫使法官追问该问题，二阶程序要求法官检视——以某种衡平性程序所无法运用的方式——以某种方式对待所有同类案件的明确理由是什么”（第237页）。

在笔者看来，从裁判说理视角来看，瓦氏所言的“二阶证明程序”其实包含两个层面的说理：一是狭义的说理，即法官为其作出的“结论”提供某种“理由”（即“一阶”理由，“法律规则”是裁判结论的“理由”）；二是论证，即法官为其“说理”而进行的“再说理”，亦即进行可接受性或者正当性论证（“二阶理由”乃“一阶理由”的“理由”）。

需指出的是，西方学者对论证的可接受性或者正当性的具体标准存在不同意见，例如，荷兰学者伊芙琳·T. 菲特丽丝认为，要使法律裁决的证立可被接受，法律论证必须符合两方面的正当性标准：一是在实质向度上，论证必须是可接受的：事实必须是众所周知的或已获证明的，且法律规则必须是有效的或是对某一有效法律规则所作的可以接受的解释；二是在形式向度上，论证必须是正确的：裁决必须是从证立所提出的理由中得出。德国学者哈贝马斯认为，论辩不仅要满足理想言谈情境的形式要求，也要满足特定的、实质性的道义要求[①]。实践中，并非所有案件均需要运用“二阶证明程序”来进行裁决，而只有那些法律适用层面的“疑难案件”[②]，方需要运用“二阶证明程序”来作出说理性强、可接受性程度高的判决。

---

① 参见［荷］伊芙琳·T. 菲特丽丝：《法律论证原理——司法裁决之证立理论概览》，张其山等译，商务印书馆2005年版，第23、63页。

② 参见孙海波：《裁判对法律的背离与回归——疑难案件的裁判方法新论》，中国法制出版社2018年版，前言第2页以下。

认真对待“类比论辩规则”

法治是一种规则治理的事业。陈金钊和吕玉赞两位教授在合著《聚焦思维规则的法律方法研究》（北京大学出版社 2020 年版）中提出，按照规则的指向和功能，法律规则可以划分为制度性法律规则和思维性法律规则。

制度性法律规则是由国家立法机关创制的包含在各种法律渊源之中的法律规范，其具体表现形式包括法律概念、法律规则和法律原则。思维性法律规则具有理论性和实践性两种形式，前者是指各种法律方法论理论和学说，后者是指法官等法律实务人员在司法实践中有意识或无意识地使用的各种法律解释技术和法律推理技术等。根据制度性法律规则适用的环节，思维性法律规则可以相应地划分为法律发现规则、法律解释规则、法律论证规则、法律论辩规则、法律修辞规则、利益衡量规则、法律推理规则等（第 2 页）。

从法治中国建设方略深入推进而言，“形成完备的法律规范体系、高效的法治实施体系、严密的法治监督体系、有力的法治保障体系，形成完善的党内法规体系”[①]，均离不开法律方法论的指导与保障。作为法律方法论核心内容的法律思维规则之“用”尤其表现在两个方面：

① 《关于全面推进依法治国若干重大问题的决定》，2014 年 10 月 23 日中国共产党第十八届中央委员会第四次全体会议通过。

一是作为一种知识，以前见的方式嵌入人们的头脑，帮助人们理解、解释和运用法律；二是作为一种劝导性的思维规则，引导人们判断、推理、解释、发现、论证针对个案的裁判规范。基于此，两位教授聚焦思维规则来进行法律方法理论研究，无疑具有很强的理论创新性和实践指导力。

品读此书期间，笔者正好又在反复打磨有关类案检索的规范性文件。如何进行类案的相似性判断，类比推理是一种什么性质的推理，又呈现为何种结构，类比推理在案例指导制度中有无运用空间等问题，始终萦绕在脑际，间或通过阅读相关文献后有所得，但更多的迷惑又随之而来。举例如下：

1. 学界针对类比推理存有四种态度：一是以列维为代表的“有限存在论”，主张应依赖金字塔式的规则模式，但由于其存在逻辑上的缺陷，故要为类比推理留下一定的空间，但也只是在疑难案件中发挥用武之地。二是以波斯纳为代表的“怀疑主义论”，认为类比推理在司法过程中被过多使用了。三是以亚历山大为代表的“完全否定论”，认为类比推理只是某些人的一厢情愿，是一种不顾事实的幻想，事实上不存在从案例到案例的推理。四是以魏因勒伯和孙斯坦为代表的“完全承认论”，认为类比推理植根于法律人的实践、经验与智慧中，离开了类比推理，法律规则与法治本身就将是形同虚设的①。

2. 学界对类比推理的归类存在分歧：多数学者将类比推理视为归纳推理的一种，或者放在归纳推理的范畴下进行研究②；有学者认为，

---

① 参见孙海波：《疑难案件与司法推理》，北京大学出版社2020年版，第221页。

② 参见［美］鲁格罗·亚狄瑟：《法律的逻辑——法官写给法律人的逻辑指引》，唐欣伟译，法律出版社2007年版，第110～117页；［美］理查德·波斯纳：《法理学问题》，苏力译，中国政法大学出版社2002年版，第109～124页。

类比推理既不同于从一般到特殊的演绎推理，也不同于从特殊到一般的归纳推理，而是一种融合了归纳和演绎色彩在内的独立的实质推理形式①。

3. 类比推理的结构或者可归纳为三步：第一步，识别一个权威的基点或判例；第二步，在判例和一个问题间识别事实上的相同点或者不同点；第三步，判断是事实上的相同点更为重要，还是它们之间的不同点更为重要，并以此决定是区别先例还是依照先例②，或者表现为如下模式：首先从所选择的先例中溯因推理出一个规则，其次通过反思均衡来确证或否证由类比保证的规则，最后将由类比保证的规则通过演绎适用到目标案件中去③。

尤其是，《关于“同案同判”的若干思考与建议》一文的如下论述即“同案不同判”在本质上不是一个法学命题或者司法机制，而是一种社会评价的要求，不构成改革现有裁判方法的理由，同时，将“‘同案同判’作为规则引入到司法活动中是危险的，存在多种弊端：

1. 在原则上，‘同案同判’与‘以事实为根据，以法律为准绳’基本裁判原则相抵触；2. 在前提上，‘同案’作为‘同案同判’的前提不具有法学讨论的价值，也不具备在司法实践中运用的意义；3. 在主体上，对‘同案’的判断缺乏法定主体；4. 在程序上，对‘同案’的判断缺乏程序和方法；5. 在过程上，‘同案同判’忽视了程序正义的正当要求；6. 在运行上，‘同案同判’将导致法院对某些案件左右为难；7. 在作用上，‘同案’对裁判而言不具有实际意义；8. 在效果上，‘同案同判’

---

① 参见孙海波：《疑难案件与司法推理》，北京大学出版社 2020 年版，第 224 页。

② 参见［美］史蒂文·伯顿：《法律和法律推理导论》，张志铭译，中国政法大学出版社 1998 年版，第 49 页。

③ 转引孙海波：《疑难案件与司法推理》，北京大学出版社 2020 年版，第 170 页。

会导致机械司法，阻碍法律和司法的与时俱进；9. 在制度协调上，'同案同判'会消解审级制度的正当性；10. 在借鉴上，世界各国均未将'同案同判'作为评价司法的标准"，更是促使笔者去反复地阅读该专著中有关类比推论规则的论述。

该专著在仔细论述和分析这些问题，即"类比论证是人们用来发现新前提的决疑术，还是人们用来证立法律决定的论辩形式？类比推理是一种不同于演绎推理、归纳推理、目的推理火原则推理的特殊推理，还是一种可重构或还原为其中之一的'修辞性道具'？法律类比的关节点——'相似性判断'该如何进行？法律类比自身该如何被证成？文义论辩在其中能否发挥作用？"之后，建构了如下类比论辩规则：

1. 在法律论辩中，如果待决案件可通过文义解释（论辩）、目的解释（论辩）和体系解释（论辩）等解决，则论辩者不得进行类比论辩。否则，论辩相对人可通过这些论辩型式转移论辩主题。

2. 在法律论辩中，如果所涉案件存在禁止类比论辩的制定法规定、法律原则以及相应的先例、法教义学论述，或者所涉法律规则可进行反面论辩，则论辩者不得进行类比论辩。

3. 在类比论辩中，论辩者首先需要通过文义论辩对案件间的相似性判断进行证成，以保证待决案件处在相关法律规则的中立语义域内。如果待决案件处在相关法律规则的否定语义域内，则论辩者所主张的便不是真正的类比论辩，而是一种基于原则的论辩或基于价值的论辩，论辩相对人可通过这些论辩形式进行反驳。

4. 在进行语义论辩后，论辩者需要通过目的论辩对案件间的相似性判断再次证成，以保证所涉规则的目的和其他法律理由作为类比参照点是清晰和明确的，并在此基础上比较和衡量待决案件和典型案件是否实质一致。

5. 在进行目的论辩后，论辩者还需要通过基于原则的论辩对案件间的相似性判断进行论证。如果类比论辩所涉实质性理由彼此冲突，或与法律原则冲突或者可类推适用的法律规则不止一个且彼此冲突，则论辩者必须按照原则论辩中的衡量规则和重力公式等解决这些冲突。

6. 在类比论辩中，如果存在进行基于价值的论辩和结果论辩的空间和必要，则论辩者不得回避和拒绝。否则，论辩相对人可以基于价值的论辩和结果进行反驳。

7. 在类比论辩中，论辩者对类比的证成在总体上需要符合可普遍化原则、平等原则，对相似案件的选择要遵守判例适用的普遍规则即论证负担规则，相似性判断的证成最后必须具体化为案件间在所涉构成要件上的相似性。如果论辩相对人提出质疑，则论辩者必须作出回应和补充论证（第 376 ~ 390 页）。

法谚有云："在同一理由应适用于同一法律下，类似的事项要得到类似的判决"（拉丁文为：Ubi eadem ratio ibi jus, et de similibus idem est judicium）。这就是"类似案件应获得类似处理"的同等正义原则或者"同案应当同判"的形式正义原则。

正如孙海波教授所言，"类比推理往往更多地表现为一种从案件到案件的思维活动，所以通常将类比推理同普通法系中的'遵循先例原则'联系在一起。事实上这是一种误解，以成文法为主导的民法法系国家同样存在类比推理，而且其推理模式也十分近似于普通法系中基于案例的类比推理"[①]。这样，类比推理可分为两类：一是民法法系国家基于规则的类比推理；二是普通法系国家基于先例原则的类比推理[②]。这

① 参见孙海波：《疑难案件与司法推理》，北京大学出版社 2020 年版，第 227 页。

② 参见孙海波：《疑难案件与司法推理》，北京大学出版社 2020 年版，第 227 ~ 230 页。

样看来，既然我国是在成文法体制下构建具有我国特色的案例指导制度，那么，前述“基于规则的”和“基于先例的”两种类比推理经验和做法均会有发挥作用的空间。此时，我们更有必要认真地对待和领会专著所构建的“类比论辩规则”，进而为案例指导制度的良性运行提供法律方法论的有力保障和支撑。

“公开课”上学“说理”

“公开”是近些年来一个热词，公权力各领域随着依法治国方略的推进均在强调“公开”，例如政府信息公开、司法公开、警务公开，等等，课堂讲义也开始原汁原味地“公开上市”，更多地惠及广大读者，例如陈兴良教授的《口授刑法学》（中国人民大学出版社 2007 年版）、张明楷教授的《刑法的私塾》（北京大学出版社 2017 年版）、周光权教授的《刑法公开课》（北京大学出版社 2019 年版），等等。此处笔者借上“公开课”的机会，重点从裁判文书如何跟进“学理”来说“法理”谈几点读书心得。

（一）裁判文书说理与犯罪论体系。随着 20 世纪 90 年代德国、日本系列刑法教科书的翻译引进，尤其是 21 世纪初（2003 年具有标志性）各种国际性或者全国性犯罪构成体系研讨会的召开、部分法学刊物对犯罪理论体系专题的刊登、部分学者对犯罪论体系的比较研究及知识性创作，我国刑法学犯罪构成理论体系的“一元”局面终被打破，并已形成四要件犯罪论体系与阶层犯罪论体系的“二元”竞争格局。

从实践维度来看，以犯罪客体—犯罪客观方面—犯罪主体—犯罪主观方面为排列顺序的“四要件犯罪论体系”仍处在主导地位，检察官起诉或者抗诉、辩护人的辩护、法官裁判均按此犯罪论体系进行思维和表达，而“阶层犯罪论体系”对司法实践的影响，《刑法公开课》第 2 讲“阶层犯罪论的实务运用”部分一方面总结：已经出现明确根据

“阶层犯罪论体系”来认定行为性质的判决（例如，广东省高级人民法院（2016）粤刑再9号刑事判决书，第36页）、存在大量深受“阶层犯罪论体系”影响的裁判文书（第36~37页）、部分判决的刑罚裁量遵循“阶层犯罪论体系”的思路（第37~38页）。另一方面强调：实务上贯彻“阶层犯罪论体系”还很不够，并对“实务上为什么需要阶层犯罪论”“实务上需要哪一种阶层犯罪论”“实务上如何运用阶层犯罪论”作了阐释。从裁判说理而言，这些问题的回答足以证明阶层犯罪论更便于法官展示“心证工程”，有利于法官与诉讼参与人进行诉讼论证和博弈，有利于提升裁判文书的说理效果。

（二）裁判文书说理与犯罪论逻辑。无论是犯罪论体系的构建，还是司法实践中犯罪的认定，均离不开论证逻辑。阶层性是四要件犯罪论体系与阶层犯罪论体系之间的根本区别之所在。按照阶层犯罪论体系的要求，司法裁判应遵循以下判断规则，即（1）客观判断先于主观判断；（2）具体判断先于抽象判断；（3）类型判断先于个别判断；（4）形式判断先于实质判断。

实践中存在采取相反的判断规则的个案，即主观判断先于客观判断、抽象判断先于具体判断、个别判断先于类型判断、实质判断先于形式判断。四要件犯罪论体系反映到实践个案的裁判理由论证中，除不像阶层犯罪论体系所体现的先后有序递进之外，还间或存在部分要件“循环往复”或者杂糅在一起的现象。四要件犯罪论体系与阶层犯罪论体系的判断规则、论证思维逻辑的不同，或许对大部分案件的最终处理结论不会带来影响，但在疑难复杂案件中间或导致对同一犯罪事实的定性不同（例如，陕西省平利县人民法院（2010）平刑初字第53号刑事判决书，第18页）。

《刑法公开课》第1讲“客观判断优先的刑法方法论”分设“客观

判断优先的基本要求”“客观优先的理论支撑”“客观构成要件的审查与客观优先”，具体论述了客观优先的内在合理性（有效落实罪刑法定、相对于主观要件而言容易检验、反向制约司法恣意）、客观优先的理论支撑（即刑法客观主义）、客观优先对司法实务的基本要求（客观构成要件比主观构成要件更为重要、讲究司法逻辑或判断顺序即先客观后主观、先违法后责任、将一些主观和责任要素提前在客观构成要件环节加以审查判断）等问题。这些问题的解答，必然能让办案法官更准确地把握刑法客观主义和刑法主观主义的界限，更有利于法官养成理性科学的法律思维和裁判推理、论证能力，更有效地为法官防止冤错案件提供实体法支撑（第 8 页）。

（三）裁判文书说理与犯罪论命题。犯罪论体系性思考和犯罪论命题性思考，一直是刑法学体系要平衡处理好的两个方面。其实，犯罪论体系离不开系列具体犯罪论命题或者问题。这里仅以因果关系为例进行分析。因果关系的认定在结果犯中至为重要。关于因果关系认定的理论学说，大致经历“条件说”—“相当说”—“客观归责说”的发展过程。所谓“条件说”，即仅在行为与结果之间寻找一个实证意义上的联系，即对客观事实进行“有、无”或“是、否”的判断。

“条件说”对于解决简单的因果关系认定（例如甲开枪致乙死亡）不存在困难，但对于存在众多“条件”从而需要分清原因力主次和责任大小的案例就存在困难。“条件说”对于认定事实因果关系具有积极的意义，但因不对原因力作实质判断，容易导致刑法因果关系的认定范围过于宽泛。我国传统刑法因果关系学说因肯定“偶然因果关系”的存在，而类似于“条件说”。

“相当说”是对“条件说”的修正，即针对同等权重的条件，引入价值评价的要素进行筛选，淘汰掉那些偶然发生的、不具有刑法关注意义的条件。该说认为，行为导致结果的发生在一定程度上必须是可能的，以便能将该行为视为结果发生的原因。至于具体判断因果关系，一般分为两个阶段来判断：首先判断是否存在条件关系（即明确行为与结果之间是否存在事实上的关联；其次判断是否存在相当因果关系（即以存在条件关系为基础，进一步就客观性归责的范围予以规范性限定）。

根据相当性判断标准的不同，“相当说”细分为以下三说：“主观说”以行为人实施行为当时认识到的情状以及可能认识的情状为判断的基础；“客观说”认为应当进行客观的事后预测，即站在裁判者的立场上，无论是行为当时存在的一切事情还是行为后产生的事情，只要它们对一般人来说曾是可能预见的，均必须考虑；“折中说”主张以行为时一般正常人可以认识的情状以及行为人特别认识的情状来作判断。

“客观归责理论（说）”是对“条件说”和“相当说”的发展，其完成了从归因到归责的转变，主张从以下四个层次来进行客观归责的判断：一是条件关联，即说明事实之间的关联，借助于经验规律意义上的因果概念而考察行为和结果之间的最低限度的关联。二是相当性关联，即通过客观合目的性对或然律的补充而分析行为与结果之间的被确定性关联，从而确定事实之间的关系具有进行刑法评价的价值。三是风险性关联，即说明行为对谨慎义务的违反和结果发生之间的详细联系，从而在规范的意义上评价行为与结果之间所具有的确切联系在刑法上有相当的重要性。四是保护目的性关联，即说明所出现的结果是在被损害的规范保护范围内。从实践个案来看，基于“条件说”“相当说”或者“客观归责理论”，对大多数案件的定性会得出同一结论，但间或会对同一犯罪事实得出不同的结论（第 64 ~ 65 页）。

《刑法公开课》第 3 讲“客观归责论在涉财产犯罪案件中的运用”为司法实务部门在办理相关案件过程中借鉴运用德国“客观归责论”

提供了示范。尤其是，“客观归责论”的系列下位判断规则的确立与运用，为法官进行精细化的规范判断和裁判说理提供了有利保障。

为贯彻落实《关于全面深化改革若干重大问题的决定》“增强法律文书说理性”和《关于全面推进依法治国若干重大问题的决定》“加强法律文书释法说理”的改革部署，2018 年最高人民法院出台了《释法说理意见》。

《释法说理意见》从裁判文书说理的目的、价值、基本内容、具体要求、技术规范与保障机制等方面作了规定，例如，第一条规定裁判文书释法说理的目的，“通过阐明裁判结论的形成过程和正当性理由，提高裁判的可接受性，实现法律效果和社会效果的有机统一”；第二条规定裁判文书释法说理要阐明事理、释明法理、讲明情理、讲究文理；第三条规定裁判文书释法说理应坚持合法性原则、层次性原则、针对性原则、繁简适度原则；第四条至第七条分别规定证据审查判断说理、案件事实认定说理、适用法律说理、行使自由裁量权说理；第八条至第十条规定裁判文书加强释法说理和简化释法说理的具体情形；第十一条至第十五条规定裁判文书的格式、法律援引、辅助论据、附件运用、语言规范；第十六条至第十九条规定裁判文书释法说理的指导机制、考核机制、评估评价机制、评查机制等。

这些原则性规定立足解决“不会说理”“不愿说理”“不敢说理”等问题的目标，为下一步深化裁判文书释法说理改革和推动裁判文书释法说理工作提供了基本遵循和努力方向，但是，刑事、民事、行政、国家赔偿、执行等领域的法律文书释法说理具体细则，则仍有待于部门法学理论的科学指导和审判实践经验的总结提炼。

可以说，《刑法公开课》“结合刑法学说与思考方法进行案例的深度研习，尽可能展示解释和说理过程”的写作进路与“协调刑法理论的体系性、一贯性与对具体案件处理的妥当性之间的关系，通过对若干具体问题的思考来点滴推进我国刑法学的纵深发展”的写作目标，无疑是解决“理论和实务各说各话、各行其是、‘实践反对理论’的局面”的有效良方，同时也必将助推法官刑事裁判说理能力和法院刑事裁判文书说理质量迈向新台阶。

“光圈定律”助推说理

近日，同门学兄周光权教授出版了新著《刑法学习定律》（北京大学出版社2019年版）。他在此书中针对16个刑法学习方面的问题提出下列令人印象深刻的“命题”即“定律”：

1. 充分认识刑法学的独特魅力，学习才能动力强劲；2. 要真正学好刑法，就必须用充足的时间储备足够的知识；3. 明确刑法学习重点；4. 形成比较眼光，具备国际视野；5. 学会高效阅读；6. 培养刑法思维，形成有特色的刑法上的思考方法，能够逐步进行阶层性、规范性、体系性思考；7. 锻炼和提高写作能力，把论文写得像样；8. 学者以及司法实务者的使命都是解释和适用刑法，不能动辄批评刑法立法，更不能以批评刑法立法为时髦；9. 在思考犯罪论体系问题时，自觉地训练进行阶层思考的能力；10. 训练刑罚思维；11. 在大数据时代仍然保持内心定力，不迷失方向；12. 使刑法判断不偏离生活经验；13. 结合司法实践学刑法；14. 学习刑法理论时，要适度融入刑事政策思想；15. 善于发现刑法和刑事诉讼法的连结点，寻找两个学科之间的沟通可能性，秉持以实务为导向、兼顾实体与程序的学习思路；16 持之以恒地学习刑法，往后余生与刑法学同行。这些“定律”被同门学兄邓子滨研究员归纳为“光圈定律”（“光圈”乃周光权教授的微信名）。

周教授在许多篇章中或详或略地对“说理”“论证”等作了论述，大致可归纳为以下几类：

一是强调刑法学是一门关涉“说理”的学问。例如，在“弄懂刑法学的魅力”中谈到，刑法学“是一个重视体系性思考、注重说理且非常成熟的学科，学习刑法是一项‘益智活动’”。在“把刑法论文写得像样”中指出，“哪一种犯罪论体系更为合理，完全是刑法教义学进行论证的结果，任何国家的刑法立法都只能尽可能揭示犯罪的客观和主观要素，至于这些要素如何体系化为犯罪成立理论，不是立法上能够解决的，立法者也没有这个使命”（第127页）。在“使刑法判断不偏离生活经验”中指出，“公众面对具体案件所表现出来的生活经验明显有道理的，从刑法教义学的角度进行论证，然后予以证明肯定，此时，教义学是去完成民众无法完成的论证”；“教义学理论构造越精巧，对问题的研讨越深入，说理越透彻，刑法和公众的生活经验之间就越能够进行沟通和良性互动。尤其是在某些特殊情形下，按照公众的生活经验和规范感觉，得出有罪结论明显不妥当时，如何进行论证以回应民意，或者在民意和司法之间建立互动机制，注定无法离开教义学”（第218～219页）。在“必须持之以恒地学习”中指出，“以犯罪和刑罚为研究对象的刑法学能够让你洞察世间的不幸，教给你论证的说理的技巧，让你获得处理复杂问题的方法论”（第295页）。

二是从刑法学视角阐述“说理”的重要性或必要性。在“弄懂刑法学的魅力”中谈到，刑法学最应该教的，“对于那些确实值得处罚的行为，你在定罪和量刑时具备论证和说理的技巧，会让你获得处理复杂问题的方法论，能够明断是非，输送正义，通过准确的处罚使社会更加有序，让所有人都活得更安心”（第6页）；在“带着比较眼光学刑法”中强调，“在比较研究过程中，有误解固然难以避免。但是，我们还是应当在尊重现在的德日刑法学，看看别人究竟是怎么讲道理的基础上，在比较中尽可能澄清对国外理论的误解，不能被某些误解牵着鼻子走，否则你有可能得出很多不当的结论，反而对你形成合理的刑法学知识结构不利”（第 67 页）；“不能仅仅在对国外理论蜻蜓点水式地了解一个大概，或者在没有理解别人的问题意识和论证逻辑之时，就‘开足火力’进行批评。刑法学上的比较、借鉴和批评，都以正确理解他国刑法学的理论构造、论证方式和时代背景为前提，不仅要看该国的刑法条文，而且要对其背后所涉及的一系列理论做体系性理解，还要理解相关立法和理论在实务中的运作状况，而不能将分析建立在误解或片面理解的基础之上”（第 71 页）。在“学会高效阅读刑法文献”中声称，“有些年轻老师在期末考试中编一些‘神剧’作为试题，我也持保留态度，因为这些‘编’的案例既未能用事实方面的陷阱考察学生的敏锐观察力，也很难用重要争点去检验学生的分析论证能力”（第 85 页）。在“必须持之以恒地学习”中指出，“在阅读过程中，一定要有比较的眼光、运用比较的方法，读日本学者的文献，或许有必要去关注分属于不同理论阵营的山口厚教授（结果无价值论）与井田良教授（行为无价值二元论）理论的差别，也有必要去审视同为结果无价值论者的山口厚教授和西田典之教授观点的差异，并仔细去看他们各自如何论证自己的观点，分析其主张的利弊得失，从而可以判断自己是否随时了解国内外刑法学理论的最新状态，使自己始终能够站在学科前沿”（第 298 页）。

三是从刑法学视角论及“说理”的方法。例如，在“把刑法论文写得像样”中论述，“论文写作的大致顺序应该是：（1）先讨论基本理论观点、基本分歧……尤其要求对文献要充分、合理地加以利用，对中外刑法学者的现有观点进行简要评论，使论文厚实、凝重，对他人观点的利弊得失了然于胸，要能够寻找到他人观点的软肋，站在比先行者更高的高度来论证问题。（2）列出实务立场，尤其对实务中‘同案不同判’的特殊情形及其理由要给予充分关注，比较理论和实务的差异并分析深层次原因。（3）提出自己解决问题的主张。对自己观点要充分展开，创新点也尽可能展示出来，同时要注意自己的观点可能面临的批评”（第128页）；“论文要尽可能注意理论和实务的结合、统一，注重对具体问题的解决（问题的思考）……（4）在论文后半部分，要尽可能提炼出自己的观点，并层层递进、抽丝剥茧地进行论证，使论文具有创新性，能够超越同主题99%的写作者，让读者的‘用户体验’很好”（第130页）。

四是针对司法实践中存在的“说理”相关问题进行论述。例如，在“明确刑法学习重点”中强调，“法律人应该内心阳光、理性平和，要学会论证，善于讲道理，持之以恒地向理论界前辈和实务界人士学习，诚恳地接受学术训练”（第37页）。在“在大数据时代不迷失学习方向”中强调，“要认识到培养精通法律和法理、具备释法说理能力的司法人员永远是司法机关的首要使命”（第196页）。在“不能脱离司法实践学刑法”中指出，“对共同犯罪中很多问题的处理，实务部门有时候走得比较远，而且其处理结论在很多时候是合理的（只是说理可能不太透彻），反过来导致理论有点‘跟不上趟’”（第228页）；“司法解释实际上无意中向一线法官灌输了判决无须说明理由的错误观念……一旦有司法解释，法官直接根据司法解释作出判决，而无须进一步解释判决理由。在几乎所有的法官看来，最高人民法院的司法解释就是理由，当然毫无必要再向被告人、辩护人详尽解释判决理由；而最高人民法院在作出司法解释时，也是不需要公布其理由的……结果就是，对于疑难案件的处理，很多时候就是在需要说明理由的情境下做出的”（第237页）。在“追求刑法与刑诉法的一体化”中强调，“法律人的看家本领是解释和论证，这种解释和论证要到公开的法庭上通过刑事诉讼的‘商谈’程序接受检验”（第274页）。

在笔者看来，作者上述有关"说理"的言说无疑会直接或者间接地助推法官的刑事裁判文书说理。此处仅举三方面例子为证。

其一，良好的刑法思维或者刑法教义学方法有利于法官说理做到逻辑严谨和论证有力。此点得到了国外学者的认同，例如，美国学者认为，"没有任何东西比可靠的思维更有用……在你生活的任何领域和情境中，良好的思维都会令你获益；相反，糟糕的思维则明显导致问题的出现、时间和精力的浪费，并引发沮丧和痛苦的感受"①。再如德国学者强调，"法学教学不仅是向学生介绍必要的法律知识，而更要教会其进行法学研究和运用法律的方法"②。

其二，法官理性平衡解决各种"刑法冲突"（例如，"法律效果与社会效果""实体正义与程序正义""犯罪化与非犯罪化""精密司法与大众话语"，等等）的能力直接关系到裁判文书说理的效果。国外学者也均强调法律人的"权衡"或"平衡"技术，例如，荷兰学者扬·斯密茨说的，"最好的法学教育应当能够教授给学生一种方法：他们需要学习存在哪些支持和反对某些解决方案的论据、如何权衡这些论据以及如何处理相互抵牾的规则体系"③；日本学者西原春夫所言，"法律家不但必须熟悉法律制度，还必须接受训练，掌握使自己所作出的判断能与神、佛的判断尽量接近的本领……二是要培养自己掌握好寻找相互对立

---

① 参见［美］理查德·保罗、琳达·埃尔德：《思辨与立场：生活中无处不在的批判性思维工具》，李小平译，中国人民大学出版社2016年版，第10页。

② 参见［德］托马斯·M.J.默勒斯：《法律研习的方法：作业、考试和论文写作》（第9版），申柳华等译，北京大学出版社2019年版，第4页。

③ ［荷］扬·斯密茨：《法学的观念与方法》，魏磊杰、吴雅婷译，法律出版社2017年版，第162页。

的利益所发生的根据，并正确把握其意义的能力……”[①]

其三，理论—实践双向的“反思”与“警醒”有助于法律人职业共同体在“裁判说理”环节的良性互动，进而积极助推“说理的社会”[②] 的早日到来。正如笔者曾经指出的，“理论”与“实践”存在“反向”的“相结合”，即“理论”未能对“说理”“论证”“论述”等进行合理的界定，以致“实践”存在随意、不规范地使用，同时，“实践”也未对“理论”的改善和提升起着积极的促进作用[③]。

周教授在《刑法学习定律》中对“说理”的诸多言说，无疑会促进理论界和实务界对“什么是说理”“为何要说理”“如何说好理”等问题进行更“有理有据”的研究，进而助推更多的说理充分、论证到位的经典刑事裁判文书。

---

① ［日］西原春夫：《刑法的根基与哲学》（增补版），顾肖荣等译，中国法制出版社2017年版，第198页。

② 参见梁治平：《我们需要一个说理的社会》，载《金融时报》2018年2月12日。

③ 参见刘树德：《司法改革：深水区与细说理》，法律出版社2015年版，第114页。

因循守旧还是与时俱进

拜读车浩教授的《阶层犯罪论的构造》(法律出版社2017年版)之际,笔者正好在整理《认真对待理由——裁判文书说理23讲》书稿①,自然而然地触发了对阶层犯罪论与刑事裁判说理的关联性思考。

一是阶层犯罪论对裁判文书"说理部分"整体结构的影响。裁判文书是一种公文,自然会有相应的格式要求,最高人民法院往往以文件的形式下发相关文书样式,供各级人民法院执行,例如,刑事判决书(一审公诉案件用)具体由首部、事实、理由、判决结果和尾部五个部分组成。按照1999年"样式1即刑事判决书(一审公诉案件适用普通程序用)"的要求,即"理由是判决的灵魂,是将犯罪事实和判决结果有机联系在一起的纽带。其核心内容是针对案情特点,运用法律规定、政策精神和犯罪构成理论,阐述公诉机关的指控是否成立,被告人的行为是否构成犯罪,犯的什么罪,依法应当如何处理,为判决结果打下基础"②,"理由"部分的行文布局与结构安排显然受到"犯罪构成原理和要件"或"犯罪构成理论"的影响。从目前司法实践来看,以"犯罪客体—犯罪客观方面—犯罪主体—犯罪主观方面"为排列顺序的"四

---

① 此书稿正式出版时改名为《无理不成"书"——裁判文书说理23讲》(中国检察出版社2020年版)。

② 参见最高人民法院办公厅编:《法院刑事诉讼文书样式(样本)》,人民法院出版社1999年版,第8~9页。

要件犯罪论体系”无疑处在主导地位，检察官起诉或者抗诉、辩护人的辩护、法官裁判均按四要件犯罪理论进行思维和表达，而“阶层犯罪论体系”仍只是“偶露峥嵘”，或根据其逻辑来认定行为性质（例如，广东省高级人民法院（2016）粤刑再9号刑事判决书）或根据其思路来裁量刑罚[①]。

二是阶层犯罪论对裁判文书说理思维的影响。车浩教授在提出“要素集合”和“位阶体系”两个“理想类型”（马克斯·韦伯）基础上，经过严谨的学术论证比较“四要件犯罪论”和“三阶层犯罪论”利弊之后得出如下的结论，“一个高度体系化的阶层理论，对司法人员有提供路标指引和检验清单的作用，对刑事法治建设有保障法律适用的正义性和安定性的作用，有限制司法恣意、使案件审查透明化的作用，对普通公民有评价行为、呼吁对法的忠诚的作用”（第108～124页）。

此种阶层犯罪论的实践优势关键在于其各个阶层之间的逻辑位阶以及其所内含的系列具体判断/思维规则（1. 客观判断先于主观判断；2. 具体判断先于抽象判断；3. 类型判断先于个别判断；4. 形式判断先于实质判断），可以说，“位阶性”正是二/三阶层犯罪论在体系化方面优越于四要件犯罪论最根本之处。随着阶层犯罪论体系研究的不断深入，构成要件理论、客观归责理论、违法性理论、责任理论、期待可能性理论等必将成为法官分析整理个案裁判中事实认定和刑法适用问题的不可或缺的重要工具。

法官在北京市海淀区人民法院（2018）京0108刑初1789号刑事判决书中就结合“客观归责理论”，从被告人的哪些行为制造了法所不容许的危险，是否存在足以中断因果链的第三者介入因素，被害人是否应

① 参周光权：《刑法公开课》，北京大学出版社2019年版，第36～38页。

当自我答责，以及被告人是否构成非法行医罪等进行了分析说理论证。正如梁译如针对140个“交通肇事逃逸致人死亡”样本所分析总结的，“阶层体系提供的形式性框架能够限制法官对一般交通肇事者的处罚，阶层体系框架也能对抗法官对‘逃逸致人死亡’条款的虚置，限制其在逃逸致人死亡案件中对法外因素如赔偿额度的过度考量，有利于实现预防风险和保障安全的立法目的。司法判决由此而能够更加透明公正，普通公民则更能理解和实践法律对其行为的期待”①。

三是阶层犯罪论对裁判文书说理论据的影响。就刑事裁判文书说理而言，教义刑法学知识就是法官论证裁判理由的重要论据。“作为刑法理论皇冠上的明珠，犯罪论体系本身，就是一种最典型的体现学术创造力的教义学产品，它处在刑法条文明确规定之外，却又成为刑法思考的基本语法和最大的教义，笼罩和支配着几乎所有刑法问题的展开”（封底），“随着刑法知识的转型，越来越多的德日刑法知识引入我国，对于这些舶来的刑法知识，我们应当结合我国的刑法规定和司法实践进行解读、理解和消化，最终实现本土化，由此形成中国的刑法知识体系”（序言第7页）。

车浩教授无论是从构成要件阶层对结果避免可能性与假定因果关系的区别，还是从不法阶层对被害人同意、行政许可的分析，抑或是从责任阶层对违法性认识错误可避免性的判断尺度和审查条件设置，均属于立足中国司法实践且“接地气”的教义刑法学知识，法官们若能在办理疑难案件过程中消化吸收并合理运用，必将有助于提高定罪准确性（“宿某建诈骗案”，第112页；“王某志诈骗案”，第119页）、避免同

① 参见梁译如：《阶层判断与实际判决的比较——以“交通肇事逃逸致人死亡”为例》，载《法律和社会科学》第17卷第2辑。

案异判（“某尔走私淫秽物品案”与“加某销售淫秽物品案”对法律认识错误采取了截然不同的主张，第274～275页）、优化论证说理思路（“李某玲非法出售国家重点保护植物案”，第289页），制作出论证充分、说理性强的刑事判决书，进而为构建具有中国实践品格和特色的教义刑法学提供素材和经验智慧。

总之，面对刑法知识的大转型，是以积极主动创新的立场去跟进“阶层犯罪论”来进行论证说理，还是因循守旧、消极等待、借口裁判文书样式未改（其实，无论1992年样式中“犯罪构成原理和要件”还是1999年样式中“犯罪构成理论”，若采取历史解释，仅指“四要件犯罪论”；若采取目的解释，至少包括“四要件犯罪论”和“二/三阶层犯罪论”）而固守“四要件犯罪论”、不敢越雷池一步，确实是值得当下每位刑事法律人认真考虑和选择的。

实质出罪的说理负担更重吗

《实质出罪论》（中国人民大学出版社 2020 年版）系刘艳红教授“实质刑法研究系列三部曲”的“收官之作”[①]。“《实质刑法观》是从法哲学层面对刑法基本立场的思考，它是形而上的成果；《实质犯罪论》是从法学理论层面对刑法基本教义犯罪论体系的思考，它是形而中的结晶；《实质出罪论》是从刑法实践层面对实质解释论的展开，它是形而下的收获”（代后记第 435 页）。确如储槐植教授所言，“刘艳红教授的三部曲是刑法理论体系领域最有分量的成果，更是我国形式刑法与实质刑法这场争论中最有代表性的成果”[②]。

《实质出罪论》“是对实质刑法理念的贯彻，对实质犯罪论的实证运用，从而将刑法虽有明文规定但尚未达到可罚程度的行为排除在处罚范围之外（切口），是“以实质出罪事由体系的建构为基本着力点”来展开研究的。该书除“导论”外，共包括十章，即“实质出罪论的实证考察：出罪机制的功能紊乱”“实质出罪论的法理基础：刑法谦抑主义”“刑事立法对法教义学的影响：基于实质出罪论”“实质出罪论的法教义学解释原则”“法益如何限定处罚范围：法益确定与实质出罪”

① 另两部为《实质刑法观》（中国人民大学出版社 2009 年第 1 版，2019 年第 2 版）和《实质犯罪论》（中国人民大学出版社 2014 年版）。

② 储槐植：《二十载孜孜不倦三部曲铸就标签——评刘艳红教授〈实质出罪论〉》，载《法治日报》2020 年 11 月 12 日。

"构成要件如何不该当：构成要件要素的出罪解释""违法性出罪：以违法阻却为视角""有责性出罪：基于规范责任论的分析""程序正当性出罪：基于刑事一体化视野的分析"等，进而"从理念到要素、从实体到程序等不同维度"构建了系统而齐备的实质出罪论体系。无疑，该出罪论体系对于弥补我国现行刑法"有法有罪有刑"的罪刑法定原则欠缺的出罪机能、提升疑罪从无、无罪推定理念与制度在司法实践中的运用效果（代后记第433~434页）、促进中国刑事法治建设等诸多方面均具有重要的实践指导价值。

"形而上者谓之道，形而中者谓之心，形而下者谓之器"（代后记第435页），《实质出罪论》是从刑法实践层面、在出罪领域对实质解释论（即主张对刑法罪刑规范以及个罪犯罪构成要件的解释，应该在坚持法益侵害说背景之下，根据是否达到了值得处罚的法益侵害程度来实质性地评价犯罪是否成立，代后记第433页）的展开。显然，此种"实践底色"和"学术路径"使得该书更受司法实务工作者的青睐和鉴赏。

此次阅读过程中，该书有关说理的论述或者规则不时地让笔者联想和回忆先前起草有关裁判文书释法说理规范性文件期间进行的有关如何强化无罪判决说理的论争。具体来说：

一是直接涉及"说理"的论述，例如，"在这类案件（轻伤以下的故意伤害案——引者注）中，人民法院说理时的基本理由都是'情节显著轻微，危害不大'，所以'不认为是犯罪'……根据阶层理论的逻辑，轻伤以下的行为因不该当构成要件而不具备形式违法性，而不是直接不具备实质违法性。如此扩张性地解读'但书'规定，等同于以实质违法性判断替代了形式构成要件该当性判断，使阶层理论中构成要件与违法性之间的关系在'但书'的泛在适用中被混淆"（第24~25页）；"法教义学阐释立法的功能仍能经久不衰，其关键在于法教义学注重体系与逻辑。体系建构的目的是形成一套相对稳定的标准，逻辑为说理的生成提供严密的方法论支撑”（第 127 页）；“这种忽视交通过失犯的特殊性而站在传统因果关系学说基础之上‘鸡生蛋，蛋生鸡’‘连环套’式的解释方式所达到的效果，无论从说理的逻辑性、清晰性上还是从充分性、可接受性上，都远不及使用注意规范保护目的理论所达到的效果”（第 294 页）；“无罪论虽然结论正确，但是由于不可避免地以传统因果关系为基调，因而其不但暴露了说理难以充分的弊端且未能一针见血地指明问题的本质，即为何事故的原因是占道行驶而不是指使超载”（第 300 页）；等等。

二是裁判说理应遵循的具体规则，例如，“利益权衡必须以罪刑法定原则为基础，要坚持‘先定性后定量’的评价逻辑，在准确性之后才要考虑利益权衡这一定量问题，而不能本末倒置”（第 21 页）；“在‘但书’与法定出罪事由之间，应优先适用法定出罪事由”（第 23 页）；“刑事裁判的正确思维只能是定性决定量刑的正向思维，而不能是量刑反制定性的逆向思维。换言之，定量判断在位阶上就应低于定性评价”（第 30 页）；“（行为人）是否承担损害以及承担多少损害必须以对行为的定性评价为前提，不能为了平衡双方利益而使无罪行为有罪化或让行为人分担由正当行为所造成的损害”（第 31 页）；“对于不该当构成要件的行为，不能以‘但书’作为否定其犯罪性的依据；对于不具有非难可能性的行为，也不能将‘但书’叠加适用”（第 34 页）；“如果一项解释合法但不合理，或者既合法又合理，但有多种解释结论可供选择时，则需运用技术导向性原则来甄别取舍”（第 179 页）；等等。

显然，这些有关说理的论述和规则与《释法说理意见》的如下规定在“出罪”或者“无罪判决”需要强化说理层面是完全一致的，“要根据案件社会影响、审判程序、诉讼阶段等不同情况进行繁简适度的说理，简案略说，繁案精说，力求恰到好处”“下列案件裁判文书，应当强化释法说理：疑难、复杂案件；诉讼各方争议较大的案件；社会关注度高、影响较大的案件；宣告无罪、判处法定刑以下刑罚、判处死刑的案件……新类型或者可能成为指导性案例的案件；抗诉案件；二审改判或者发回重审的案件；重审案件；再审案件；其他需要强化说理的案件”“二审或者再审裁判文书应当针对上诉、抗诉、申请再审的主张和理由强化释法说理。二审或者再审裁判文书认定的事实与一审或者原审不同的，或者认为一审、原审认定事实不清、适用法律错误的，应当在查清事实、纠正法律适用错误的基础上进行有针对性的说理；针对一审或者原审已经详尽阐述理由且诉讼各方无争议或者无新证据、新理由的事项，可以简化释法说理”。

按照刘艳红教授的观点，实质出罪是指“行为虽然形式上符合犯罪构成要件，但如果实质上并没有达到应受刑罚处罚程度的法益侵害性，或者用我国刑法的‘但书’话语——‘但是情节显著轻微危害不大的’，则不认定为犯罪”（代后记第433页）。立足于此，实质出罪论体系构建的一个重要方面就是在犯罪论体系中如何定位“但书”、如何界定“但书”条款的功能、如何解释“但书”规范的内涵，等等。

从司法层面而言，个案裁判适用“但书”作出无罪判决（“出罪”）时，就面临如何运用法教义学（具体为“但书”适用的教义学规则）进行充分说理与论证的问题。需指出的是，在当下刑法知识形态转型之际，“四要件犯罪论体系”与“三阶层犯罪论体系”对“但书”条款的教义学解读会存在差别。因此，法官务必在明确选定某一犯罪论体系的基础上，遵循其内在的逻辑规则和思维规律，进而“结合行为人的客观行为以及可能造成的危害结果、主观方面等因素，根据案件的实际情况综合对情节是否显著轻微，客观危害结果的大小作出评价，将是否适用

‘但书’规定的事实依据、证据依据、法律依据、政策依据、情理依据说清楚、讲明白，通过阐明裁判结论的形成过程和正当性理由，提高裁判的可接受性”①。

---

① 参见刘树德、潘自强：《裁判文书说理视角下的“但书”研究——基于157份无罪裁判文书的分析》，载《中国应用法学》2020年第1期。

说理让程序正义保障自由更有力

“刑事诉讼旨在发现真相并将罪犯绳之以法，刑事诉讼法则旨在减少错案并维护个人尊严。简言之，如果刑事诉讼是奔马，刑事诉讼法则是道路。没有道路，马照样可以狂奔；有了道路，马奔跑起来更加安全。”这段有关“奔马和道路”的比喻文字见诸邓子滨研究员新著《刑事诉讼原理》之中。陈兴良教授在该书序言中指出，“这是对刑事诉讼法的立法论思考，而不是司法论研究。这也正是本书不同于其他刑事诉讼法著作的鲜明特征”。作者的自序也同样强调，“这是一本关于刑事诉讼的书。我在本书中努力描绘的是自己心目中理想的刑事诉讼，这意味着本书不仅不以现行法条为依归，而且立法的某些体系结构将是本书批评的对象”。

或许是思维惯性，或许是“路径依赖”，基于近段时间以来一直在从事裁判文书说理改革指导性文件的研究起草工作，笔者特别在意此书中有关裁判文书说理的有关论述，于是有了从这个视角来谈点品读此书的感受心得和延伸思考。

刑事诉讼是一个要经过侦查、起诉、审判、执行各个阶段的过程。如果说现代刑事法治必然是“说理型法治”、和谐社会必然是“说理型社会”的话，那么，刑事诉讼每个阶段的活动均需要说理。

就审判阶段而言，庭审说理和裁判文书说理更是重中之重和必不可少。《刑事诉讼原理》“前言”“目的要旨”“诉讼模式”“正当程序”“基本原则”“居中裁判”“平等对抗”“诉讼构造”“证据证明”“法庭审判”“法律救济”等数章中均有涉及审判说理方面或详或略、不同视角、比较法域的论述。

例如，“德国刑事诉讼程序中的纠问成分，与东方式的纠问差异巨大。最大差异在于判决书有比较认真的说理，从事实陈述、双方争点、证据相关性及合法性，以及法律何以适用，都一清二楚，从而有利于上诉审法官作出判断。而判决书是否说理，可以判别一国所处的法治状态”（第61页）；“正当程序反映了一种根深蒂固的理念：不仅要有正义，而且必须让人看得见。看得见的正义意味着判决理由必须公开展示，这一展示的直接结果就是让人看到司法解决的法律依据”（第95页）；“检察官的抗诉是不利于被告人的，因此，不同于被告人的‘无理由’上诉，检察官必须陈明具体的抗诉理由。比如，量刑不当，没有依法组成合议庭，未参与庭审的法官参与了判决，法院审理了无权管辖的案件，作出了与其他同级法院既有判决相反的判决，对指控事实未予判决或者对未起诉事实作出判决，判决书未附判决理由或者所附判决理由与判决结论不符，等等”（第497页）；“当上诉人提出具体的上诉理由时，上诉审法院有义务对上诉理由进行调查，而且‘应当从保护当事人特别是被告人的主张的角度进行职权调查’，不应只将一审‘经审理查明’部分复制到二审判决书中……未开庭的书面审，因没有采用开庭审理的方式，所以不应笼统地说‘查明的事实、证据与一审相同’，因为……经过法庭调查、质证、听取被告人当庭申辩者，才可谓之查明，以书面审为主的审理，只能算作一种简易复核”（第503页）；等等。

这些论述是从不同侧面或者维度对“如何说理”“为何说理”“说什么理”等问题的解答。例如，“不能以正义的名义肢解法律，必须循法律的途径达至正义”（第72页），“正当程序真正关心的不是结论，而是结论形成的过程”（第101页）等“金句”就是对“为什么要说理”的哲理式回答；德国学者下列言论的引述，“还有一项成就，那就是法官必须要对他的判决作出合理的解释。论述的重点不仅在于法条中每一个字的适用，更关键的重点在于逻辑。法官唯有在判决中提出一个完整且令人能够理解的证据链，明确指出通往真实的道路，这个判决才能成立”①；“在产生司法判决的程序中，举足轻重的不是任意的理由，而只是相关的理由。如果我们把现行法律看作一个理想的融贯的规范体系的话，那么这种依赖于程序的法律确定性可以满足一个着意于自己的完整性、以原则作为取向的法律共同体的期待，从而确保每个人都拥有他理应拥有的那些权利”②，就是对“如何把理说好”的方法论指引。

与此关联的是，作者在《刑事诉讼原理》中有关“如何思维”的论述，同样对审判说理（例如庭审说理和裁判文书说理）具有直接或者间接的借鉴意义，例如，“不妨换位观察，反向思考，追究者感觉哪些规则最掣肘，这些规则就一定是保护被追究者最有效的”（“反向思考”，第25页）；“希望赞同‘营救酷刑’的人明白，一旦例外地允许刑讯，无法遏制的就不仅是实施范围的逐步扩大化，而且是实施手段的不断恶劣化”（“‘例外’的运用”，第34页）；“何谓审判利益，不好从正面定义，但可以从反面考量，即如果中途放弃已管辖案件，会在本地区造成被动”（“反向思维”，第151页）；“就当前醉驾测试而言，不应仅以仪器为准，而应软化过硬的数据标准，采取先形式认定、后实质排除的限缩方法，将醉驾路检分为观察和检测两个阶段”（“‘先形式后实质’判断”，第352页）；“各持己见者自说自话是一种常态。无法说服对方时，或许把各自

① 参见［德］汤姆斯·达恩史戴特：《法官的被害人》，郑惠芬译，卫城出版社2016年版，第50页。

② 参见［德］哈贝马斯：《在事实与规范之间》，童世骏译，三联书店2014年版，第271页。

的主张推到极致，看看在极致状态谁更早地陷入困境”（“片面的深刻”，第443页）；“在明确什么是真正的法庭审判之前，可以先了解一下什么不是真正的庭审”（“反向思维”，第456页）；等等，均可以作为增强庭审说理或者裁判文书说理效果的方法或者策略。此外，作者有关“纽扣案”的深度评析在某种程度上可以说又为法官撰写事理、法理、情理、文理均恰到好处的精品裁判文书提供了很好的个案式指引。

《刑事诉讼原理》是“体系化、原理性的刑事诉讼法学专著”，尤其是烙有刑法学者身份的邓子滨研究员突破“饭碗法学”之樊篱、立足“刑事一体化”境域撰写的程序法学著作，更是为我们提供了多维度的品读视角。

例如，作者论道，“刑法、刑诉法学科割据严重，不甚顾及彼此看法。例如刑法理论上研讨的特殊认知者问题，可能没有考虑到，果真有这样的案件，证明起来恐怕只能仰赖口供，而自我归罪的口供又怎样得来？刑法中设定的犯罪成立条件，如果落实到证据上过分指向对主观心态的自我描述，就等于鼓励刑讯逼供”（第125页）；“就我国刑诉法而言，有多处条文将被害人与证人分别加以规定，从体系解释角度，不宜混淆。可有的刑法学者却认为，暴力取证的对象是证人，但宜作广义理解，被害人、鉴定人，甚至没有作证资格的、不知道真相的人也可以成为暴力取证罪中的证人。尤其是刑讯被害人，比之于对证人刑讯更加恶劣。但这种观点是不正确的，因为混淆了证人与被害人的界限，在暴力取证罪中得到的个案正义，不能抵消它所破坏的体系解释所要求的同一概念的含义确定性”（第470页）；等等，更能使法官办案克服单学科思维可能存有的片面之处，更好地从实体法和程序法一体化层面达至最佳的法律效果和社会效果。笔者这里着重从“说理”的视角，谈谈品读《刑事诉讼原理》的粗浅感受，不当之处，敬请诸位方家指教。

【法治践行之思】

“各行其是”还是“双向互动”

在等待苏力教授大作面世的过程中，王亚新教授给笔者寄来了其和陈航平、刘君博新近出版的《中国民事诉讼法重点讲义》（高等教育出版社 2017 年版）。在此过程中，苏力教授“各行其是”的译著名称不时地在脑际萦绕，也促发笔者从司法改革的角度来体会和阅读该书。

一、跟踪再现司法改革。该书在相关章节中对近年来推出的若干司法改革举措进行或详或略的概述，具体包括：

1. 立案登记制改革。第三章“审判主体（一）：受理范围”第二节“对民事案件受理范围的一般理解”的“延伸讨论：我国民事案件受理范围及数量的历史变迁”指出，“自 2015 年 5 月 1 日起，我国法院的案件受理开始实行以‘立案审查制’向‘立案登记制’转换的改革，当年的民事一审案件受理数即首次突破‘一千万件’大关。今后的民事一审案件受理数将会如何推移或出现怎样的发展趋势，依然值得高度关注”（第 32 页）；第三节“有关受理范围的解释论问题”的“延伸讨论”又专门设题“所谓‘告状难’现象与立案登记制”（第 35 ~ 37 页）。

2. 人民陪审员制度改革。第四章“审判主体（三）：审判组织、回避”第一节“审判组织”指出，“人民陪审制的改革也成为自2013年以来全面展开的司法改革的一个重要环节。经全国人大常委会授权，2015年4月，最高人民法院、司法部颁布了《人民陪审员制度改革试点方案》。其内容包括如放宽陪审员选任条件、扩大参审范围和完善选任程序、建立陪审员退出和惩戒机制并为其切实提供履职保障，等等。此后，最高人民法院在全国选择了10个省和直辖市进行陪审制改革的试点，总结经验后将逐渐推广展开”（第64页）。

3. 民事审判方式改革。第七章“证明”第一节“证明的过程”的“延伸讨论：民事审判方式改革”部分，对民事审判方式改革的历史过程、审判与调解的关系、实际改革效果等方面进行了论述（第93~94页）。

4. 示范诉讼。第十章“代表人诉讼”第一节“人数确定的代表人诉讼”的“延伸讨论：司法实践中处理群体纠纷的多种方式”指出，“在众多相互关联的案件都涉及某个或某些比较新颖的法律问题时，司法实践中还出现了相当于‘示范诉讼’等处理群体性纠纷的尝试。例如有关物业、供暖、小额信贷或通信等公共服务收费而在供应商和众多消费者之间发生的纠纷，虽然以分别起诉方式被法院受理，其结果却可能形成被称为‘系列案件’或‘串案’的大批案件。对于这些案件，法院只要解决其中少数或部分案件，其结论或解决方案就可能为之后处理相类似的众多案件带来示范效应”（第145~146页）。

5. 公益诉讼。第十章“代表人诉讼”专列第三节对“公益诉讼”进行论述，包括“公益诉讼的概念与第55条的立法背景”“第55条的程序结构及解释适用”“延伸讨论：作为第55条立法背景的司法实务动向”（第154～159页）。

6. 家事审判。第十二章“保全、强制措施、诉讼费用”第二节“行为保全与先予执行”的“延伸讨论”专门就“反家暴法规定的‘人身安全保护令’”进行分析（第191～193页）。

7. 知识产权法院设置。第十四章“简易程序、小额程序、调解”第二节“小额程序”的“延伸讨论：‘程序分化’广义的概念及其走向”指出，“司法实践中法院系统早已开始设置知识产权审判庭，或者尝试对于这类案件采取民事诉讼、行政诉讼和刑事审判‘三审合一’等新的程序形态进行审理。2014年以来，根据‘顶层设计’的改革方案，在若干大城市设立专门的知识产权法院，也都可作为程序分化的一种反映或体现”（第237页）。

8. 裁判文书公开制度改革。第十五章“裁判：判决与裁定等”第一节“裁判的形式和种类”的“延伸讨论：裁判文书的公开”对裁判文书公开制度改革的历程进行了概述，“2010年以后，随着司法公开原则得到高度重视和相关技术条件的改善，在最高人民法院的部署下，各地一些法院积极探索裁判文书上网向社会一般公开的途径。2013年7月，最高人民法院发布《最高人民法院裁判文书上网公布暂行办法》，宣告其作出的所有裁判文书原则上都将在中国裁判文书网上公布。接下来，最高人民法院又于2013年11月重新发布了《关于人民法院在互联网公布裁判文书的规定》（原来的规定于2010年发布），要求全国各级法院自2014年1月1日起开始全面实施裁判文书上网。2016年8月，最高人民法院再次发布在互联网公布裁判文书的规定，对若干技术性问题做了进一步明确”（第252页）[①]，等等。

二、评价反思司法改革。该书部分章节针对相关司法改革举措的具体内容及实际效果，或指出不足与问题之所在，或表明自己不认同的观点，或提出建设性主张或者方案。举例如下：

1. 关于级别管辖调整。第四章“审判主体（二）：管辖”第二节“我国管辖制度上的基本概念”中“级别管辖”指出，“我国的级别管辖制度主要体现了一种比较‘重要的’第一审民商事案件交给更高级别的法院去受理和审理的慎重态度。这与在我国法院的级别越高，人力物力及专业技能等资源的配置投入就更集中，其审判的质量也更易得到信任的一般情况相一致（第42页）。

2. 关于审判管理改革。第四章“审判主体（三）：审判组织、回避”的“延伸讨论：我国民事诉讼特定语境下的‘程序与组织’”指出，“从2005年到2012年左右，作为整个法院系统的司法政策，以‘审判管理’为名，法院组织出现了加强对法官个人作用进行控制的趋势。这样的趋势到2013年以后因‘顶层设计’而展开的新一轮司法改革没有持续下去（第62页）。

---

① 2010年11月21日最高人民法院发布的《关于人民法院在互联网公布裁判文书的规定》（法发〔2010〕48号）属于非司法解释类文件；2013年11月13日最高人民法院通过的《关于人民法院在互联网公布裁判文书的规定》（法释〔2013〕26号）属于司法解释类文件，其第十五条规定，“本规定自2014年1月1日起实施。最高人民法院2010年11月8日制定的《关于人民法院在互联网公布裁判文书的规定》（法发〔2010〕48号同时废止。最高人民法院以前发布的司法解释和规范性文件与本规定不一致的，以本规定为准”；2016年7月25日最高人民法院通过的《关于人民法院在互联网公布裁判文书的规定》（法释〔2016〕19号）仍属于司法解释类文件，其第十八条规定，“本规定自2016年10月1日起施行。最高人民法院以前发布的司法解释和规范性文件与本规定不一致的，以本规定为准”。需指出的是，根据2007年4月1日起施行的最高人民法院《关于司法解释工作的规定》第六条的规定，“司法解释的形式分为‘解释’、‘规定’、‘批复’和‘决定’四种……修改或者废止司法解释，采用‘决定’的形式”，显然，2013年和2016年两个同名司法解释之间的关系，与2007年司法解释第六条的规定存在不协调之处。

3. 关于应诉管辖新规定。第四章“审判主体（二）：管辖”第三节“管辖程序操作的动态过程”的“管辖权异议及其处理程序”提到如下疑问：被告在答辩期内既未应诉答辩，也没有提出管辖异议，直到开庭时才作出回应，是否构成2012年新修订《民事诉讼法》时新增加的“应诉管辖”？对此，可以有肯定或否定两种解释。《最高人民法院关于适用〈中华人民共和国民事诉讼法〉的解释》（法释〔2020〕20号）采用否定的观点，即第三十五条规定，“当事人在答辩期间届满后未应诉答辩，人民法院在一审开庭前，发现案件不属于本院管辖的，应当裁定移送有管辖权的人民法院”。而该书赞成肯定观点，即若被告在答辩期内无任何回应，此后也不主张自己是因某种正当的理由才未能在规定期限内提出管辖权异议的话，则应诉管辖这一法律效果的发生，与被告在答辩期内应诉答辩但不提出管辖异议的情况（《民事诉讼法》第一百二十七条第二款）并无两样（第53页）。

三、学术引领司法改革。该书除关注已经出台的司法改革举措外，还立足于我国法院及审判实际，或提出未来进一步的改革方向和立法建议，或提出需要（民事诉讼）法学界和实务界共同继续关注和努力研究的改革课题，具体包括：

1. 针对“受理难”。第三章“审判主体（一）：受理范围”第三节“有关受理范围的解释论问题”指出，“考虑到政治、经济、社会等各方面宏观的制约条件，所谓‘告状难’现象及公众对此的不满是否已经一劳永逸地得到消解，可能还需要在一个较长的时期内继续观察。无论如何，作为今后努力的方向，民事诉讼法学研究仍应当努力去厘清‘缠结’在一起的法律外种种制约因素与法律解释论点，并以此为基础在法律解释论上形成更为精巧的观点理论，争取为司法实务的解释适用提供相对有效的工具，从而为彻底解决‘告状难’等问题提供坚实的理论基础”（第 37 页）。

2. 关于程序多元与分化。第七章“证明”第三节“举证责任及其在当事人之间的分配”指出，“德国在婚姻家庭法领域实行‘实体真实’的原则，在真伪不明的情况下不允许以分配举证责任或追究证明妨碍等方法来决胜负。驳回亲子关系不存在的主张既有优先保护子女利益的含义，也允许当事人在能够取得对方同意实施亲子鉴定等情况变化时重新提起诉讼再次主张亲子关系不存在。我国目前并未把家事程序从普通诉讼程序中分化出台单独作为一类特殊的程序，也没有实行与一般程序相区别的诉讼原则，但将来如果在程序设计上有类似改动的话，上述的实务运作亦不排除存在变化的可能”（第 111 页）。

3. 关于案件审理的“分合”。第九章“共同诉讼”第一节“必要共同诉讼与普通共同诉讼”指出，“法院作为对法律进行解释适用的权威机关，在是否采用普通共同诉讼的方式来处理案件这个问题上，其居于主导地位也可以说存在着相当程度的正当性。关键在于，法院作出这样的决定能否建立在一套合理的、稳定且具有可预期性之规则的基础上？在这方面，我国目前的状况看来不很乐观。迄今为止，我国民事诉讼法学界在该领域内的研究积累仍很有限，尚未就如何识别普通共同诉讼形成得到广泛承认的标准。而在司法实务中，法院决定案件‘分合’的裁量范围过于宽泛，且往往受到办案数量指标等外在管理因素的影响，存在着尽量把可能分立的案件分拆为若干个诉讼程序去分别处理的倾向。要改变这样的现状，学术界和实务界有必要相互交流，共同努力，可能还需要一段不短的时间”（第 128 页）。

4. 关于共同诉讼与无独立请求权第三人的界限与转化。第十一章“第三人参加诉讼”第二节“无独立请求权的第三人”的“延伸讨论：无独立请求权的第三人与共同诉讼等其他复杂诉讼形态的关联”指出，

“至于如何划定共同诉讼与无独立请求权第三人之间的界限和设定可能相互转化的空间，则需要结合具体的案件类型展开更为精细的解释论。由于我国学界和实务界还未能就这些问题进行充分的研究和讨论，也没有形成有广泛共识的操作规范，这种解释论的展开只能留待今后作为民诉法学界的共同课题了”（第 176 页）。

5. 关于诉的利益。第十三章“第一审普通程序”第一节“立案程序：起诉与受理”的“延伸讨论：诉的利益”指出，“我国民事诉讼法学界对于‘诉的利益’已经有一定的研究积累……不过，关于这个概念的确切含义、内涵、外延以及司法实务中应如何操作运用，目前还不存在广泛的共识……对于不符合这些要件的案件，在程序上究竟采用不予受理的裁定、驳回起诉的裁定还是判决驳回诉讼请求，至今也不存在任何明确的标准或解释论上的指引。此类问题都有待于民事诉讼法学界研究的进展和实务界的努力，才有可能逐步获得解决”（第 206 页）。

6. 关于“送达难”。第十三章“第一审普通程序”第二节“审理前的准备”指出，“关于如何解决‘送达难’的问题，通过深化程序法解释论的研究，进一步明确法院和当事人各自的权能及责任，将构成一种必要的途径（第 208 页）。

7. 关于民事诉讼模式。第十四章“简易程序、小额程序、调解”第三节“调解”的“延伸讨论：从‘调解型’到‘审判庭’的诉讼模式变迁”指出，“‘调解型’和‘审判/判决型’作为两种理论模型，各有其优点和缺点。不过，在改革开放带来我国社会条件根本变化的背景下，民事诉讼逐渐从前一模型向后者转型已然成为法学界和实务界的共识。今后，如何在基本为‘审判/判决型’的诉讼模式中引入‘调解型’的优点，应当作为民事诉讼法学研究努力的一个方向”（第 245 页）。

8. 上诉审理模式。第十六章“第二审程序的审理”第一节“上诉的提起与受理”的“延伸讨论：关于二审（上诉审）审理模式的理论分类”指出，“就统一司法而言，目前我国主要通过最高人民法院发布司法解释（有‘解释’‘批复’‘规定’等形式），由最高人民法院相关庭室编撰司法解释的理解与适用、典型案例等书籍，从全国各级法院已生效的裁判文书遴选并发布‘指导性案例’等办法来统一全国各法院的法律解释适用。各地方高院、中院也会根据需要制定在本辖区适用的规范性文件……有鉴于此，近些年来有关改两审终审制为裁量或许可型的三审终审制、设立专门的法律审等主张日渐成为理论界和实务界的共识”（第267页）。

9. 关于民事程序非讼化。第十八章“非讼程序”第一节“非讼程序概述”的“延伸讨论：司法解释中的非讼程序及可能的‘非讼化’趋势”指出，“关于程序从诉讼审判向‘非讼化’发展的方向及其限度，在我国语境下还有必要与特定法律领域的程序分化起来加以考虑。非讼化的趋势在今后的立法中得到体现的可能性大小，将取决于程序分化的程度”（第306页）。

综上，该书除在编写内容、组织架构（如以“组织和程序”为红线，专设“延伸讨论”）、编辑技术（如引入参考文献的二维码）等诸多方面均有创新之处外（封底的“颠覆既成框架的民诉教材”及“以别出心裁的体例样式，回归最大公约数的共识”评价名副其实），显然又是一本蕴含司法改革因子和富有司法改革意识的学术专著，是宣传司法改革的有效平台，是建言司法改革的重要载体。

此外，该书在某种程度上也是实务界和法学界“双向互动”的重要见证。苏力教授针对我国当下法学界与法院整体层面的关系，开出的“药方”是双向调整和改变，即“中国法学人应调整自己研究的问题和研究问题的方式，研究问题所用的学术理论资源和资料”（理由是，

“不关注法院系统面对问题的法学，最终一定会失去法院的青睐”），而“各级法院的至少一部分法官，无论在审判、管理还是政策研究岗位上，特别是司法改革规划者和推行者……不但适度地调整其知识需求和储备，更能把自己长期身在中国法院这座山中的观察和经验，即便是很不入眼的经验，全都纳入一种社会科学的系统思考和分析”。①

令人欣喜的是，该书的出版，可谓为改变此种局面率先作出了榜样，王教授在第一章“本书的构成与使用说明”中的如下论述，“对于民事诉讼法学教育来说，一方面，这个趋势（裁判文书网公布海量的民事判决书、裁定书和决定书——引者注）使得教材写作和教学方法无须再如从前那样不得不高度依赖‘转述’比较法上的相关知识，依托海量的案例等素材，程序法的专业叙事和讲述都可以更多地源自本土的实务资源，能够更加自如地在中国语境内分析讨论我国司法实践的‘真实世界’中存在的真实问题。另一方面，如何立足于这种资源并最大限度地利用实际案例的素材，却又构成了旨在面向司法实践‘接上地气’的诉讼法教学今后必须解决的重要课题”，可以说就是对苏力的“中国法学人期待”的具体回应——至少从司法改革的维度，接下来同样需要付诸行动的是，实务界切实对苏力的“法官期待”的践履，具体落实到每个案件的审理、每份裁判文书的制作、每个司法改革方案的出台。

---

① 参见苏力：《司法改革的知识需求——波斯纳〈各行其是〉中文版译序》，载《法治现代化研究》2017年第1期。

“隐身在场”的立法者不轻易“现身出场”

“法学的知识分子，作为‘知识分子’，需要多想，否则也恰恰没有实现自己的社会分工性的‘身份认同’。在这个意义上，将‘务实性’往‘理论化’上推，然后将‘理论化’往‘批判性’上推，是有用的，而且是不可逃避的，这意味着需要将法律本身的内在立场问题揭示出来，对其深入讨论。而准确地说，这不会影响法治（法制）建设的向前推进，恰恰是为了其更为健康地推进”（前言第2页）。这是刘星教授在《法律的隐喻》（增订版，广西师范大学出版社2019年版）“前言”中有关“知识分子”社会担当和使命的一段话，让笔者印象深刻。刘教授正是秉持这一立场和认同，持续在法学田地耕耘，产出诸多积极推进法治（法制）建设的具有影响力的作品。此次“法学研究书系”（包括《法律的隐喻》（增订版）、《中国法律思想：故事与观念》（增订版）、《法学实践》（增订版）、《法律是什么：20世纪英美法理学批判阅读》（增订版）的出版就是明证。

《法律的隐喻》（增订版）的第一版面世于20年前（1999年），其间曾改名为《有产阶级的法律》出版。目前，该书共包括十五篇，即“‘法律审判’背后的谱系”“读《听来的故事》——掀开现代性法律的另一面”“从《水浒》的翻译看”“小额官司——几类思考的理路”“‘法学家’在近代”“民国法学家的‘一种生活’和其法学”“村学乡学——一种乡村制度的话语构建”“域外沉默权一瞥”“法律科学?”

“法律话语与法律活动的关系”等。正如刘教授所言，“每篇文章，相互之间，是有逻辑联系的，一方面是意思的层层深入，另一方面是问题的逐渐展开”“说明了一个意思，或者解释了一个想法，不意味着就一定解决了问题，因为，其可能恰恰会引出新的问题，而对于知识理解来说，新问题的呈现，又是重要的，在法律领域里这可能是更有启发性的；而如果可以将每篇文章的意思联系起来，看见思考的相互性，问题的相互性，这就有价值了”（前言第5页）。这些篇章结合诸多“事例”、采用较为轻松的叙事方法，对于我们理解“书本上的法律”与“行动中的法律”的关系、法律的阶级性、法律与权力的关系、法律的科学性、法律话语与法律行动/实践的勾连、沉默权、法律规则与法律原则的关系、法律的现代性、法律的地方性、法律的解释方法等无疑都有着“法理启蒙”的效用。

此次阅读过程恰好助益于笔者当下正在思考的一个问题：2018年修订前《人民检察院组织法》第三条第二款规定：“各级人民检察院设立检察委员会。检察委员会实行民主集中制，在检察长的主持下，讨论决定重大案件和其他重大问题。如果检察长在重大问题上不同意多数人的决定，可以报请本级人民代表大会常务委员会决定。”2018年修订后《人民检察院组织法》第三十二条规定：“……检察委员会会议由检察长或者检察长委托的副检察长主持。检察委员会实行民主集中制。地方各级人民检察院的检察长不同意本院检察委员会多数人的意见，属于办理案件的，可以报请上一级人民检察院决定；属于重大事项的，可以报请上一级人民检察院或者本级人民代表大会常务委员会决定。”而2018年修订前《人民法院组织法》第十条第一款规定：“各级人民法院设立审判委员会，实行民主集中制”；第三款规定：“各级人民法院审判委员会会议由院长主持，本级人民检察院检察长可以列席。”2018年修订后

《人民法院组织法》第三十八条第二款规定：“审判委员会会议由院长或者院长委托的副院长主持。审判委员会实行民主集中制。”比较人民法院和人民检察院组织法的前述相关规定就可发现，立法者针对检察委员会民主集中制运行过程中检察长与检察委员会多数人意见不一致的情况作出了对策性安排，而对审判委员会民主集中制运行过程中院长与审判委员会多数意见不一致的情况保持“沉默”。那么，2018 年修订的组织法为何对落实民主集中制原则过程中法院院长与审判委员会的关系、检察院检察长与检察委员会的关系作出不同的制度安排，法理依据何在？

刘教授在该文中将当下对“知假打假者”是否属于《消费者权益保护法》第四十九条的“消费者”的解释，分为两大类：一类是“大众平民式”的法律话语释放，一类是“法学精英式”的法律话语释放，并对二者的复杂多维关系及各自的理据进行了深入的论证，最后引申出如下结论，“在法律解释的活动上，不仅法学精英式的话语释放和大众平民式的话语释放是平等的，有时，我们更应让后者‘领导’前者（第 123 ~ 141 页）。显然，确如他所言，“说明了一个意思，或者解释了一个想法，不意味着就一定解决了问题，因为，其可能恰恰会引出新的问题”。

就我国当下的法律解释体制而言，此种解决机制也是见之于法律文本和法律实践之中的。1981 年 6 月 10 日全国人大常委会通过的《关于加强法律解释工作的决议》规定，“凡属于法院审判工作中具体应用法律、法令的问题，由最高人民法院进行解释。凡属于检察院检察工作中具体应用法律、法令的问题，由最高人民检察院进行解释。最高人民法院和最高人民检察院的解释如果有原则性的分歧，报请全国人民代表大会常务委员会解释或决定”。实践中，最高人民法院、最高人民检察院就某一法律适用问题的解释出现分歧，是间或出现的。举例如下：

1. 针对刑法第十七条第二款如何理解，2003 年 4 月 18 日最高人民检察院法律政策研究室《关于相对刑事责任年龄的人承担刑事责任范围有关问题的答复》规定，“相对刑事责任年龄的人实施了刑法第二百六十九条规定的行为的，应当依照刑法第二百六十三条的规定，以抢劫罪追究刑事责任”，而2006年1月11日最高人民法院《关于审理未成年人刑事案件具体应用法律若干问题的解释》第十条第一款规定，“已满十四周岁不满十六周岁的人盗窃、诈骗、抢夺他人财物的，为窝藏赃物、抗拒抓捕或者毁灭罪证，当场使用暴力，故意伤害致人重伤或者死亡，或者故意杀人的，应当分别以故意伤害罪或者故意杀人罪定罪处罚”，不以抢劫罪追究刑事责任。

2. 针对单位有关人员组织实施刑法分则规定只能由自然人实施的犯罪如何处理，2002年8月13日，最高人民检察院《关于单位有关人员组织实施盗窃行为如何适用法律问题的批复》规定，“单位有关人员为谋取单位利益组织实施盗窃行为，情节严重的，应当依照刑法第二百六十四条的规定以盗窃罪追究直接责任人员的刑事责任”，而最高人民法院认为，对单位有关人员为谋取本单位利益组织实施盗窃行为，以自然人犯罪追究直接责任人员刑事责任的做法违反法律规定[①]。

3. 针对刑法第三百八十四条挪用公款归个人使用含义如何理解，2001年10月17日最高人民法院《关于如何认定挪用公款归个人使用有关问题的解释》第一条规定，“国家工作人员利用职务上的便利，以个人名义将公款借给其他自然人或者不具有法人资格的私营独资企业、私营合伙企业等使用的，属于挪用公款归个人使用”；第二条规定，“国家工作人员利用职务上的便利，为谋取个人利益，以个人名义将公款借给

---

① 参见周道鸾、张军主编：《刑法罪名精释》（第3版），人民法院出版社2007年版，第508～509页。

其他单位使用的，属于挪用公款归个人使用”，而最高人民检察院对此解释存在疑问[1]，等等。

针对前述部分分歧，全国人大常委会通过立法解释作出了回应，例如，1. 针对前述有关单位犯罪理解的分歧，2014 年 4 月 24 日全国人大常委会《关于〈中华人民共和国刑法〉第三十条的解释》规定，“公司、企业、事业单位、机关、团体等单位实施刑法规定的危害社会的行为，刑法分则和其他法律未规定追究单位的刑事责任的，对组织、策划、实施该危害社会行为的人依法追究刑事责任”。2. 针对挪用公款归个人使用理解的分歧，2002 年 4 月 28 日《关于〈中华人民共和国刑法〉第三百八十四条第一款的解释》规定，“有下列情形之一的，属于挪用公款‘归个人使用’：（一）将公款供本人、亲友或者其他自然人使用的；（二）以个人名义将公款供其他单位使用的；（三）个人决定以单位名义将公款供其他单位使用，谋取个人利益的”。从法教义学而言，既然现行《宪法》第六十七条规定“全国人民代表大会常务委员会行使下列职权：……（四）解释法律……”和《立法法》第四十五条规定“法律解释权属于全国人民代表大会常务委员会。法律有以下情况之一的，由全国人民代表大会常务委员会解释：（一）法律的规定需要进一步明确具体含义的；（二）法律制定后出现新的情况，需要明确适用法律依据的”，均将法律解释权赋予全国人大常委会行使。

最后，就个案裁判中的法律适用解释争议而言，还是应由司法者穷尽现行立法者设置安排的司法程序来加以解决，而“隐身在场”的立法者不宜轻易“现身出场”。

---

① 参见张明楷：《立法解释的疑问——以刑法立法解释为中心》，载《清华法学》2007 年第 1 期。

指导性案例制度的生命力有赖于立法支撑

“法律的生命力在于实施，法律的权威也在于实施。”① 与此同理，一项创新制度的生命力也在于实施。应当说，案例指导制度无疑是司法体制改革进程中具有创新性的一项具有中国特色的重要司法制度。若以2010年最高人民法院出台《关于案例指导工作的规定》为其诞生标志，该制度的运行实施至今已有十余年。其间，2011年最高人民法院发布第一批指导性案例（2021年7月15日发布第28批，累计共162个指导性案例）、2014年党的十八届四中全会提出“加强和规范司法解释和案例指导，统一法律适用标准”、2015年最高人民法院出台《〈关于案例指导工作的规定〉实施细则》、2017年最高人民法院推行“类案与关联案件检索”，等等，均不同程度地规范和促进了该制度的运行实施。但是，有关实证研究表明，“案例指导的实践效果远低于制度初创时部分研究者的乐观估计和制度制定者的愿景”②。为何如此，原因可能是多方面的，既有宏观层面的体制性原因，例如，案例指导制度意图在成文

① 《关于全面推进依法治国若干重大问题的决定》，2014年10月23日中国共产党第十八届中央委员会第四次全体会议通过。

② 参见秦宗文、严正华：《刑事案例指导运行实证研究》，载《法制与社会发展》2015年第4期。

法体制中结合判例法因素是否可行①，亦有中观层面的制度设计原因，例如，指导性案例的“行政化”（即层报 + 遴选 + 审判委员会讨论通过）而非“司法化”（即类似于判例法系中判例因审级制度而自动形成）生成机制影响指导性案例的生成数量，指导性案例“应当参照”的效力定位尚存模糊之处（“应当”与“参照”的组合存有内在冲突），还有微观层面的制度细节与技术操作原因，例如，指导性案例“应当参照”而未参照如何规制②，参照过程中如何识别待决案件与指导性案例之间的相似性，等等。

近日拜读的孙光宁教授领头研究而成的专著《指导性案例如何参照：历史经验与现实应用》（知识产权出版社 2020 年版），可以说是从“细节—技术”维度来关注案例指导制度运行实施并提出具有实操性建议意见的佳作。该著作始终围绕指导性案例如何参照这一具体操作技术问题来展开研究，共分 10 章，即“指导性案例援引技术的制度规定及其反思”“英美法系先例援引技术及其对案例指导制度的启示”“大陆法系判例援引技术及其对案例指导制度的启示”“中国古代判例援引技术及其对案例指导制度的启示”“援引指导性案例的基本现状与完善方向”“援引指导性案例中的隐性参照及其改造”“区别技术在援引指导性案例中的实践及其改进”“参照指导性案例的技术流程（一）：考察关键事实”“参照指导性案例的技术流程（二）：分析法律规范”“参照指导性案例

---

① 苏永钦教授在“法学的想象——大陆法系法学突破困境的议程设定”讲座中谈道，“两大法系的差异存在于每个环节、整个思维，我们可以做一些插枝性的移植，但不可能作整体性的改变。我们没有办法放弃大陆法系的这种思维，因为我们整体的法制是建立在这种传统之上的”，2020 年 5 月 11 日。

② 按照刘练军教授的观点，《关于案例指导工作的规定》有关“应当参照”规定属于“欠缺法律后果”的不完全条款。参见刘练军：《新〈法官法〉和〈检察官法〉之规范属性刍议》，载《法学评论》2020 年第 3 期。

的技术流程（三）：裁判文书说理论证”。

基于当下正在研究起草有关规范类案检索的司法文件之故，该专著有关指导性案例的效力定位与保障措施（第111～116页）的相关论述：“只有通过责任追究机制等强制性手段——违背回应义务将产生判决被推翻的风险以及对法官的消极评价，才能保证法官主动履行论证与说明的义务，让作为‘理性经济人’的法官在成本与效益规则的驱使下作出理性选择”（第116页）；“如果法官对其他诉讼参与人提出适用指导性案例的情况不予回应，提出请求者可以向法官惩戒委员会进行投诉。在查实后，该委员会应当给予主审法官相应的惩戒”（第126页）；“更加有效的措施则是将指导性案例的适用作为法律适用的基本情况之一，凡是该引不引、不当引用等情况都属于法律适用不当的类型，上诉法院可以以此为由发回重审或者直接改判”（第126页）；“指导性案例能否作为上诉或者申诉的独立理由，应当援引而未援引指导性案例应当承担何种责任等，这些技术性规定事关指导性案例的基本效力和实践运作中的重大问题，应当在将来更新实施细则时重点关注”（第155页）；“在回应律师意见上进行细化规定（尤其是针对法官规定明确的责任和义务）是进一步激活案例指导制度的关键点，有助于在审判过程中大规模引入指导性案例”（第160页），等等，无疑更易引起笔者的追溯式回忆和阅读兴趣。

如何在现有法律框架下确保有关制度的生命力和执行力，往往是相关文件起草过程中颇费心思的难点、焦点和争点。无论是《关于案例指导工作的规定（稿）》，还是《关于加强和规范裁判文书释法说理的指导意见（稿）》，抑或是《关于类案检索促进法律适用统一的指导意见（稿）》，均存在如何提高和强化制度“刚性”或者“约束力”的问题。

以加强和规范裁判文书说理的司法文件为[①]例，《最高人民法院关于规范裁判文书说理工作的若干规定（初稿）》（2015 年 12 月 6 日）规定："因故意或重大过失的违法审判行为导致裁判文书说理存在严重问题的，承担违法审判责任"；《最高人民法院关于人民法院裁判文书说理的若干规定（征求各高院及本院业务部门意见稿）》（2016 年 12 月 13 日）规定："法官应当依照法律、司法解释等规定，履行裁判文书说理义务，受法律保障并承担相关责任"；《最高人民法院关于人民法院裁判文书说理若干问题的意见（征求本院业务部门意见稿）》（2017 年 9 月 11 日）规定："法官违反规定不履行裁判文书说理义务或者在说理工作中发生重大过错造成严重社会影响的，应当依法承担责任"；《最高人民法院关于人民法院裁判文书说理若干问题的意见（提交讨论稿）》（2018 年 2 月 19 日）规定："法官故意违反规定不履行裁判文书说理职责，或者裁判文书说理存在重大过失，造成严重后果，构成违法审判的，应当依照有关规定追究责任"；《最高人民法院关于加强和规范裁判文书释法说理的指导意见（最终稿）》（2018 年 4 月 17 日）及正式发布的文件未再对此作出规定。之所以这样的条款未能出现在最终文本之中，是因为其合法性不足，欠缺明确的法律依据。

就案例指导的司法文件而言，指导性案例的效力定位问题一直是整个起草过程中的核心关键问题。最高人民法院曾经提出过将指导性案例作为司法解释一种形式进而赋予其法律效力的设想，未能得到立法机关工作部门的同意。随后，该文件的起草思路开始围绕指导性案例不具有直接的法律效力、不是正式的法律渊源来进行。在此过程中，为了强化

① 参见刘树德：《无理不成"书"——裁判文书说理 23 讲》，中国检察出版社 2020 年版，第 383～425 页。

指导性案例的约束力，承办部门曾经分阶段地作出过以下设计方案：

首先，“程序性后果”思路。根据当时的有关诉讼法规定，即2017年修正的《民事诉讼法》第一百七十条，“第二审人民法院对上诉案件，经过审理，按照下列情形，分别处理：……（二）原判决、裁定认定事实错误或者适用法律错误的，以判决、裁定方式依法改判、撤销或者变更；（三）原判决认定基本事实不清的，裁定撤销原判决，发回原审人民法院重审，或者查清事实后改判；（四）原判决遗漏当事人或者违法缺席判决等严重违反法定程序的，裁定撤销原判决，发回原审人民法院重审”；第二百条规定，“当事人的申请符合下列情形之一的，人民法院应当再审：……（六）原判决、裁定适用法律确有错误的；……（九）违反法律规定，剥夺当事人辩论权利的……”；2017年修正的《行政诉讼法》第八十九条第一款规定，“人民法院审理上诉案件，按照下列情形，分别处理：……（二）原判决、裁定认定事实错误或者适用法律、法规错误的，依法改判、撤销或者变更；（三）原判决认定基本事实不清、证据不足的，发回原审人民法院重审，或者查清事实后改判；（四）原判决遗漏当事人或者违法缺席判决等严重违反法定程序的，裁定撤销原判决，发回原审人民法院重审”；第九十一条规定，“当事人的申请符合下列情形之一的，人民法院应当再审：……（四）原判决、裁定适用法律、法规确有错误的；（五）违反法律规定的诉讼程序，可能影响公正审判的……”；2018年修正的《刑事诉讼法》第二百三十六条规定：“第二审人民法院对不服第一审判决的上诉、抗诉案件，经过审理后，应当按照下列情形分别处理：……（二）原判决认定事实没有错误，但适用法律有错误，或者量刑不当的，应当改判；（三）原判决事实不清楚或者证据不足的，可以在查清事实后改判；也可以裁定撤销原判，发回原审人民法院重新审判”；第二百三十八条规定：“第二审人民法院发现第一审人民法院的审理有下列违反法律规定的诉讼程序的情形之一的，应当裁定撤销原判，发回原审人民法院重新审判：……（三）剥夺或者限制了当事人的法定诉讼权利，可能影响公正审判的；……（五）其他违反法律规定的诉讼程序，可能影响公正审判的"；第二百五十三条规定，"当事人及其法定代理人、近亲属的申诉符合下列情形之一的，人民法院应当重新审判：……（三）原判决、裁定适用法律确有错误的；（四）违反法律规定的诉讼程序，可能影响公正审判的……"一审或者原审法官在审理类似案件时未参照指导性案例的，二审或者再审法院可以将其作为改判或者发回重审的理由。此种力图引入"程序性后果"的思路，争议依然较大，肯定方持类似这样的观点，"法官一旦忽视了当事人的诉求，从程序上来说，应当成为发回重审的理由"，[1] 否定方持这样的理由：应当参照而未参照指导性案例，未必导致认定事实错误或适用法律错误，二者之间没有必然联系。

其次，"审判工作管理"思路。既然最高人民法院创设案例指导制度力图实现"统一法律适用、提高审判效率、提升法官素质、维护司法权威"的目标，那么各级法院从审判工作管理的角度就应当要求法官在审理类似案件时参照指导性案例，并引入奖惩机制。

最后，"法官伦理操守"思路。无论是法官职业伦理准则还是法官行为规范，均要求法官公正司法。换言之，公正司法是法官必须履行的道德义务。既然审理类似案件时参照指导性案例是确保同案同判、实现司法公正的重要途径，那么无论法官主动援引参照还是被动回应参照（艾森伯格说，"法院没有义务服从律师，但是他们有义务对律师的必要请求予以回应"，第115页）指导性案例，均是履行道德义务（乃至

---

① 参见彭中礼：《司法判决中的指导性案例》，载《中国法学》2017年第6期。

法律义务）的具体表现。

从制度“刚性”角度而言，前述三种思路是逐级递减的。受合法性原则的制约，案例指导制度生命力的“临门一脚”或者“华丽转身”，无疑仰赖于立法者通过谨酌慎思的最终决断、修改诉讼法来完成与支撑①。对此，同属大陆法系的日本立法例值得借鉴，《民事诉讼法》第三百一十八条（上告受理的申请）规定：“当上告的法院为最高裁判所时，最高裁判所对于原判决作出了与最高裁判所先前的判决相反的判断（在没有最高裁判所判例的情况下，有违反大审院的判例或者作为上告法院、控诉法院为高等裁判所的判例的情况），或者违反对其他法令的解释主要内容的，可以作为上告审案件受理”；《刑事诉讼法》第四百零五条规定：“对于高等裁判所的第一、二审判决具有以下事由的，可以提出上告（上告是指向最高裁判所的上诉）……（二）作出与最高裁判所判例相反的判断的；（三）在没有最高裁判所判例的情况下，有违反大审院或者作为上告法院的高等裁判所的判例，以及本法施行后违反作为控诉法院的高等裁判所的判例”。

① 参见刘树德：《司法改革：小问题与大方向》，法律出版社2012年版，第63页。

理解是接受的基础

2010年《最高人民法院关于加强案例工作的规定》正式推出案例指导制度，2014年《关于全面推进依法治国若干重大问题的决定》再次强调“加强和规范司法解释和案例指导，统一法律适用标准”。如何评估案例指导制度的运行效果，如何加强和完善案例指导制度，等等，近些年一直受到理论界和实务界的关注。基于本人先前直接参与此项制度设计的调查研究、起草论证工作，笔者曾未间断地关注学术界这方面的研究成果和司法实务部门推出的最新相关举措，并继续秉持“用理论指导实践，以实践促进理论”的路径从事案例指导制度改革完善与理论研究工作。

正是缘于此，当笔者知悉正在中国应用法学研究所从事博士后研究工作的高尚博士对案例指导制度研究素有专攻之际，就开始不时地与其探讨交流裁判文书释法说理改革、规范类案检索工作等方面话题，并请其针对有关规范性文件的起草提出建议意见，获益颇丰。此次拜读她赠送的《德国判例使用方法研究》（法律出版社2019年版）佳作，笔者更是消除了许多深藏已久的疑惑。

针对该书的学术价值和实践效用，张琪教授和胡云腾大法官均已作了积极评价，无需笔者再赘言，“该书在掌握德国判例制度一手研究资料基础上，不仅从制度架构的角度分析判例制度在德国法中的定位，而且深入到其判例制度的内部，从大陆法系法教义学的角度探讨判例制度对于法教义学的内部证成和外部证成的意义，从而将判例制度与德国的法教义学结合起来。同时，该书系统、细致分析了判例在德国法中的功能，并通过个案研究展现了判例制度的具体运用”（序一第2页）；“本书对于厘清德国判例制度在大陆法系国家的作用具有重要意义。作为国内文献中第一本以德国判例使用方法为主题的著作，作者把德国判例制度的方法论这一关键问题抽象出来进行专门探讨。作者对如何将演绎推理和类比方法结合进行法律论证，对如何从判例中抽取裁判规则以及对德国判例的作用特别是偏离判例的报告制度的介述等，看后都很有启发”（序二第2页）。

此处仅结合高尚博士“理解是接受的基础”（第243页）的论断，一方面认真回忆笔者先前在参与起草案例指导制度文件过程中存在的有关争议情况；另一方面仔细察知该部专著究竟在哪些方面起到“解惑释疑”并促进“理解”与“接受”的功效。

就前者而言，尽管当时参与座谈会者的发言或者有关部门的答复意见未能明确提出或者聚焦于如下的学术化命题：使用判例所依赖的类比推理方法是否与民法法系国家传统的演绎推理的方法论有所冲突？在三段论的演绎推理框架下，在哪个环节、有多大空间可以进行基于判例的类比推理？如果允许法官进行法律续造，演绎推理是否还是一个完整而闭合的体系框架？运用类比推理的前提和限度是什么，是否违反法律的可预期性原则？演绎推理作为一种逻辑推演，能否承受判例的类比推理方法和价值判断所带来的不确定性？（第68页）但亦确实直接或者间接地围绕若干核心问题展开论争，具体包括案例指导制度是否冲击我国现行体制中审判权与立法权的关系安排？案例指导制度与现行的司法解释制度是何种关系，是两者并存还是前者替代后者？指导性案例是否作为司法解释的一种形式，统一纳入司法解释制度体系？指导性案例被赋予法律效力，是否符合成文法传统？违背指导性案例的裁判规则，能否作为二审或者再审发回重审、改判的理由？案例指导制度的科学有效运行是否需要建立健全配套机制，包括调整四级法院审级功能、建立飞跃上诉制度、培训法官普通法/判例法思维，等等。可以说，2010 年《关于加强案例工作的规定》仅就能够达成共识之处作出了相应规定。

就后者而言，正如国内外学者所说，“只了解一个国家的人，实际上一个国家也不了解”“因为不考察一个国家与其他国家的区别，是不可能真正了解这个国家的”“了解外国，能够更好地了解本国；了解国外，也是为了更好地了解本国”[①]。与此同理，只了解中国案例指导制度的人，实际上连中国案例指导制度也不了解。因为不考察中国案例指导制度与其他国家判例制度尤其是以德、日为代表的大陆法系国家的判例制度，是不可能真正了解中国案例指导制度的。在笔者看来，高尚博士在该专著中经过认真辨析和深刻论证而总结、展示出的以下诸多资讯、命题或者主张，无疑有助于了解德国判例制度，进而助推更好地了解中国案例指导制度的过往、当下与未来。

1. 从判例在司法实践活动中的功能和作用来看，判例可以区分为三种类型：一是对成文法进行具体化的判例。此类判例意味着对法律的每一次适用都是一种内容上的增加，即通过法律规定文本的逐渐完善来对法律规范进行补充。二是补充立法的法官法。此类判例常见于对法律原则和不确定的法律概念的解释中，在个案中带来的修正法律的效果是通过“漏洞必须填补”得以证成的。三是对成文法进行修正的判例，此类判例在学理中存在，原则上在实践中往往被禁止（第 23 ~ 24 页）。

---

① 参见［意］戴维·奈尔肯编：《比较刑事司法论》，张明楷等译，清华大学出版社 2004 年版，译者前言第 7 页。

2. 关于除联邦宪法法院之外的其他五大法院系统中法院所作判决的性质，德国学界主要有以下观点：一是以卡尔·拉伦茨为代表的“事实约束力说”，认为判例并不是正式的法律渊源，应当被理解为法律的认识渊源；判例不具有直接强制法官予以援用的法律上或规范上的约束力，只在事实上享有强大的拘束力。二是克黑勒的“推定约束力说”，认为判例对于公民、行政机关和司法机关没有“真正意义的规范性”的约束效力；判例所具有的“推定的约束力”，即“容许背离判例，但须说理”的“说理义务的转换”；法官可以主张判例不符合眼前的新情况，甚至主张判例一开始就是错的，进而提出具有说服力的反对理由，但若法官无法提出具有说服力的反对理由来反对判例，那么判例就被推定为具有拘束力。三是比德林斯基的“辅助约束力说”，认为判例的效力“并不只对当前的案件，即并不只在当事人双方之间具有法律效力，而是关涉今后所有将采用同一论证的案件，更类似于一种介于制定法规则以及个案判决之间的一种具有间接抽象的高度”；判例的效力介于完全意义上的法律渊源与完全不具有法律意义之间，不仅具有事实上的拘束力，而且具有规范上的拘束力。四是费肯杰的“个案规范理论”，认为“个案规范”是一种技术意义上的法律命题，个案规范是法律的一种规则，可以把法律效果归类到待解答的案例事实上；个案规范对“其他、嗣后”发生而应该被评价为相同的案件，也有适用的可能性，也就是个案规范有其“将来效力”或者“扩张效力”（第 40 ~ 45 页）。

3. 判例在德国的使用可以化约为两个最核心的方法论问题：一是如何看待法教义学中演绎推理的局限性，以及判例制度能否作为对这一局限性的有效补充？此所谓判例在演绎推理中的必要与可能性问题；二是法教义学的演绎推理与判例制度的类比推理之间是否存在冲突，并应如何化解？此所谓方法论之融贯的问题（第 65 页）。

4. 判例在以三段论为基础的法律论证框架中分别在演绎推理的内部证成和外部证成两个环节中发挥作用：在内部证成环节，由于语词的概念边界需要得到清晰界定，因此判例为法律语词的解释，进而为法律推理中大前提的确定提供了一致性和确定性的保障；在外部证成环节，一方面法官在运用法律原则进行裁判时往往需要彼此参照，而判例为法律原则的一致使用提供了依准。另一方面判例为涵摄推理的结果提供了一种比较和参照，可以帮助法官对于法律结果进行正当性检验（第 64 ~65 页）。

5. 类比推理的逻辑困难就在于如何判断两个案件是否构成相似，如何区分类比推理和反向推理在案件的运用。对这一难题的应对要考虑以下方面：一是在比较点的选择中应当仅选择“关键性的事实要素”，亦即两者相同点的判断上需要满足实质性的原则，是对法律评价有意义的事实部分的相似；二是比较点本身应当有法律规定作为基础；三是只有通过对法律规则或裁判规则达成基础的共识，才能实现类比的证成（第 89 ~ 90 页）。

6. 裁判规则并不是引导语或者裁判要旨，其抽象的含义更像是普通法系判决理由中的理由或者民法法系个案规范理论中的个案规范，它是法官在判决当前案件时从先前案件中抽象出的一种据以裁判的规则（第 129 页）。判例中的裁判规则通常不会在与法律相似的规范形式中予以表达，而是经常出现在个案判决论证中的描述性语句（第 135 页）。依据拘束力的强弱和对说理要求的不同，判例中的裁判规则可以分为权力制定型、权威生成型和权力制定与权威生产混合型三种（第 131 ~ 132 页）。依据功能、性质和表现形式的不同，裁判规则大体分为解释型（对法律概念语词进行精确化和具体化，发挥法律解释的功能）、回应型（对法律原则的适用进行规范，发挥法律续造功能）和补强参照型（对案件的正当性检验提供参照和印证，发挥论证补强的功能）三种（第132～134页、第236页）。按照引证目的和表达形态的不同，裁判规则可以分为个案规范型和持续性判例群两类（第158页）。

7. 判例有效作用的发挥，是以诉讼内的上诉审制度以及诉讼外的强制许可制度、偏离报告义务以及法院内部组织机构等方面共同保证的（第61页）。上诉的强制许可制度的目的之一就在于统一裁判，如果二审法院作出了偏离相应的联邦法院或者联邦法院的共同审判庭裁判的判例，那么必须允许当事人上诉（第61页）；判例偏离报告制度要点在于当德国下级法院法官在裁判当前案件时，如果意欲偏离另一审判庭或者高级法院的先前判决，则要将争议向最高法院审判庭提交（第202页）；等等。

正如胡云腾大法官所言，“学鉴域外法治建设经验，重在理念正确，态度端正。树立正确理念需要科学精神；端正学鉴态度，需要谦卑之心”（序二第2页）。可以说，高尚博士之所以能够提出前述诸多正确的理念、命题与观点，是与其“科学精神”与“谦卑之心”紧密相关的。例如，她采取科学的实证研究方法对德国判例使用情况进行分析研究，进而得出如下结论：判例制度并不天然地只为普通法系所独有，判例制度背后的类比推理方法，对于成文法系国家而言具有巨大的理论和实践意义，既有法律补充的意义，也有统一司法裁判的标准，确保法律一致性方面的意义。因此，在成文法国家建立和完善判例机制，既有可行性，也有必要性（第243页）。当然，案例指导制度能否最终发展进入当时最高人民法院张军所言的“最高阶段即具有中国特色的判例制度”（序二第1页），无疑谨记高尚博士此话非常必要，“唯有人们在司法裁判中了解到判例在哪些环节具有发挥功用的空间时，才能主动地、积极地接受判例制度，而这需要学者在法学方法论中进行理论创新并有所贡献”（第243页）。

超大规模陌生人社会的司法重塑

“清末沈家本法律改革以来，中国逐步探索建立现代法律体系和知识体系，其间虽然多有曲折，现代法治的理念与制度也逐渐被国人接受与认可。尽管如此，由于在中国传统的思想资源中，并无直接对应的概念与理论，由此导致，无论是在国人的日常生活经验中，还是在知识分子的智识经验中，都缺乏合适的概念工具与理论经验来处理与现代法治遭遇形成的经验与感受。因此之故，国人在接受现代法律的过程中，仍然存在着许多的困惑和不理解。本书试图在法律专业研究之外，结合具体事例和论著，用一般人文知识界熟悉的语言来阐述‘法律是什么’‘法律学问的特质’以及‘现代法律对当代中国社会的演化而言意味着什么’等问题”，这是泮伟江教授专著《法学的社会学启蒙》（商务印书馆 2019 年版）封底的一段充分说明该集子核心主旨的文字。该集子是作者“结合当代中国正在发生的一些具体事件，就如何理解法律与社会，如何理解中国社会的超大规模性，什么是陌生人和陌生人社会，如何理解中国与世界的关系等问题，展开了相对比较自由，又比较持续的思考”（第 13 页），汇集十余年写就的系列文章而成的。

该书具体分为上、中、下三编，上编“法学的自我反省”包括“法学的社会学启蒙——社会系统理论对法学的贡献”“社科法学的贡献与局限”“缺失‘法学’的中国法制史研究——评《清代的法律、社会与文化：民法的表达与实践》” “走向一种‘希望’的法哲学——评

《中国法学向何处去》”“建构中国司法研究的场域”“迟来的理论馈赠——评《法律与文化：法律人类学研究与中国经验》”“部门法研究对中国法理学的可贵贡献——兼谈如何理解中国法治困境”“欣慰和遗憾”等，中编“思想的自我启蒙”包括“过一种正义的生活乃是人类最深的本性——柏拉图和他的教育理想国”“西塞罗的肤浅与深刻”“卢曼与他的现代社会观察”“自由也是有成本的——评《权利的成本：为什么自由依赖于税》”“英格兰基层司法与韦伯的普通法问题”等，下编“社会的自我观察”包括“超大规模陌生人社会治理——中国社会法治化治理的基本语境”“如何理解中国的超大规模性？”“谁是陌生人？”“哀悼杨德昌先生”“中国法治转型期的疑难案件”“从‘彭某诗案’看民意沟通渠道”“新闻发言人制度：一个美丽的陷阱”等。

可以说，这些文章基本上均是作者在面对和处理正处在“一个不断涌现出各种新的经验可能性的时代”的当代中国的各种现实问题时所作的理论思考和努力，即“寻找合适的概念和工具，来帮助我们观察中国人当下的生存处境，表达我们身处此种丰富而复杂的生存处境之中的生活感受”（第314页），确实是“同辈法律学人中所给出的最为出色的观察”（周林刚所作序言“内在于我们的陌生人”，第1页）的成果展示。

或许是缘于自己近20年的司法改革参与、观察与思考之故吧，此次拜读这本专著给笔者印象最深并促发延伸思考的还是其中具有理论创见意义的“陌生人社会命题”① 及其对司法改革的理论指引价值。

“陌生人是一个具有丰富潜能的概念。处于不同时代处境的不同学者，基于各自的问题意识，而揭示和挖掘这个概念所蕴含的某种方向的

---

① 周林刚教授将该专著的两个主要理论创见分别概括为“基本的法律生存经验命题”和“陌生人社会命题”，参见泮伟江：《法学的社会学启蒙》，商务印书馆2019年版，序言第10页。

潜能，将其理论化，从而发展出适合自身社会与时代需要的陌生人理论”（第272页）。作者就是有感于“既有的各种概念和工具，在观察和处理不断涌现出来的这些新现象和新经验的可能性与限度”（第315页）之际，基于中国当下社会转型的历史处境与经验感受（例如，个人需求的多元化与复杂化；大规模的人口流动，带来超大规模陌生人群治理问题；人际交往地理空间的根本性突破，使得人与人之间的关系除了日常生活的现场互动关系之外，变成高度抽象和复杂的陌生人之间的商品交易关系；等等，第235~236页），在充分吸收陌生人研究的丰富养料的基础上，提出了“超大规模陌生人社会”的范畴。

正如周林刚教授在“序言”中所说，“在传统的差序格局中，熟人社区才是社会，陌生人则作为异类处在社区/社会的边缘甚或外部；而一个大规模陌生人社会，或者说系统分化的现代社会，熟人社区则是点缀在陌生人社会海洋中的岛屿。在前者，熟人社区似乎自我构成；在后者，熟人社区以陌生人社会为前提才得以构成和维系。在前者，熟人社区是透明的，陌生人则是神秘的；在后者，反过来，陌生人关系是透明的，熟人社区反而是神秘的”（序言第6页）。也就是说，在传统社会和现代社会，熟人/陌生人所处地理空间、熟人/陌生人关系所发生的领域、熟人/陌生人社会中个人之间关系的维系机制，等等，均存在差别。就个人之间的维系机制而言，熟人社会靠的是“个人之间的人格信任机制”，而陌生人社会靠的是“个人对法律系统等抽象大型基础设施的信任”（第237页）。如果说传统的、小规模的、礼治型熟人社会尚可以依赖个人的“诚信品格”“人格保障”等非制度化、个殊化因素来保障和维系，那么，现代的、大/超大规模的、法治型陌生人社会则必须仰赖于制度化、普遍化、可预期的法律规则体系方能良性、有序、高效地运行。

由此可见，“陌生人社会的关键含义并不是由大量陌生人共同生活组成的社会，而是整个社会中，用以为个体生活提供参照的基础性框架，是以陌生人为典型形象而构造出来的”（第 271 页）。在笔者看来，此种“基础性框架”，在现代法治社会中最主要的表现形式就是“完备的法律规范体系、高效的法治实施体系、严密的法治监督体系、有力的法治保障体系”①。

作者基于适应超大规模陌生人群治理需求和法律承担功能新变化（即在“纠纷解决”的功能之外，承担起建立远程陌生人相互信任机制的新功能，第 237 页）的考虑，提出了未来深化司法改革的一个重要方向和着力点：

1. 基层法院要更加下沉到基层中去，进一步发展出深耕基层社区的“不存卷”的具有“准司法”性质的“人民法庭”，将其做大做强；2. 进一步建设上诉法院机制，尤其是明确规定上诉法院对上诉案件的审判，乃是一种“法律审”，以区别于初审法院的“事实审”功能；3. 若二审法院兼顾“事实审”，则将二审终审制改为三审终审制，将高院定位为纯粹的“法律审”的终审法院，承担法律适用之统一化功能（第 238 ~239 页）。

可以说，作者的上述司法改革建议至少可作以下几方面的延伸解读与思考：

一是破除“简单的中央/地方模式”，“进一步发掘出司法权双重属性的理论意义”（序言第 3 页），合理建构多元的司法机构体系和科学处理中央—地方关系（例如，立法机关 + 最高司法机关—省级高院规则制定权的分配；司法改革的顶层设计和地方的改革探索的关系；等等）。

---

① 《关于全面推进依法治国若干重大问题的决定》，2014 年 10 月 23 日中国共产党第十八届中央委员会第四次全体会议通过。

就多元司法机构体系构建而言，可以借鉴英国的治安法院体系和普通法院体系并存的做法，构建“准司法”的“人民法庭体系”和“标准司法”的“法院体系”。就司法改革中调动“中央和地方两个积极性”而言，正如强世功教授所说，“中国幅员辽阔……区域差异大、发展层次不平衡。尽管全国的法官在适用同样的法律，但是却面临完全不同的问题，不同的法律对应的问题也根本不同。基层法院与高级法院完全不同，上海法院与甘肃法院完全不同，知识产权庭与普通民事庭也完全不同。在这种格局下，司法改革应当尊重差异化和多元化，给地方法院自主权，不应当搞一刀切”①。

二是重新构建审级制度，作者的前述主张尽管与《关于全面推进依法治国若干重大问题的决定》的规定，即“完善审级制度，一审重在解决事实认定和法律适用，二审重在解决事实和法律争议、实现二审终审，再审重在解决依法纠错、维护裁判权威”并不完全一致，但至少有一个共同点：合理区分不同层级法院的功能，改变目前四级法院均不同程度地承担“认定事实、解决纠纷”功能的局面。

三是准确定位省级高院的规则生成功能。张谷教授指出，“在实践当中，明显存在一种‘司法上的联邦主义’倾向，其原因有5点：（1）民事立法过于原则，可操作性不强；（2）在适用法律过程中离不开最高人民法院的司法解释，而司法解释只能满足可操作性方面的部分需求，省级高院的审判指导意见则发挥拾遗补阙或司法解释先导的作用；（3）各地经济发展不均衡、舆情民俗不同，往往有不同的需求；（4）正义的实现要求‘同案同判’，裁判标准的统一往往缓不济急，能做到哪一级算哪一级，聊胜于无；（5）四级两审制在民商事审判中赋予省级高院

① 参见强世功：《再论法律共同体：超越与重构》，载《财经》2013年第32期。

‘事实上的终审权’”。此种“司法联邦主义”具有某种合理性的一个重要理据就在于，“地方法院（主要是省级高院）之间对民事法律的不同理解，客观上有助于民事案件解决的‘意见市场’之形成”“不同的意见经过竞争、博弈，最终趋于达成共识，再上升到中央一级的立法”“这也许是中国法律，特别是民事法律，自主地去发展的一个重要路径”[①]。因此，面对此种“司法联邦主义”的现实客观存在，正确的态度应是合理地规制，而不是一味地反对，例如，针对省级高院是否有权制定具有规则性意义的规范性文件的问题，与其下文禁止，不如专门通过立法来加以规范并纳入合法性审查。

---

① 参见张谷：《对当前民法典编纂的反思》，载《华东政法大学学报》2016年第1期。

破解“机械司法”之道

《你办的不是案子，而是别人的人生》(清华大学出版社 2019 年版)是刘哲检察官继《检察再出发》之后的第二本书。正如劳东燕教授在为该书所作“序言”中所言，“全书在内容上，既涉及如司法观与法治向何处去这类宏观主题的文章，也涉及检察业务的发展走向和操作层面的制度设计等方面的探索；同时，另有不少涉及如何办案的心得与设想的内容。难得的是，书中还有一些随笔，涉及作为法律从业人员，平时如何为人处世的思考”。各位读者在品读此种“随笔集”或者“随想录”时，自然会有不同的所思与所想，陈兴良教授“司法的至高境界”和劳东燕教授“在办案中体历人生”的序言就是例证。

与书名类似的一句话“你办的其实不是案子，而是别人的人生”在微信群中流传甚广，笔者也认真阅读过刘哲检察官以此为题的文章，确实对笔者这位“二线法官”① 触动也很大。此次认真地拜读了全书，其中，“书记官制度之提倡”“算法霸权与公益诉讼”“出庭的根埋在证据的土壤里”“‘捕诉一体’方法论”“捕诉报告一体化之提倡”“预防‘被精神病的制度性思考’”“解决民事公益诉讼级别管辖的‘一刀切’

---

① 在司法责任制改革推进但尚未完全到位的时期，审判业务部门的员额办案法官是“一线法官”，综合审判业务部门从事司法解释、审判管理的法官是“二线法官”，其他司法行政部门的法官是“三线法官”。

问题”等有关司法改革的篇章，“不起诉，是问题还是成绩?”“无罪恐惧论”“司法观”“法治向何处去”“司法相对论：确定性与不确定性”“好的法律，温柔而有力量”等有关司法理念的篇章，“检察之路的经济学逻辑”“案与件”“办案系统是司法改革的最后一公里”“智慧公诉之未来”等有关检察管理及其信息化的篇章，均直接或者间接地与笔者从事的法院工作（包括审判调研、司法改革、审判管理）相关，无疑都引发了笔者的兴趣共鸣，自然也就加快了笔者的读书进度和增加了笔者的读书获得感。

此处笔者更多地结合刘哲检察官在若干篇章中论及的“机械执法”及其破解之道问题作些思考。

其一，作者在“你办的不是案子，而是别人的人生”一文中，针对司法者如何对待“恶法”这一问题，作了如下论述：“有些法律从制定之初就存在着伦理缺陷，机械执法容易成为行业利益的保护工具”“这种法律的出台反映了行业立法、部门立法的模式问题，如果机械执法必然放大恶法的危害性，有违法律人的信仰”“机械执法虽然表面上提高了司法效率，但由于功利主义的导向必然埋下长久的隐患，增加社会的对立面，减损对司法的信任度，甚至滋生报复社会的情绪，社会治理成本大幅度增加”（第8页）；“机械套用法律的时候，不仅是麻木，更重要的是不愿意走出法律思维的舒适区，是缺少开放性的体现”（第9页），同时提出如下破解之道：“追求良法，但又清楚法律的滞后性和内容局限，然后以善治补之”“所谓善治就是将情、理、法有机结合，以人性作为法治精神的检验阀，在严格的程序框架下追求实质正义，追求正义匹配的精准度和分寸感”（第8页）。此点让笔者想起了拉德布鲁赫的一段精彩论述，“将来刑法是否可获成效，取决于将来的刑事法官是否将歌德在‘马哈德，大地之王’（Mahadöh，dem Herrn der Erde）中所说的话铭刻心上，即：他应惩罚，他应宽容；他必须以人性度人”①。

其二，作者在“‘药神’的启示”一文中，针对非经批准的进口药品是否构成销售假药罪这一司法实务问题，作了如下论述：“为什么说一般的法秩序不能代替法益作为刑事违法性的判断标准？主要是笼统的法秩序会混淆行政法秩序和刑法秩序的界限，将一般的行政违法行为，混入刑事违法性的判断，从而才会产生所谓机械执法的问题”（第152页），同时提出如下破解之道：“具体法益侵害标准的判断，就是坚持刑事违法性的实质标准，就是以更加严格的标准来审慎把握刑罚权”（第152页）；“就是要具备行政违法性和刑事违法性的双重标准”，而不能“直接以行政违法性代替刑事违法性，也就是用行政的考量代替刑法的考量”（第149页）。

其三，作者在“新启蒙时代”一文中，针对公众对法治有更高的期待这一现象，作了如下论述：“公平正义的实现不仅是宏观意义上的，也是具体而微的；不再是粗线条的，而应该是精细化的”（第173页）；“当事人和公众希望司法人员对此（有些犯罪存在一定的社会原因，有某种不得已之处——引者注）有所理解和体谅，如果我们不顾这些社会问题，就很容易产生社会性的机械执法，给人一种不食人间烟火的冰冷感”（第174页），同时提出了如下应对之策：“要深入地了解案件的处理对当事人可能造成的影响”“对当事人要有一份了解之同情，这种同情不是感情泛滥，而是对犯罪特殊性的了解、对犯罪起因的深层理解，以及对案件整体处理的综合把握”“综合自己的社会阅历、经验判断和法律逻辑，洞悉犯罪的真实动机”“通过常情、常理、常识去判断逻辑的实质合理性，也就是用善治弥补法律的缺陷”。

---

① 参见［德］拉德布鲁赫：《法学导论》，米健、朱林译，中国大百科全书出版社1997年版，第99页。

其四，作者在“智慧公诉之未来”一文中，针对人工智能时代的司法过程中“人”与“大数据”的关系，作了如下论述：“司法不是机械的法律要件适配、三段论判断，它需要对现实生活的深刻洞察和人性的深度理解，才能做出符合法律精神的判断”（第212页）。这其实也就是刘哲检察官提出的“带着感情去办案”这一命题所关注的。陈兴良教授从“司法（办案）的至高境界”的视角对这一命题作了延伸式的诠释与论述，强调司法人员在“带着感情办案”的同时，还要“带着理智办案”，“即使是在定罪和量刑两个环节，在定罪阶段应该舍弃大量生活细节，致力于案件事实与刑法规定的构成要件的耦合，因而其定罪的抽象性决定了应当以理智为主。但在量刑阶段就应当将犯罪行为还原到一定的生活场景中去，充分关照各种具体因素对量刑的影响，因而要投放一定的情感”（序言V）。可以说，刘哲检察官从“所有的机械办案归为一条，就是对人的符号化，更进一步将自己也符号化”的立场出发，并结合自己长期在一线办案的实践经验而提出的前述不同维度的破解“机械司法”之道，均是值得具体司法人员在办案过程中予以借鉴的。

当然，鉴于“新时代社会的转型和社会治理法治化的进程催生的现代刑法发展趋势，一方面提供了检视传统刑法立场的机会，另一方面也衍生了不少既往立法和解释论中难以解决的刑法新问题”①，在笔者看来，破解“机械司法”还可从以下方面下功夫：

其一，通过刑法教义学或者刑法解释学的学习，不断提升解释刑法的能力。“法律不是被嘲笑的对象”“法律的生命在于实施，法律实施离不开解释”，尤其是“在现代社会，由于复杂性和变动性的增加，法律日益使用一般法律术语、一般条款、变动的参考物以及实例目录，从

---

① 参见孙国祥：《新时代刑法发展的基本立场》，载《法学家》2019年第6期。

而形成了科学技术与社会的发展的变动性与刑法之间相对禁止性之间的紧张关系”①，更是对刑事法官解释和适用刑法提出了更大的挑战。

其二，通过刑事一体化或者整体刑事法理念的培养，不断提高刑法适用的法律效果和社会效果有机统一的水平。尤其是在当下“公案”或“热点案”增多、案件办理难度增大、群众司法需求多维或者冲突等司法环境中，司法人员更需要强化和提升整体、系统、综合、辩证思维。正如德国学者所言，“整体性的理解也要求我们将现实层面考虑进去。法律的这种现实层面往往以所谓‘第二法典（second）’为特征，而这里的第二法典不仅包括规范适用者的正义观与其他价值观，而且也包括司法机关的组成，以及文化、语言、政治、哲学和社会的因素”②。

其三，通过责任、担当意识的强化，充分激活现行刑法既有安排制度的调控力。“情无限，法有形”，法律文本总会因规范一般性/抽象性属性、语言表达载体、立法技术、被调控的法律对象的变动性等各方面因素的影响，或存有空白、漏洞，或呈现滞后性。正是考虑到这些，就刑法而言，立法者已经有了若干应对之策，例如，总则第十三条混合的犯罪概念和“但书”规定，第六十三条第二款的法定刑以下减轻处罚。实践中，有些法官难免抱持“多一事不如少一事”的心理、随大流的心态、“宁重勿轻”的想法，“机械司法”，让被告人承受个案非正义。显然，此种状况的改变，除改善外部的司法环境之外，更需要每位法官立足“努力让人民群众在每一个司法案件中感受到公平正义”的司法目标勇于履职和敢于担当。

---

① 参见［德］乌尔里希·齐白：《全球风险社会与信息生活中的刑法：二十一世纪刑法模式的转换》，周遵友、江溯等译，中国法制出版社 2012 年版，第 289 页。

② 参见［德］乌尔里希·齐白：《全球风险社会与信息生活中的刑法：二十一世纪刑法模式的转换》，周遵友、江溯等译，中国法制出版社 2012 年版，第 495 页。

指导性案例可以成为“法源”吗

“民法法源是民法学的基础问题，也是民法典的首要立法事项和法律适用的前提问题。本书对民法法源展开全方位研究，涵盖民法法源范围、位阶关系和适用实况等内容，逐一探明各种法源、辅助资料的范围及其内涵，分析不同法源间、法源与辅助资料间的适用关系，构建符合事物本质的完整的民法法源理论体系。在立法资料的整理上，全面考察亚洲、欧洲、非洲、美洲 20 余个国家和地区的民法典法源适用规范，重点分析作为民法法源规范范式的《瑞士民法典》第一条（‘任何法律问题，凡依本法文字或解释有相应规定者，一律适用本法。法律未规定者，法官应依据习惯法裁判；无习惯法时，依据自己如作为立法者应提出的规则裁判。同时，法官应参酌公认的学理和实务惯例’——引者注）之流变。在司法实务评析上，分析各种法源适用案例的数据，系统梳理典型判例，观照瑞士和我国的司法实践，从实证材料中总结各种法源适用的得失，为民事司法裁判的统一提供参考。在法源制度的设计上，以我国现行法源规范为基础，不同国家及地区民法法源适用规范为背景，以《瑞士民法典》第一条为主要镜鉴，综合立法、学说和司法实务经验，提出兼顾理论与实际的法源适用规范。”这是李敏博士佳作《民法法源论》（法律出版社 2020 年版）一书封底切口的推介语。

该书除“绪论”外，具体包括以下九章，即“民法法源及法源适用规范概述”“制定法：第一位阶法源”“习惯法：第二位阶法源”“法理与学说：兜底法源与参照资料”“先例：法定参照资料”“法律行为的法源性质之争”“国家政策法源地位之回顾与前瞻”“民法法源的体系结构”“我国民法典法源适用规范的设计”。

确如孙宪忠教授在该书“序言”中所言，“本书的研究充分结合民事立法与司法实践，一方面为民法典编纂工作中的法源整合及法源规范提供了丰富的学术论证，另一方面对民事司法裁判的统一提供了可靠的理论基础和路径支持”。尽管李敏博士在经过系统论证和充分认识到《瑞士民法典》第一条规定法学方法论上的“最显著的意义”，即“将民法法源适用方法明文化。《瑞士民法典》通过简洁的条文规定了法律解释（含类推）、适用习惯法、法官创设规则三种法律适用方法及其位序，区分了法律解释和漏洞填补两大范畴，并通过学理与实务惯例将这两大范畴连通，形成了一个有机整体”（第401页）的基础上提出如下建言，“《民法典》第十条规定：‘民事，法律有规定的，适用法律；法律无具体规定的，适用习惯法；无习惯法的，适用法官依据基本原则确立的规则。’‘在前款情形，法官应当参照公认的学说和指导性案例。’另外增加一条，作为第十一条：‘民事关系所适用的习惯，以不违背公序良俗的为限’”（第406页），最终未能被《民法典》采纳（其仍保留了《民法总则》第十条的规定），但是，“我国民法典的编纂完成，并不意味着民法法源这个问题的解决”（序言第1页），李敏博士的学术贡献和立法建言必将在未来《民法典》的实施过程中显示出理论价值和实践效能。

笔者之所以对这本书感兴趣，无疑与笔者前两年承担起草《释法说理意见》规范性文件过程中曾经对什么是裁判依据、裁判理由，裁判依据和裁判理由是什么关系，刑事裁判依据、民事裁判依据及行政裁判依据有何异同、裁判依据与法律渊源是何种关系等系列问题进行过思考有着密切的关联[①]。

未曾想到，李敏博士在修改其博士论文基础上最终形成的《民法法源论》中共有7处论及了该《释法说理意见》（第107、198、235、365、387、403、405页）。特别是，李敏博士对该《释法说理意见》从积极价值和存在问题两个方面作出的如下论述，“最高人民法院制发的《关于加强和规范裁判文书释法说理的指导意见》（法发〔2018〕10号）第七条（民事案件没有明确的法律规定作为裁判直接依据的，法官应当首先寻找最相类似的法律规定作出裁判；如果没有最相类似的法律规定，法官可以依据习惯、法律原则、立法目的等作出裁判，并合理运用法律方法对裁判依据进行充分论证和说理——引者注）和第十三条（除依据法律法规、司法解释的规定外，法官可以运用下列论据论证裁判理由，以提高裁判结论的正当性和可接受性：最高人民法院发布的指导性案例；最高人民法院发布的非司法解释类审判业务规范性文件；公理、情理、经验法则、交易惯例、民间规约、职业伦理；立法说明等立法材料；采取历史、体系、比较等法律解释方法时使用的材料；法理及通行的学术观点；与法律、司法解释等规范性法律文件不相冲突的其他论据——引者注）两个条文，涉及民法法源和辅助资料，可视作《民法总则》第十条[②]（处理民事纠纷，应当依照法律；法律没有规定的，可以适用习惯，但是不得违背公序良俗——引者注）的补充规定”“该意见的重大贡献在于，广泛、充分地列出了法律适用中的各种参考资料，在

① 参见刘树德：《“裁判依据”与“裁判理由”的法理之辨及其实践样态》，载《法治现代化研究》2020年第3期；刘树德：《无理不成“书”——裁判文书说理23讲》，中国检察出版社2020年版，第192页以下。

② 《民法总则》已被2020年5月28日颁布的《民法典》废止。《民法典》第十条规定：“处理民事纠纷，应当依照法律；法律没有规定的，可以适用习惯，但是不得违背公序良俗。”

现行法框架下为法官的找法和造法活动提供了尽可能地支持”，同时，“从民法适用规范的视角来看，该意见至少存在下列问题：其一，将类推适用列为‘应当’考虑的首要漏洞填补方法，过于僵化；其二，将‘习惯、法律原则、立法目的’并列为殿后于类推适用的补充法源，似与《民法总则》第 10 条[①]将习惯列为第二位阶法源的规定相抵触；其三，将法律原则列为补充性法源，难以避免滥用；其四，‘立法目的’并非法规范，不可作为裁判依据，充其量只是作为运用目的解释或目的性扩张、目的性限缩等法学方法时的依据；其五，法理和法律原则两个概念之间存在包含关系，并用二者存在逻辑上的混淆，徒增困扰；其六，将法理和学说（通行学术观点）并列，存在交叉、重叠，实则二者是不同层次的概念；其七，将指导性案例列为酌定参考资料（‘可以’运用的论据之一），与司法解释关于‘应当’参照指导性案例的规定存在出入，降低了指导性案例的地位；其八，未能对法官科以规则化的义务，法官在运用法律原则、立法目的、法理等弹性材料时，尽可自由选用，而不必受制于规则化的压力、无须考虑一般化效果，由此可能减损裁判的可预测性和可验证性”（第 403 ~404 页），更让笔者印象深刻，受益良多，期待有机会在未来修改该《释法说理意见》之际予以充分吸收。

拜读此书之际，我们正在准备发布《类案检索意见》的答记者问文稿。该指导意见不同程度地涉及指导性案例的效力属性或法源地位问题。对此，无论是学术界还是实务界均存在分歧[②]。同样，单从民法法

---

① 《民法总则》已被 2020 年 5 月 28 日颁布的《民法典》废止。《民法典》第十条规定：“处理民事纠纷，应当依照法律；法律没有规定的，可以适用习惯，但是不得违背公序良俗。”

② 参见张泽吾：《指导还是法源：论判例在民法上的地位》，载《学术论坛》2010 年第 2 期；雷磊：《指导性案例法源地位再反思》，载《中国法学》2015 年第 1 期；泮伟江：《论指导性案例的效力》，载《清华法学》2016 年第 1 期；胡云腾：《关于参照指导性案例的几个问题》，载《人民法院报》2018 年 8 月 1 日；等等。

源适用规范法典化的建言来看，龙卫球教授的主张，“民事活动应当遵守法律。法律没有规定的，以经实践确定的惯例作为补充。最高人民法院对审判工作中具体应用法律和惯例的问题，可以结合审判实际需要和有关实践发展情况进行合理解释或发布指导性案例。司法解释和指导性案例的内容，应当符合法律规定和有关立法精神”①，明显不同于李敏博士仅将指导性案例作为民法法源适用规范的辅助资料的立场。

在笔者看来，回答现行案例指导制度下的指导性案例的法源地位问题，一是要严格限定在同一语境中区分“裁判理由”和“裁判依据”，不宜笼统地、大而化之地宣称指导性案例只可作为裁判说理依据（裁判理由），不宜作为裁判依据（即独立的法源）。二是要“类型化”地看待指导性案例的裁判要点的功能。从目前实践来看，指导性案例大致分为三类：“裁判规则型”“裁判理念型”“裁判方法型”，其中，即使属于“裁判规则型”的“裁判要点”，“一般”也不能作为裁判结论“最终的规范性理由”，但若其“例外”地属于“造法性解释”或者“法律漏洞填补”②，则完全可以作为裁判结论“最终的规范性理由”（当然，大多情形要依附于具体的蕴含法律后果的法渊源或法规范）。

正如李敏博士所言，“在创设新规则的情形，法官造法应首先穷尽各种法律解释方法，然后考虑在立法计划范围内进行法律续造，最后方为新规则的创设。法官造法前，首先应考虑现行法是否明文规定，若有具体规定，则解释并适用具体规定；若无规定，则考察是否存在可能适

① 参见龙卫球：《民商法转型与再现代化》，北京大学出版社2020年版，第149页。

② 此限于民事、行政审判领域。就刑事审判领域而言，在1997年实行罪刑法定原则之前的“类推时代”，最高人民法院公布了两宗以制造、贩卖有毒酒的危险方法致人伤亡的案例，克服了1979年刑法中对以营利为目的的制造、贩卖有毒食品致人伤亡行为无明文规定的不利因素，用判例的形式创制了“以制造、贩卖有毒酒的危险方法致人伤亡罪”的新罪名与量刑标准。参见《最高人民法院公报》1985年第3期。

用于当前情形的类似规定，如既不能通过解释也不能通过类推适用现行法规定或通过目的性扩张等方式填补漏洞，则仅余创设规则一途，此时应检验所创设的规则既应适合当前情形，还可适用于未来情形”（第396页）；“法官创设规则时，应承担论证其所创规则正当性的义务。为填补法律漏洞而创设规则时，法官应说明漏洞之存在而且无法通过其他方式填补这一漏洞，同时指明创设规则的依据并论证其合理性和正当性。为修正法律而创设规则时，前提是在个案中已有具体规则可资适用，法官应说明适用该特定规则将不可避免地造成何种极为不公正的后果，指明新创设规则的法理依据，并论证新规则的适当性和正当性及其适用限度”（第397～398页），就规则创设型指导性案例而言，若其规则既是以民法基本原则为基础并具体化而成，又经过了适当性和正当性及适用限度方面的充分法律论证，无疑可以成为独立的法源即裁判依据。

同案同判：系统论法学的“加持”

正如我国台湾学者张嘉尹教授所发问的，“系统论作为一种社会学理论典范，主要的任务在于探求社会真实，与一般所理解的法学——其任务主要在于解释法律，并提出有关于法规范内容的主张——两者之间，不但学科性质迥异，而且属于不同社会系统的沟通网络：前者属于科学系统的沟通，后者属于法律系统的沟通。基于社会系统自我再制的运作封闭性，两者在运作层面上相互分离，那么‘系统论法学’如何可能？‘系统论法理学’如何可能”（张嘉尹所作“系统论法理学的可能性：作为对话的序言”，第6页）。对此，泮伟江教授近期推出的新著《法律系统的自我反思——功能分化时代的法理学》（商务印书馆2020年版）力图以系统论的论述在理论层面上作出回答。

笔者同样怀着寻找这两个疑惑的答案，开始品读这样一部“次难读”（相比于“难读”的卢曼的经典著作而言，正如张嘉尹教授所言，“即使有二手导引书作前导，无论从卢曼的任何一本原典入手，都会遭遇如迷宫般的概念与命题”，序第3页）的学术著作。其间，当笔者阅读到“中国本土化教义学理论发展的反思与展望”“法教义学与法学研究的本土化”两部分时，其中有关“同案同判”的论述让笔者一段时间以来一直思考而尚未求得解答的疑问“豁然开朗”。这个疑问是：

“同案同判”是真命题还是假命题？“同案同判”还是“类案类判”[①]抑或“类案同判”的表述哪一个更能准确地契合指导性案例制度的精神主旨？就此而言，笔者在近十年前结合起草《关于案例指导工作的规定》的思考撰写有关论文采用的就是“同案同判”的表述[②]。

在最高人民法院审委会讨论类案检索规范性文件（即《类案检索意见》）过程中，有委员认为审议稿冒段中“同案同判”的表述不妥，其理由就是古希腊哲学命题：世界上没有两片树叶是相同的；人不能两次踏进同一条河流。此外，刘作翔教授为最高人民法院制发的有关统一法律适用规范性文件（即2020年9月14日《最高人民法院关于完善统一法律适用标准工作机制的意见》，法发〔2020〕35号）所撰写的评论亦提到学界存有“同案同判是制造一种司法神话”[③]的观点，同时对其作了如下的反驳：“同案”“同判”只能在相对主义立场上来把握，法律人所说的“同案”是指在案件的主要事实上最相类似、最相接近，“同判”是指在案件性质的认定以及裁决结果最相接近；普通法系判例法制度的核心理念就是“遵循先例”，即与先前的判例相近的后案应当同判[④]。这些不同的观点确实一方面引发笔者的疑问，另一方面也促进笔者的继续思考。

泮伟江教授采用了“同案同判”的表述。他在该书若干章节中的

---

① “类案类判”即“类似案件类似审判”的简略表述，参见［英］鲁伯特·克罗斯、J. W. 哈里斯：《英国法中的先例》，苗文龙译，北京大学出版社2011年版，第4～5页；张骐：《中国判例之路中的经验与逻辑——霍姆斯论断的启示》，载《清华法学》2020年第6期。

② 参见刘树德：《刑事司法语境下的“同案同判”》，载《中国法学》2011年第2期。

③ 参见周少华：《同案同判：一个虚构的法治神话》，载《法学》2015年第11期。

④ 参见刘作翔：《“同案同判”是维护法制统一的法治要求》，载《人民法院报》2020年10月20日。

如下论述，无疑缓解了笔者的疑惑，“恰恰是‘相同情况相同对待，不同情况不同对待’这项作为现代法律之‘耦联性公式’的正义原则，才使得法教义学的概念、准则、原则和裁判规则被凸显出来，并成为法官对抗针对个案与个人的论证思路”（第181~182页）；“在此种以‘同案同判’原则作为司法构成性因素下产生的大量司法判决与论据，经过进一步的整理与提炼形成的这些概念、准则、原则与裁判规则，又进一步成为法教义学研究最基本的素材与原料”（第182页）；“‘无米之炊说’仅仅将问题的症结放到裁判与学说沟通机制的匮乏上，这是看准了方向，却又看错了对象——以同案同判为原则的裁判制度之匮乏，才是问题真正的关键与症结之所在”（第182页）；“我国法律系统如果要承担起超大规模陌生人社会中稳定规范性预期的功能，就必须通过‘相同案件相同处理，不同案件不同处理’的正义原则，借助于法教义学概念与命题的提炼建构起内部的复杂性，从而能够稳定和跨情景地向社会输出合法/非法的二值代码化的裁判”（第187页）；“司法机制对个案裁判的一个内在约束，就是司法裁判要尽量地遵循同案同判的原则。对司法的个案裁判而言，由同案同判所带来的体系性约束与个案裁判本身的公正合理性，二者构成了必须予以兼顾和权衡的关系”（第199页）；“法学研究相对于法官的个案裁判而言，具有相对的自主性，更多地受到同案同判原理的辐射与约束”（第199页）；“‘相同情况相同对待，不同情况不同对待’，构成了整个司法裁判体系运作的基础性原理。因此，整个司法裁判的关键和难点就是就相同情况和不同情况做出具体的判断”（第283页）；等等。

尤其是，宾凯教授在“系统论法学的中国表述”（序）中针对泮伟江教授有关“同案同判”机制的理解所作的批判性分析和延伸性论证，更是让笔者进一步深刻把握系统论法学视域中的“相同情况相同对待，不同情况不同对待”这项现代法律之“耦联性公式”的正义原则，也更加让笔者坚信“同案同判”的命题。他指出，按照卢曼后期“区分”理论，“相同/不同”“平等/不平等”“涵括/排除”等区分，都具有自我指涉的悖论性质：区分的两边同时存在，但在运用这些区分观察的时候，我们只能看到区分的一边；“相同/不同”这个区分有其特殊功能，对案件做出相同还是不相同的判断，并非本质主义上的比对，而是社会构建的过程；每次肯定“相同”的时候，其实已经把“不同”考察了一番，“相同”和“不同”同时出现在司法沟通的过程中；司法裁判关注的不仅仅是“事实”与“规范”是否能够“等置”，更为重要的是寻找这个等置的标准，也就是相同还是不同的标准；以前“视为”相同的案件，现在为什么“视为”不同，是因为法律系统之外的社会环境发生变化，诱发了法律系统内部的原则、规则或者概念之间的关系重新排列组合，由此导致了判准的变化；对于法律系统而言，正是“不同情况不同对待”带来的激扰，引发了系统在运作上的变异和结构上的变迁，而法教义学则是稳定结构变迁的机制；当运用区别技术时，并不是只关注“不同”，而是在寻找这种“不同”的标准时，同时考虑了“相同”的判准；在做出“不同”的裁决时，系统必须在更高层次上识别自身同一性的标准，或者说在更为抽象的层次上建构“相同”，这尤其体现在法教义学所具有的“对判决之间的一致性检验”的功能上；在“同案同判”的争论中引入“相同/不同”区分的“再入”（re-entry）机制，可以给司法裁判理论带来新的研究视角（序第19~21页）。

按照系统论法学观点，“现代法律作为功能分化的现代社会的一个子系统，其系统内部的结构与作为其环境的社会系统并不存在一种点对点的直接对应的反应机制，法律系统要维持自主运作，就必须建立起必要的运作性封闭，从而使得法律系统内部与其环境建立起一种不对称的复杂性程度”（第 354 页）。正如泮伟江教授所说，“卢曼的系统论法学所区分出来的运作封闭性与认知开放性，对于如何处理中国法治建设的运作封闭性（法律的自主性）与认知开放性（法律回应社会变迁的能力）之间的关系，提供了极好的理论借鉴”（第 356 页）。无疑，系统论法学对于建立法教义学（“科学系统”）与司法裁判（“法律系统”）的良性互动机制、推动以同案同判为核心的具有中国特色的案例指导制度的发展与完善同样具有重要的参考价值。

“先例规则”如何生成

“衡量一个国家的法治发展水平，最重要的标准不是立法，不是法律在纸上的健全程度，而是施法，是法律在现实生活中实施的状况。如果说让法得人心主要是立法者的责任，那么让法入人心则主要是执法者和司法的责任。法得人心是法治国家建设的前提，法入人心才是法治国家建设的目标。”这是何家弘教授为邓矜婷博士著作《指导性案例的比较与实证》（中国人民大学出版社2015年版）所作“序言”中的一段话。

确如何教授所言，正是鉴于“施法是法治国家建设的关键”的考虑，《关于全面推进依法治国若干重大问题的决定》从“建设中国特色社会主义法治体系，建设社会主义法治国家”总目标出发专门强调“健全宪法实施和监督制度……完善全国人大及其常委会宪法监督制度，健全宪法解释程序机制”和“推进严格司法……加强和规范司法解释和案例指导，统一法律适用标准”。最高人民法院随后相继出台有关规范性文件来落实《关于全面推进依法治国若干重大问题的决定》的前述决策部署，例如，2019年2月27日印发的《最高人民法院关于深化人民法院司法体制综合配套改革的意见——人民法院第五个五年改革纲要（2019－2023）》规定，“完善统一法律适用机制。加强和规范司法解释工作，健全司法解释的调研、立项、起草、论证、审核、发布、清理和废止机制，完善归口管理和报备审查机制。完善指导性案例制度，健全案例报送、筛选、发布、评估和应用机制。建立高级人民法院审判指导文件和参考性案例的备案机制。健全主审法官会议与合议庭评议、赔偿委员会、审判委员会讨论案件的工作衔接机制。完善类案和新类型案件强制检索报告工作机制”；2019 年 8 月 9 日印发的《审委会工作机制意见》规定，“提交审判委员会讨论的案件，合议庭应当形成书面报告。书面报告应当客观全面反映案件事实、证据、当事人或者控辩双方的意见，列明需要审判委员会讨论决定的法律适用问题、专业（主审）法官会议意见、类案与关联案件检索情况，有合议庭拟处理意见和理由。有分歧意见的，应归纳不同的意见和理由”；2019 年 9 月 26 日印发的《进一步加强最高人民法院审判监督管理工作的意见（试行）》规定，“合议庭发现本院同类生效案件裁判规则存在重大差异的，应当报请庭长研究后将相关材料送交审判管理办公室，启动法律适用分歧解决机制”；2019 年 10 月 11 日印发了《关于建立法律适用分歧解决机制的实施办法》正式建立了法律适用分歧解决机制；等等。

通读完邓博士的这本专著，该书的第二部分“指导性案例的编撰、解读问题研究”（具体包括四章，即“案例指导的一般过程及裁判要点的确定”“关键事实对裁判要点的把握及裁判理由的确定”“判决理由对先例规则确定和变化的作用及其对指导性案例的意义”“确定关键事实的具体方法”）解决了笔者一直在思索但尚未有答案的诸多疑惑，例如，普通法系中“先例规则”如何提炼，“关键事实”如何归纳，待决案件与先例的类似性如何确定，等等，尤其是邓博士在比较美国学者关于先例规则确定的不同学说基础上提出的“修正的关键事实说”更是对笔者助益良多。

按照学者的归纳，普通法系中判例具体包含以下几个部分：1. 案件的名称与基本审理信息；2. 案件的事实部分；3. 诉讼请求与双方辩论情况；4. 案件原审处理情况（一审案件不存在这部分内容）；5. 案件争议焦点（即本案所要解决的核心法律问题）；6. 法官推理论证；7. 判例形成的法律规则（Ratio）；8. 案件判决结果①。美国学者关于判例规则理论主要有以下学说：一是 Gray 教授提出的“必要理由说”，认为只有那些对于得到判决结果必要的法官的理由和观点才构成先例规则（第94 页）。二是 Morgan 教授提出的“规则性阐述说”，认为法官在判决中抽象出的能够普遍适用的进而被适用到具体案件得出结果的规则性阐述，才是先例规则（第 94 页）。三是 Oliphant 教授认为“必要理由说”的“‘必要’难以把握、‘理由’可能错误”和“规则性阐述说”的“规则性阐述存在过宽过窄、可能不正确”的问题，因而就无法依此来确定先例规则，同时提出“事实结果说”，认为“事实”在判决中是恒定的，应该依据具体发生的事实和处理的结果来确定先例规则（第94～95页）。四是 Goodhart 认为“事实结果说”所持的“事实是恒定的”观点难以成立，同时提出“关键事实说”，认为法官应当以关键事实为基础来确定先例规则，并提炼出确定关键事实的若干具体方法：法官明示或默示为重要的、基础的、相关的或者关键的，都是关键事实；明示或者默示为不重要的、不相关的或者不关键的，都是非关键事实；没有明示或者默示时，所有事实都是关键事实，除了具体的人物、地点、数量、时间和种类的事实（第 96 页）。五是 Abramowicz 和 Stearns 提出的“三步骤说”，认为通过以下三步来确定先例规则：一是法官实际上作出了决定的；二是基于案件的事实而作出的；三是通向判决结果的，主要是通过区分先例中的有效力的陈述（Holding）与无效力的陈述（Dicta）来确定先例规则（第 99 页）。

邓博士立足我国现行的案例指导制度和裁判文书说理模式的现实基

① 参见纪刚：《读懂英美判例法》，载《仲裁与法律》2003 年第 1 期。

础，提出“修正的关键事实说”来确定指导性案例的“规则”（不完全等同于当下的“裁判要点”——引者注），该说认为，关键事实是由事实的关键性质所决定，而关键性质来自其与通向案件最终结果的链条上成文法则的前提或标准的符合或不符合关系（第100页）；关键事实的具体确定步骤包括：1. 从三段论出发确定案件与法则的所属关系；2. 所属关系是通过案件事实和法则的特征来予以明确；3. 通过法则的特征来确定关键事实；4. 争议事实要遵循一定的解释法则，通过该事实和相应前提或标准的次特征来明确；5. 关键事实的概念描述确定了其可解读层次；6. 裁判理由对争议事实特征的描述构成其另一解读层次（第101~107页）；指导性案例规则的确定不是仅仅靠裁判要点、裁判理由、事实结果或者关键事实就可行的，而是需要动态地在待决案件对指导性案例的适用过程中结合各个部分来进行（第117页）。

“事实就是案例的生命”（第39页）。“案件事实”是“判例的重要组成部分，是法官进行后续推理和判决的基础。在法院的判例中，事实并不是整个案情的详细重述，而是法官对于案情的提炼，其目的是从中找出本案涉及的实质性内容（Material Fact），这些内容是能对判决产生重要影响的因素，也是适用先例过程中所应重点比较的部分”（第10页）。普通法判例就是“在法院裁判案件时自然形成的”①，包含完整的事实，即使是上诉的判决也能在其一审的判决中找到完整的案件事实。相反，目前我国指导性案例的事实未必是完整的，“间或被最高法院删减过：一些被删除了，因为最高法院认为其琐碎”②。例如，第1号指导性案

① 参见陈兴良：《指导性案例制度的法例考察》，载《法制与社会发展》2012年第3期；林维：《刑事指导案例制度：价值、困境与完善》，载《中外法学》2013年第3期。

② 参见汤文平：《论指导性案例之文本剪辑——尤以指导性案例1号为例》，载《法制与社会发展》2013年第2期。

例文本中争议合同的关键条款第2.4条规定为：陶某华（买方）在验看过该房地产后六个月内，陶某华或其委托人、代理人、代表人、承办人等与陶某华有关联的人，利用中原公司（居间人）提供的信息、机会等条件但未通过中原公司而与第三方达成买卖交易的，陶某华应按照与出卖方就该房地产买卖达成的实际成交价的1%，向中原公司支付违约金。而原二审判决书中完整的第2.4条实际上是：陶某华在验看过该房地产后六个月内，陶某华或其委托人、代理人、代表人、承办人等与陶某华有关联的人与出卖方达成买卖交易或者利用了中原公司提供的信息、机会等条件但未通过中原公司而与第三方达成买卖交易的……（根据完整的第2.4条，当买方从卖房处购买有关房地产时，无论是否利用了中原公司提供的信息，其实都构成对该条的违反）（第39页）。显然，"这些'不重要'的事实在将来可能是重要的；这些'不符合'的事实可能恰好反映了一些当时被忽略的问题。没有这些事实，指导性案例是不完整的；对其进行的解释缺乏基础，而与真实生活之间出现差距（第39页）"。也就是说，下级法院在参照适用指导性案例时，若能够解读原判决中的所有事实且对其进行比较，无疑会有助于更好、更全面地理解和适用指导性案例的"裁判要点"所蕴含的裁判规则。

为“出场”而准备的“预演”

“相似性判断是司法审判的一把利器，谁能够充分运用这把利器，谁就能占有裁判的主动权。法官通过判定待决案件与某个指导性案例是否相似，决定是否参照某个指导性案例，这样可以在个案中落实形式正义；当事人通过相似性的判断能够寻找到一个对己方有利的指导性案例或者有力地规避一个对己方不利的指导性案例……很少有法官会在裁判过程中进行严密的相似性判断，也很少会对待决案件的事实与指导性案例的事实进行任何的比较和区分。结果在绝大多数案件中，本应在场的相似性判断不恰当地缺席了”（第 275 页），这是孙海波教授在其新著《疑难案件与司法推理》（北京大学出版社 2020 年版）对案例指导制度运行过程中法官是否进行相似性判断的一个“把脉确诊”。

这与笔者近期在参与起草制定《类案检索意见》规范性文件过程中所获得的认知是吻合的。至于为何在案例指导制度出台（2001 年）并正式发布指导性案例以来近 20 年间仍存在此种现象，孙海波教授亦做了两方面的原因分析：

一是法官下意识地“遗忘”了案件相似性的判断。中国法官长期习惯于法条式、演绎式思维，并不会经常在案件事实之间进行相似性的比对，且经常通过直觉或经验觉得待决案件与指导性案例（不）相似或（不）相关，就决定（不）参照指导性案例来裁决案件。二是法官有意识地回避或遮蔽案件的相似性判断。法官或者不知道该依何种标准进行相似性判断，或者欠缺以合乎逻辑、清晰地在裁判文书中表述出来整个的相似性判断过程的能力（第275页）。当然，除成文法思维的路径依赖、法官作为理性人亦会趋易避难之外，案例指导制度本身及其配套机制的不健全、判例法制度运行机理尚欠缺深入比较研究、类比思维和类比推理、类比论证方面的培训与实操有待于加强，等等，均会直接或者间接地制约和影响法官对案例指导制度的“思”与“行”。这些方面的改善与提升，无疑会助力具有中国特色的案例指导制度行稳致远。

品读完此部著作后发现，孙海波教授在有关章节中为前述“缺席了”的“相似性判断”的出场作了一次精彩的“预演”。具体是围绕“马某久诉何某梅等机动车交通事故责任案”① 与“指导性案例第24号”的相似性判断来展开的。此处摘录总结如下：

第一，总的立场。论者认为，“整个相似性判断的过程必须牢牢把握住三个要点：一是以具体法律关系是否具有同一性为前提；二是以案件事实作为比较的基础；三是以争议问题作为比较的主线”（第277页）。

第二，结合第24号指导性案例的裁判要点及案件事实与裁判理由提炼、归纳出“裁判规则”。

【裁判要点】交通事故的受害人没有过错，其体质状况对损害后果的影响不属于可以减轻侵权人责任的法定情形。

【判决理由】法院认为：虽然荣某英年事已高，但其年老骨质疏松仅是事故造成后果的客观因素，并无法律上的因果联系。加上所涉事故发生在人行横道上，正常行走的荣某英对被机动车碰撞这一事件也无法预见。因此，受害人对于损害的发生或扩大没有过错，不存在减轻或免

① 浙江省诸暨市人民法院（2013）绍诸民初字第1905号民事判决书。

除加害人赔偿责任的法定情形。

【裁判规则】在交通事故案件中，在机动车一方存在过错的情形下，作为受害者的非机动车驾驶人或行人的体质状况并不构成其过错，从而不能作为可以减轻侵权人责任的法定情形，因此由侵权人对事故的损害后果承担全部赔偿责任。

第三，重构与第24号指导性案例“表面上”相似的案件，进行拓展性的比较。

【指导性案例】机动车驾驶者A违规驾驶，致使在人行横道正常行走的B受到伤害。法院认定B的个人体质状况（年老体衰）并不构成过错，因此由A承担全部赔偿责任。

【案例1】机动车驾驶者A违规驾驶，致使在人行横道正常行走的B受到伤害。B的个人体质状况（疾病）是否可以构成侵权法意义上的过错？

【案例2】机动车驾驶者A正常驾驶，致使违规的非机动车一方B受到伤害，A能否主张法院将B的个人体质状况（年老体衰、疾病等）作为伤害参与度的衡量因素而对损害责任做相应减轻？

【案例3】机动车驾驶者A违规驾驶，致使违规的非机动车一方B受到伤害，A能否主张法院将B的个人体质状况（年老体衰、疾病等）作为伤害参与度的衡量因素而对损害责任做相应减轻？

【案例4】机动车驾驶者A违规驾驶，致使乘坐该机动车的B受到伤害，A能否主张法院将B的个人体质状况（年老体衰、疾病等）作为伤害参与度的衡量因素而对损害责任做相应减轻？

【案例5】机动车驾驶者A违规驾驶，致使正常驾驶的机动车驾驶者B受到伤害，A能否主张法院将B的个人体质状况（年老体衰、疾病等）作为伤害参与度的衡量因素而对损害责任做相应减轻？

【案例6】因邻里纠纷，A向B施以拳脚，导致B胸椎受到骨折伤害。B体质方面的病理性因素能否作为减轻A之侵权责任的依据？

第四，“马某久诉何某梅等机动车交通事故责任案”与第24号指导性案例的“相似性”判断。

【基本事实】被告何某梅驾驶轿车与原告马某久驾驶的电动自行车发生碰撞，造成马某久受伤及其车辆损坏。诸暨市公安局交通警察大队认定何某梅负事故全部责任，马某久无责任。经司法鉴定机构鉴定，马某久构成四级伤残，本次外伤参与度为50%。

【争议焦点】交通事故案件中能否依据受害人体质状况对损害后果的影响作相应扣减，这具体涉及对《侵权责任法》第二十六条（“被侵权人对损害的发生也有过错的，可以减轻侵权人的责任”）、《道路交通安全法》第七十六条第一款第二项（“机动车与非机动车驾驶人、行人之间发生交通事故，非机动车驾驶人、行人没有过错的，由机动车一方承担赔偿责任；有证据证明非机动车驾驶人、行人有过错的，根据过错程度适当减轻机动车一方的赔偿责任；机动车一方没有过错的，承担不超过百分之十的赔偿责任”）的解释。

【判决理由】主审法院认为，最高人民法院发布的第24号指导性案例中，被侵权人因左桡骨远端骨折而致伤残，而左桡骨远端骨折是交通事故直接造成的，即交通事故与伤残之间有直接的因果关系。本案中，结合原告的病历记载及医院诊断等，可以确定原告自身存在潜在性的脑梗死及高血压病等因素，属于发生脑梗死的高危人群，而本次交通事故仅造成原告左胫骨平台骨折、颈椎损伤和左小腿挫裂伤，与导致原告四级伤残的脑梗死之间并没有直接的因果关系，即交通事故外伤只是伤残的一个诱因，与第24号指导性案例中侵权人对事故发生具有过错并直接导致被侵权人伤残的情形不同，本案中被告何某梅虽对事故负全部过错责任，但原告的伤残却不是被告何某梅的过错行为直接导致的，故两者不具有参照性。

【两案的“相同点”与“不同点”】“相同点”包括：1. 两案均是交通事故中对公民身体健康权的侵犯，二者的具体法律关系或案由是相同的；2. 两案所争议的焦点问题相同，即“交通事故受害人自身的疾病是否构成过错，应否按照损伤参与度减轻侵权人的责任?”3. 侵权人都是机动车一方，且侵权人都存在过错；4. 受害人均是非机动车一方，除了身体患有疾病症状之外，受害人并无任何过错；5. 受害人所受到的人身伤害都存在多因一果的情形，损害后果是在侵权人的侵权行为与受害人自身体质因素的共同作用下形成的。“不同点”包括：在第24号指导性案例中，侵权行为导致的后果是“受害人左桡骨远端骨折十级伤残，左下肢九级伤残的损伤”，受害人自身的骨质疏松对以上损害结果的产生有一定的客观影响；在“马某久诉何某梅等机动车交通事故责任案”中，受害人所遭受的损害后果是“左侧肢体偏瘫，且被评定为四级伤残”，交通事故直接引起了当事人的外伤，外伤的诱因与受害人自身的病理性因素（潜在的脑梗死与高血压等症状）共同导致了受害人的四级伤残。

【评析结论】结合侵权责任法的立法目的以及第24号指导性案例裁判要旨所确立的“当事人的体质性因素并不属于侵权法意义上的过错”精神，虽然两案损害后果的具体形态有差异，但是如果没有侵权人的侵权行为，受害者自身的体质性因素尚不足以引发或导致最终的损害后果。在“马某久诉何某梅等机动车交通事故责任案”中，尽管马某久在事故发生之前患有高血压、潜在的脑梗死等疾病，但正是因为交通事故中的侵权行为才诱发或加重了这些体质性因素对身体的损伤，故侵权行为与损害后果之间存在法律上直接的因果关系，而不是像主审法院所判定的那样仅仅存在间接的因果关系。当事人的体质性因素对于后果的产生虽然有一定的影响，但也只是一种客观的影响而非造成损害后果的直接原因或首要原因。因此，这并不构成侵权法意义上的过错。如此一来，两案之间的不同点结合法律目的来评价，在重要性上并不足以超过两案之间的相同点，因此，“马某久诉何某梅等机动车交通事故责任案”与第24号指导性案例在实质上是相似的（第282页）。

孙海波教授在比较判例法和成文法类比思维和类比推理基础上、立足中国特色的案例指导制度的现实语境进行的上述“预演”，无疑为法官如何参照指导性案例提供了示范性指引。确如王晨光教授所言，“制度的成功在很大程度上依赖其现实可操作性，依赖完善、科学、可行的程序安排和技术保障体系的存在”①。可以说，《类案检索意见》第六条规定，“承办法官应当将待决案件与检索结果进行相似性识别和比对，确定是否属于类案”；第十条规定，“公诉机关、案件当事人及其辩护人、诉讼代理人等提交指导性案例作为控（诉）辩理由的，人民法院应当在裁判文书说理中回应是否参照并说明理由”；第十二条规定，“各级人民法院应当积极推进类案检索工作，加强技术研发和应用培训，提升类案推送的智能化、精准化水平。各高级人民法院应当充分运用现代信息技术，建立审判案例数据库，为全国统一、权威的审判案例数据库建设奠定坚实基础”；等等，就是确保案例指导制度“成功”的“程序安排和技术保障”。

① 参见王晨光：《制度建构与技术创新——我国案例指导制度面临的挑战》，载《国家检察官学院学报》2012年第1期。

为大数据的“全与真”而努力

数据化，“是人类在信息传播、人际交往乃至日常生活的过程中，为了便于沟通、传播与保存，将一切客观存在处理为数据，进而使得整个人类社会成为一个庞大的数据库”①。数据化社会不仅带来了空前的信息技术革命，更创造了全新的生产模式、工作业态和生活方式。就法学研究而言，其促发的一个大变化是，“首先兴起于刑事法学研究领域的实证研究已经是法学研究者所接受的一种研究范式，填补了理论与实践之间原本难以弥合的罅隙，使立足于现实的理论更具解释力和指导力”②。

近期，林维教授与邹劭坤先生带领团队，从中国裁判文书网公开发布的文书中提取 2013 年 1 月 1 日至 2017 年 12 月 31 日期间作出判决的刑事一审和二审裁判文书（以截至 2018 年 5 月 31 日可以查询到的为限，进入再审程序的刑事裁判文书未包含在内），进行数据分析，推出了《刑事司法大数据蓝皮书》（北京大学出版社 2020 年版，共分三编，“数据画像：刑事犯罪中期态势分析”“数据聚焦：刑法重点罪名专题研究”“数据透视：刑事程序重点问题分析研究”）这样一部“对于真实地呈现我国刑事司法活动的状况具有十分重要的参考价值”的著作，

① 参见韩晗：《“数据化”的社会与“大数据”的未来》，载《中国图书评论》2014 年第 5 期。

② 参见左卫民：《实证研究：正在兴起的法学新范式》，载《中国法律评论》2019 年第 6 期。

无疑属于实证刑法学领域的开创性佳作。按照陈兴良教授的观点，这是以司法数据为素材的刑法实证研究，即主要通过对刑事司法数据的处理而发现规律和揭示本相，有别于以刑事案例为素材的刑法实证研究，即主要通过对刑事案件进行归纳整理而提炼规则和提供模型（序第2页）。此种运用大数据方法展开的实证法学研究，无疑为法律传统学科和传统思维带来新鲜信息和视角。

基于十余年一直从事有关司法公开工作（包括司法公开方面的规范性文件起草、裁判文书公开、审判流程信息公开、庭审公开的管理，等等）的缘故，林维教授为该书所撰写的“主编絮语：用数据说话”，既勾起了笔者对既往相关工作的回忆，也触发了笔者对当下乃至今后工作的思考。

此处主要是认同与支持林维教授的诸多言说观点，即“没有案例的支撑，没有足够充分的渠道去了解司法实务中所产生的刑法疑难复杂问题，就无法真正全面、成熟地理解刑法的实际运用”“数据的价值就在于它不仅仅能够告诉我们原来所了解的问题，能够让我们知其然并且知其所以然；更重要的是它能够使我们发现原来并不知道的问题或者视角，并最终帮助我们解决这些问题”“政府有义务向公众尽可能地说明司法运作的现状、动态趋势以及司法运作的逻辑及其事实依据等，这也是公众评估司法效果的一个标准，同时也是衡量我们的治理能力和治理体系是否现代化的一个重要侧面，更是我们对自己的管理水平和法治水平是否自信的一个标志”“大数据将会使我们的司法变得前所未有的精细，甚至会让我们更为吃惊地认识到自己所无意之中创造的司法世界的陌生真相”“如果我们进一步提倡计算社会科学的概念，希望通过新的研究范式的运用，创新和发展传统人文社会科学，就需要建立各种模型进行更为精细的分析，就需要大量的真实可靠的数据才能进行所谓的

'计算'""数据需要遵循一定原则予以适度公开、共享，并且只有在流动中才能创造价值，没有流动性，这些大数据就是大量死的数字而已""对于应当公开可以公开的司法数据，应当逐步公开；对于已经公开的数据，应当更为精确、精细，使其能够适应不同的用途；在公开的方式上，应当建立更为合理、正式的制度，具有使用上的方便性，并因此保证其官方的正确性"（主编絮语第 37 页），等等，同时，借此机会梳理和记录一下实务部门为力求互联网公开裁判文书数据的全面性和真实性所作的制度设计与构建。按照时间顺序，其主要包括：

1. 2007 年 6 月 4 日最高人民法院印发的《关于加强人民法院审判公开工作的若干意见》（法发〔2007〕20 号）第二十二条提出，"各高级人民法院应当根据本辖区内的情况制定通过出版物、局域网、互联网等方式公布生效裁判文书的具体办法，逐步加大生效裁判文书公开的力度"。

2. 2009 年 3 月 17 日最高人民法院发布的《人民法院第三个五年改革纲要（2009－2013）》（法发〔2009〕14 号）第二十五条提出，"……研究建立裁判文书网上发布制度和执行案件信息的网上查询制度"。

3. 2009 年 12 月 8 日最高人民法院印发的《关于司法公开的六项规定》（法发〔2009〕58 号）中第五项"文书公开"部分提出，"……除涉及国家秘密、未成年人犯罪、个人隐私以及其他不适宜公开的案件和调解结案的案件外，人民法院的裁判文书可以在互联网上公开发布。当事人对于在互联网上公开裁判文书提出异议并有正当理由的，人民法院可以决定不在互联网上发布……"

4. 2010 年 11 月 21 日最高人民法院印发的《关于人民法院在互联网公布裁判文书的规定》（法发〔2010〕48 号）第一条规定：人民法院在互联网公布裁判文书，应当遵循依法、及时、规范的原则。第二条规定：人民法院的生效裁判文书可以在互联网公布，但有下列情形之一的除外：（一）涉及国家秘密、个人隐私和未成年人犯罪的；（二）以调解方式结案的；（三）当事人明确请求不在互联网公布并有正当理由，且不涉及公共利益的；（四）其他不宜在互联网公布的。最高人民法院和高级人民法院具有法律适用指导意义的生效裁判文书应当在互联网公布。第五条规定：人民法院在互联网公布裁判文书，应当自裁判文书生效之日起三十日内完成。

5. 2013 年 6 月 27 日最高人民法院办公厅印发的《最高人民法院裁判文书上网公布暂行办法》（法办发〔2013〕10 号）第一条规定：最高人民法院发生法律效力的判决书、裁定书、决定书统一在最高人民法院政务网站的中国裁判文书网公布。公布裁判文书的同时，通过微博发布裁判文书的链接地址。第二条规定：在中国裁判文书网公布裁判文书，应当遵循依法、及时、规范的原则。第三条规定：最高人民法院发生法律效力的判决书、裁定书、决定书应当在中国裁判文书网公布，但法律另有规定的除外。社会关注度高的案件，以及具有指导意义的死刑复核案件，生效裁判文书一般应当在中国裁判文书网公布。当事人以案件涉及个人隐私或商业秘密，请求不在中国裁判文书网公布生效裁判文书，经案件承办部门审核理由正当，且不涉及公共利益的，可不在中国裁判文书网公布。以调解、撤诉或者按撤诉处理方式结案的民商事案件，以及其他具有特殊情形、不宜公开的案件，生效裁判文书一般不在中国裁判文书网公布。第九条规定：经审核决定在中国裁判文书网公布的裁判文书，案件承办人应当及时进行技术处理，并在裁判文书生效之日起三十日内上传该网站，但按照本规定第八条经批准可以延迟公布的除外。

6. 2013 年 11 月 21 日最高人民法院印发的《关于推进司法公开三大平台建设的若干意见》（法发〔2013〕13 号）中“推进裁判文书公开平台建设”部分提出，“最高人民法院建立中国裁判文书网，作为全国法院统一的裁判文书公开平台。地方各级人民法院应当在政务网站的醒目位置设置中国裁判文书网的网址链接，并严格按照《最高人民法院关于人民法院在互联网公布裁判文书的规定》，在裁判文书生效后七日内将其传送至中国裁判文书网公布”“在互联网公布裁判文书应当以公开为原则，不公开为例外，不得在法律和司法解释规定之外对这项工作设置任何障碍”。

7. 2013 年 11 月 21 日最高人民法院发布的《关于人民法院在互联网公布裁判文书的规定》（法释〔2013〕26 号）第一条规定：人民法院在互联网公布裁判文书，应当遵循依法、及时、规范、真实的原则。第二条规定：最高人民法院在互联网设立中国裁判文书网，统一公布各级人民法院的生效裁判文书。第四条规定：人民法院的生效裁判文书应当在互联网公布，但有下列情形之一的除外：（一）涉及国家秘密、个人隐私的；（二）涉及未成年人违法犯罪的；（三）以调解方式结案的；（四）其他不宜在互联网公布的。第八条规定：承办法官或者人民法院指定的专门人员应当在裁判文书生效后七日内按照本规定第六条、第七条的要求完成技术处理，并提交本院负责互联网公布裁判文书的专门机构在中国裁判文书网公布。第九条规定：独任法官或者合议庭认为裁判文书具有本规定第四条第四项不宜在互联网公布情形的，应当提出书面意见及理由，由部门负责人审查后报主管副院长审定。第十一条规定：人民法院在互联网公布的裁判文书，除因网络传输故障导致与送达当事人的裁判文书不一致的以外，不得修改或者更换；确因法定理由或者其他特殊原因需要撤回的，应当由高级人民法院以上负责互联网公布裁判文书的专门机构审查决定，并在中国裁判文书网办理撤回及登记备案手续。第十四条规定：各高级人民法院在实施本规定的过程中，可以结合工作实际制定实施细则。中西部地区基层人民法院在互联网公布裁判文书的时间进度由高级人民法院决定，并报最高人民法院备案。

8. 2014 年 2 月 17 日最高人民法院办公厅印发的《最高人民法院裁判文书上网公布暂行办法》（法办发〔2014〕4 号）第一条规定：最高人民法院发生法律效力的判决书、裁定书、决定书统一在中国裁判文书网公布。第二条规定：在中国裁判文书网公布裁判文书，应当遵循依法、及时、规范、真实的原则。第三条规定：最高人民法院发生法律效力的判决书、裁定书、决定书应当在中国裁判文书网公布，但有下列情形之一的除外：（一）涉及国家秘密、个人隐私的；（二）涉及未成年人违法犯罪的；（三）以调解方式结案的；（四）其他具有特殊情形，不宜在互联网公布的。社会关注度高的案件，以及具有指导意义的死刑复核案件，生效的判决书、裁定书、决定书一般应当在中国裁判文书网公布。第十条规定：除依据本规定经审批不上网公布的以外，案件承办人应当在裁判文书作出后及时按照本办法第五条、第六条的要求完成技术处理，并于生效后七日内在中国裁判文书网公布。因具有特殊情形暂时不宜在互联网公布，或者裁判文书生效后七日内在互联网公布确有困难的，应当详细说明延迟上网公布的原因和时限，生成《最高人民法院裁判文书延迟上网申请审批表》呈报部门负责人审核。裁判文书从签发之日起三个月仍不能在互联网公布的，层报分管副院长审批。

9. 2016 年 8 月 29 日最高人民法院发布的《关于人民法院在互联网公布裁判文书的规定》（法释〔2016〕19 号）第一条规定：人民法院在互联网公布裁判文书，应当依法、全面、及时、规范。第二条规定：中国裁判文书网是全国法院公布裁判文书的统一平台。各级人民法院在本院政务网站及司法公开平台设置中国裁判文书网的链接。第三条规定：人民法院作出的下列裁判文书应当在互联网公布：（一）刑事、民事、行政判决书；（二）刑事、民事、行政、执行裁定书；（三）支付令；

（四）刑事、民事、行政、执行驳回申诉通知书；（五）国家赔偿决定书；（六）强制医疗决定书或者驳回强制医疗申请的决定书；（七）刑罚执行与变更决定书；（八）对妨害诉讼行为、执行行为作出的拘留、罚款决定书，提前解除拘留决定书，因对不服拘留、罚款等制裁决定申请复议而作出的复议决定书；（九）行政调解书、民事公益诉讼调解书；（十）其他有中止、终结诉讼程序作用或者对当事人实体权益有影响、对当事人程序权益有重大影响的裁判文书。第四条规定：人民法院作出的裁判文书有下列情形之一的，不在互联网公布：（一）涉及国家秘密的；（二）未成年人犯罪的；（三）以调解方式结案或者确认人民调解协议效力的，但为保护国家利益、社会公共利益、他人合法权益确有必要公开的除外；（四）离婚诉讼或者涉及未成年子女抚养、监护的；（五）人民法院认为不宜在互联网公布的其他情形。第六条规定：不在互联网公布的裁判文书，应当公布案号、审理法院、裁判日期及不公开理由，但公布上述信息可能泄露国家秘密的除外。第七条规定：发生法律效力的裁判文书，应当在裁判文书生效之日起七个工作日内在互联网公布。依法提起抗诉或者上诉的一审判决书、裁定书，应当在二审裁判生效后七个工作日内在互联网公布。第十二条规定：办案法官认为裁判文书具有本规定第四条第五项不宜在互联网公布情形的，应当提出书面意见及理由，由部门负责人审查后报主管副院长审定。

从上述规范性文件中可以得知以下几点：一是互联网公布裁判文书的范围、类型逐步扩大；二是互联网公开裁判文书经历了从选择性公开到“以公开为原则，不公开为例外”的变化（亦即从“可以公开”到“应当公开”的变化）；三是适用“不宜公开”兜底项的管控日趋严格；四是强调互联网公开裁判文书的及时性（从30日压缩至7日）。

随着上述规范性文件的出台，下列几个重要节点值得铭记：1.

2013年7月1日“中国裁判文书网”正式开通，率先向全社会公布最高人民法院生效裁判文书，标志着裁判文书上网公开工作迈出历史性一步。2. 2014年1月1日，全国各级法院生效裁判文书均在中国裁判文书网公布，并于2015年6月实现全国四级法院全覆盖、案件类型全覆盖和办案法官全覆盖。3. 2015年12月15日，中国裁判文书网全新改版上线，增加了一键智能查询、关联文书查询、个性化服务等功能，并开通裁判文书的浏览和下载功能。4. 2016年8月30日，中国裁判文书网APP手机客户端同时上线运行。截至目前，中国裁判文书网共公布全国各级法院生效裁判文书全文超过7855万篇，访问量超过368亿次，单日最高访问量高达5000万人次，访问范围覆盖全球210多个国家和地区，已经成为全球最大体量的裁判文书公开平台。

经近期的调研发现，目前中国裁判文书网公开裁判文书在“全面性、真实性”方面亦存在一些亟须改进的地方。按照互联网公布裁判文书司法解释的规定，裁判文书上网公开存在三种情形：（1）文书全文上网公开；（2）法定不上网或酌定不上网，但应当上传文书摘要信息；（3）既不公开文书，也不公开摘要信息。衡量裁判文书公开是否全面，不应单纯看公开文书的数量（“上网数”），而应看公开文书的比例（“上网率”）。公开比例有多种统计口径，最高人民法院司法公开通报采用的是“公开结案比”（即法院上传的某一时间段内的文书量除以该时间段内的结案量所得的结果）。公开结案比越高说明文书的公开程度越高。在理想情况下，文书公开比例应是法院公开文书的数量除以法院实际制作的文书数量。目前因未能建立全国统一的办案平台，既无法获知各级法院实际制作了多少文书，也无法获知经批准不予公开的文书数量，我们只能以大数据管理与服务平台中获取的法院实际结案的数量代替法院实际制作的文书量。考虑到一个案件可能有多份文书或者有些案件并没有文书，实际结案的数量中有相当多的案件并不在应当公开的范围之内，以及文书从结案到上传有时间差，这些因素决定了目前统计使用的公开结案比并非一个精确的指标，只是在无法掌握确切数据的情况下，其仍是一个评估文书公开的整体状况比较可行的指标。

总的来说，裁判文书的互联网公开离“应上尽上”的目标还有差距。相当一部分不在互联网公布的裁判文书，亦没有按规定公布案号、审理法院、裁判日期等基本信息。从我们了解的情况看，影响裁判文书上传互联网公开的主要有以下几个因素：(1) 担心文书公开后给当事人带来伤害、给社会带来麻烦而不上传；(2) 需要等待二审判决而耽误上传，或者原审裁判被二审、再审撤销而不上传或者撤回；(3) 因技术原因造成上传丢失。就加强对裁判文书公开工作的督促、提升公开的全面性和真实性而言，今后宜采取法院自己发布年度报告、法院系统内部考核和第三方评估相结合的方式。参考《政府信息公开条例》设立的政府信息公开工作年度报告制度，规定各级地方法院在每年 1 月底之前，向上级法院提交本院上一年度司法公开工作年度报告，同时在本院官方网站上公布；报告的内容由最高人民法院具体规定。同时，法院系统改进对文书公开工作的考核，最高人民法院和高级法院可以适时邀请第三方机构对所辖法院的工作进行评估。

在的大数据时代，社会各界往往对“数据”产生程度不等的“尊崇感”。但是，正如林维教授所言，“中国裁判文书网实现了司法信息的数字化，这是数据化的必要前提，但是经过简单数字处理的海量数据事实和大数据理念之间的不同在于，前者仅仅在客观上强调了数据的规模，但仅仅简单的多或者纯粹的大是不够的，数据要产生价值必须要能够被分析，甚至一般的分析也是不够的，它必须基于一整套科学的分析方法，如此才能真正科学地理解人所参与的司法行为，包括那些连个体参与者可能都不知道的个体行为汇聚成为集体行为后所产生的影响问题。因此，简单的、原始的数据沉淀或者数据库的素材容量只是让我们成为司法案例数据库最多的国家，但尚未使我们成为司法数据价值最大化的国家”（主编絮语第3页），因此，我们要成功地完成从“数字化”到“数据化”的“司法数据革命”，尚需法律人、科技人、学术人的共同努力，其中当然包括生成全面而真实的数据方面的工作。

在个案细节处凝练法理

自徐爱国教授2016年在《中国法律评论》（第2期）发表《论中国法理学的“死亡”》一文以来，法理学界开始“热闹”起来，既有“中国需要什么样的法理学”的学术沙龙对话（《中国法律评论》2016年4月27日主办），也有“法理行动计划”的启动并持续开展[①]，还有法理方面的连续出版物出版[②]和系列有关追问“法理（学）”方面的论文发表[③]。立足于此种背景来看，苏力教授《是非与曲直——个案中的法理》（北京大学出版社2019年版）在某种意义上以其独特的学术方法、路径、风格与问题意识、立场参与到了“拯救”法理学危机的行动之中。

苏力教授“后记”对个案/事件的法理分析和法律分析所作的如下比较，“就法律分析而言，不论分析者是法官、检察官或律师，由于要点是做成一件具体的事，要决断，要行动，也难免有各种职业甚至个人的利害考量，有当下的社会情势，因此目标一定更为现实。这就迫使分

① 此处指张文显主编：《法理复兴之端》，法律出版社2019年版。参见丁国强：《〈法理复兴之端〉：吹响“法理行动计划”的号角》，载北京日报网，https：//baijiahao.baidu.com/s? id=1654388818386284946&wfr=spider&for=pc，最后访问时间：2021年7月15日。

② 例如，张文显主编的《法理复兴之端》《法理复兴之路》《法理复兴之光》（法律出版社出版）和舒国滢主编的《法理》（商务印书馆出版）。

③ 例如，张文显：《法理：法理学的中心主题和法学的共同关注》，载《清华法学》2017年第4期；舒国滢：《“法理”：概念与词义辨析》，载《中国政法大学学报》2019年第6期，等等。

析者通常会把自己对个案思考中的某些不很重大的疑惑隐藏起来，还会特意把自己想到了、对方可能没想到，甚或即便对方想到也提出了但自己就是不想搭茬的某些争点隐藏起来，以便更强有力地推动自己追求的确定结论，以便‘扬长避短’，充分展开对己有利且更易发挥的争点。法理分析自然也会包括这种法律分析，但关注点不同。法理分析一方面确实要综合平衡地关注涉案各方的利益，甚至要包括很容易被分析者忽视的抽象的也即无法落实到具体人身上的社会利益，要坦诚独自面对分析者的天理良知（那也可能是偏见，但设法消除，甚至不应消除），但更会尽量追问个案中的各种智识可能，及其对于法治和法学的意义。法理分析甚至不仅仅分析法律文字，而且分析其他相关的可能影响法律和司法的各种规范，关注司法制度、舆情、社会变迁以及历史文化对个案/事件涉及的警方、检方、法院（合议庭/主审法官）以及其他行为人的应对策略和举措。法理分析当然应当有助于个案的务实应对，但其目标却从不只为了应对个案。法理分析其实几乎只为了更好地、更现实地理解法律和司法，理解天理、国法与人情及其互动”（第364页），既是对该书整体包括各章研究方法与路径所作的揭示与交代，也是对该书副标题“个案中的法理”恰切的呼应与“点睛”。

该书汇集了苏力教授多年来分析法律个案（包括司法个案或涉法社会事件）的多篇论文，是“一本有针对性的法理之作”（第1页），除引论“摆事实、讲道理、断是非”外，共包括八章，即“个人自由和法律责任”“罪责自负和殃及效果”“当睫毛掉入眼中”“隐私权的法理思考”“不只是戏仿”“法条主义、民意与难办案件”“司法解释的制度约束”等。苏力教授分别针对“肖某军签拒手术事件”“‘黄某’案”“药某案”“南京虐童案”“李某质疑文某沙事件”“搞笑视频《一个馒头引发的血案》”“舞剧《某娘子军》产权争议案”“许某案”“最高人民法院有关‘奸淫幼女’的司法批复”等个案/事件，“用法理方式来重新表达相关部门法通常以教义方式表达的内容”（第1页），力图确实呈现一种有别于目前那种“喜欢谈论一些抽象的概念或命题，而不是面对真实的生活世界”（第1～2页）的法学理论、“以司法实践为基础重新表达中国经验”且“在一定程度上重塑中国法治实践”（第310页）的“实践法理学”。

相比于先前零散、单篇地阅读苏力教授在学术刊物上发表的论文而言，此次系统地品读《是非与曲直——个案中的法理》，就更能整体地体会苏力教授“个案法理分析”的方法独特性、学术理论创造力和知识量贡献，包括发觉个案/事件蕴含的法学命题（有别于部门法学的法理学命题）、跨学科知识、方法、资源的综合运用、深究个案/事件中具有法律/法学意义的“细节”、关注个案/事件中的具体人/权利、紧贴个案/事件发生的具体时空，等等，进而留下更全面、系统、深刻的印象。此处仅以苏力教授在不同篇章中“细节”“具体”的相关强调与论述略作说明。

1. 关于个案/事件“细节”。例如，“当代中国的主流法理话语大致属于学术上的自由主义传统，日益强调保护公民生命、自由和财产，包括个人的隐私和价值偏好”；“任何严肃的讨论都必须基于对事件事实的认真梳理、考察和分析，而不能脱离事件，不关心细节，一般性地讨论一些正确的法律原则或改革理想，那一定会止步于一种粗糙的法治宣传，甚至变成法治意识形态蛊惑”（第68页）；“此事件（‘黄某案’——引者注）涉及的执法事实就很有争议，许多细节都可能有重要法律实践意义，甚或学术意义”（第68页）；“药某律师的辩护在法条上看好像是尽责了，但总体而言，非常失败，完全失败，不仅总体上，而且在具体细节上”（第127页）；“鉴于目前戏仿的主要受众更多是都市中青年知识群体，戏仿方式多种多样，以及‘合理使用’原则本身的特点，因此具体判断必须更多基于法官对具体案件细节和所涉利益的精细考察，要更多吸纳学界对相关案件的细致分析评论，很难以抽象的法律条文或教义予以统一规制”（第217页）；“以上三节所以细致梳理和分析剧本、电影和舞剧创作和改编的大量、细致的事实，就因为这些事实对理解、思考和分析舞剧《某娘子军》，对界定和分配与舞剧《某娘子军》著作权直接相关的各种权益，有基础性意义。‘摆事实’，讲证据，在此基础上才可能‘讲道理’”（第268~269页）；等等。

2. 关于“具体（人/权利/利益/案件）”。例如，“在考虑公众人物隐私权保护时，不只是抽象比较隐私权和知情权谁更重要；或隐私权和表达自由权哪个更重要。这是教条主义的分析，是语词的比较，是把各种权利按抽象位阶来分类，这不是法律人实践中必须把握的那种利益权衡。比较应当是边际的比较，即这一具体的公共人物的这一隐私与公众的知情权，或媒体的表达权，谁更重要”（第186页）；“道德命题、法律修辞与法律实践差异颇大；不能在命题或修辞层面理解法律，权利永远是具体的；许多权利和利益都重要但会冲突，需要精细的平衡；不能抽象地认为某权利一定高于另一权利，即便有关生命权也不例外”（第45页）；“任何法理学，不仅是自由主义，包括社群主义或女性主义，都不应只是教义或止步于书本，不应只是学者手中来回把玩的‘好箭’，它们都可以、应当并且能用来分析具体案件或事件，能够从理论层面回到经验层面”（第94页）；等等。

正如苏力教授所强调的，法理的个案研究“必须独立发现不仅对此案的法律应对可能有实践意义，而且对其他案件（甚至未必是同类的案件）也可能有一般意义的问题”“更关心个案中凸显但为当时学界和舆论普遍忽略或认为无关紧要的一些问题，事实或法律问题”（第16页）。

显然，从事个案/事件的法理研究，须臾离不开发现和挖掘个案/事件蕴含法律问题的学术敏感力、关注和深究个案/事件中具有法律意义细节的学术穿透力、全方位理解和换位思考个案/事件中具体人的学术语境意识、跨学科综合和运用论证资源的学术驾驭力。无疑，苏力教授《是非与曲直——个案中的法理》为我们提供了绝佳的指引示范和智慧启迪。

另一场域的“多研究问题”

近日品读孙海波博士《裁判对法律的背离与回归——疑难案件的裁判方法新论》（中国法制出版社2018年版），让笔者深刻体验一次另一场域的“多研究问题”的“思想旅程”（第269页）。

《裁判对法律的背离与回归》具体包括“导论”“当司法遇到疑难案件”“疑难案件的存在之争”“疑难案件与司法义务理论之构造”“裁判对法律的偏离”“以裁判后果论证裁判”“法条主义如何穿越司法的错综复杂”“疑难案件裁判的中国特点”等八个部分。作为法律职业共同体中的一员，关于此书的总体评价，笔者非常认同雷磊教授在“推荐序”中的如下所言，“作为对疑难案件这一主题的综合性研究，本书既讨论了疑难案件的存在论等基本问题，又讨论了疑难案件的裁判论方面的问题，对法律人全面地认识和应对疑难案件有重要意义。它提出并/或发展了一些新的概念，比如第四章中的‘司法义务’概念、第五章中的‘司法偏离’概念以及第六章中的‘后果主义推理或裁判’概念等，在一定程度上丰富了传统法律方法理论的内容，同时也推动法律理论向前迈进了一步”，“通过一系列的层层讨论，捍卫了一种依法裁判的基本立场，这对于维护法治和发展法学具有十分重要的意义”。

不过，此处要表达的一点心得是作者通过连续设问来推进有关问题研究的方法。通读完此书，作者在许多章节中均连续设问。举例如下：

在“引言”部分，作者通过“提问者—法官/医生”之间的提问与回答的场景为专著要研究的问题作了很好的铺垫，其中涉及“如何界定法律”“法院如何在裁判过程中适用法律”“法律就只是立法者制定出来的规则吗”“演绎推理能够有效应对一切法律问题吗”“疑难案件主要是什么样的案件”“法官难道不可以以法律没有规定为由拒绝受理或裁判吗”“法官和医生面对疑难案（病）例时思考和解决问题的方式有何异同”，等等（至少20个问题）。

在第二章“当司法遇到疑难案件”中，针对“四川泸州遗赠案”① 的裁判说理，作者设问：蒋某有无尽到一个妻子应尽的责任？如果说张某的身份在道德上是可耻的，那么她对于黄某的情感和照顾在道德上是否也应受到谴责？黄某生前向张某做出遗赠的真正目的是什么？是促使“第三者”继续保持付出或者想对付出表示酬谢，还是感激女方对自己临终前生活的照顾？在面对相互冲突的法律规则与法律原则时是否一定要放弃法律规则？当以“上位法优于下位法”为由决定放弃适用规则时，是否也应当考虑一下“特别法优于一般法”这个规范冲突解决规则？即便是绝对适用法律原则，又如何在公序良俗原则与自愿（意思自治）原则之间做出取舍呢（第42页）？

在第六章“以裁判后果论证裁判”中设问：后果主义推理缘何产生？后果主义推理在司法实践中的具体样态是怎么样的？后果主义推理既然诉诸对法外后果的考量，那么其正当性何在？在何种情形下后果主义推理的使用才是正当的？后果主义所考量的后果的范围是什么？如何能够将后果主义推理所进行的后果考量限制在现有法律体系和法律秩序的约束之下呢？后果主义推理与基于规则的推理果真是两种截然对立的方法论吗（第172页）？基于后果的推理则并没有这么高的可操作性，因为它在许多问题上仍然模棱两可，比如，评价规则和标准缺位（什么样的后果是值得

① 泸州市纳溪区人民法院（2001）纳溪民初字第561号民事判决书；泸州市中级人民法院（2001）泸民一终字第621号民事判决书。

赞许的或不值得赞许的？用以确定评价后果的因素有哪些？如何来证明某个行为与某个可被预见之效果制作间的因果联系呢?)、评价主体不明（某个后果对谁而言是值得赞许的或对谁而言是不值得赞许的?)（第185页)。

在“结论”部分，又连续发问：疑难案件是什么？疑难案件是否存在？疑难案件究竟“难”在什么地方？案件为何会产生疑难？法律在疑难案件的裁判中能否发挥作用，以及它在为裁决提供标准方面的作用是否存在限度？当既有的法律无法为法官提供可供直接适用的法律标准时他该怎么办？法官可以以法律没有规定或规定不完整为由拒绝受理和裁判案件吗？法官是否可以为了求得一个公正的裁判偏离法律？法官对法律的偏离如何才能获得正当性？以后果论证裁判的方法是否有益于疑难案件的裁决？后果主义推理的方法会走向依法裁判的对立面吗？法条主义真的像批判者所宣称的那样对于疑难案件的裁判毫无意义吗？我们能否在既有理论基础上将疑难案件的裁判方法向前有所推进（第270页)?

作者正是立足“问题意识”和“多研究问题”的旨趣，通过连续的设问，进而围绕这些问题的回答来逐步深化论证某一命题或者结论的成立或不成立。例如，作者在仔细回答相关问题的基础上，得出了“基于规则的推理”与“基于后果的推理”之间的如下具体差别，即1. 两者的逻辑起点是不同的，基于规则的推理是一种顺向的推理，而后果主义的推理则是一种逆向的推理；2. 基于规则的推理所增进和维护的价值主要是形式主义，而后果主义推理更加注重对实质正义的关照；3. 基于规则的推理是以法律理由作为裁判之正当化根据的，而后果主义推理是将某一裁决所可能带来的可欲后果作为证立该裁决的合理根据；4. 从规则推导而出的结论即便不合理但也仍然是符合法治原则与整体法秩序的，而后果主义推理有可能会做出“超越法律”的裁判，因为它所考量的更多的是不同于法律后果（legal consequence）的法外后果（extra－legal consequence）；5. 基于规则的推理适用范围更为广泛并且它能够维护法律和司法的确定性，而后果主义的适用范围基本上被限制在疑难案件的裁判领域（第169～170页）。

作者的此种“设问—论证”的研究方法，要是没有猜错的话，或许受到法官—医生、法学—医学、法官判案—医生诊病类比意识的影响。

一是作者在该专著“导论”部分引用了一本医学著作的“译者序”中如下一段同样是连续发问的文字：医学不可能为一切疾病都找到病因和诊治方法，在临床诊疗实践中疑难杂症是频繁发生的，医生们经常会面对充满不确定性或令人无能为力的场景，陷入深深的困惑，“到底该给癌症患者选择哪一种治疗方法？为什么同种药物在不同患者身上的效果差别那么大？在科学和医学如此发达的今天，为什么大部分疾病的发生机制还不是很清晰？为什么绝大部分的疾病仍然是无法治愈的？……医学是否真的像我们所想象的那样具有神奇的起死回生的力量？医学的力量到底有多大？当我们面对一个在社会背景、身体素质、疾病病情各方面都不同的具体的患者的时候，我们是否应采取千篇一律的干预措施？干预的程度应该一样吗？干预的力度又该如何把握？干预真的有效吗？我们能否较为肯定地预测我们干预的效果？规范化的治疗或者指南与共识真的对每一个患者都具有肯定的相同的效果吗？等等”①。

二是作者在翻译一部英文著作（Richard A. Wasserstrom：The Judicial Decision _ Toward A Theory Of Legal Justification）时，同样采用设问的标题作为书名，即《法官如何裁判》（中国法制出版社2016年版）。可以说，《法官如何裁判》书名的拟定或许借鉴了《医生该如何思考》，同时，《裁判对法律的背离与回归》的内容又受到《法官如何裁判》的直接影响。

---

① 参见［美］Kathryn Montgomery：《医生该如何思考：临床决策与医疗实践》，郑明华译，人民卫生出版社2010年版，译者序第3页。

在与时俱进的语境中追求学术创新

基于刘作翔教授曾在2005年承担了最高人民法院“案例指导制度”的调研课题，并不时地发表有关案例指导制度的论文和学术观点，而这恰恰也是本人曾经参与直至现在不断跟踪观察与思考的一项制度性改革，于是在微信群中看到刘教授新的学术文集《法律·政治与学术——刘作翔法学文选（2014－2019）》（中国法制出版社2019年版）的相关信息后，笔者毫不犹豫地发出索要赠书的信息，未过几天就收到了他委托学生寄送的此部专著。

该书收录了刘教授2014年至2019年发表的学术论文、随笔、访谈等，是继《我之法学观——刘作翔文章选》（湘潭大学出版社2008年版）、《思想的碎片——刘作翔法学言论选》（中国法制出版社2012年版）、《思想的记录——刘作翔法学演讲选》（厦门大学出版社2013年版）、《思想的碰撞——刘作翔法学演讲与对话选》（方志出版社2014年版）、《权利与规范理论——刘作翔法学文章与读书笔记选》（中国政法大学出版社2014年版）之后的第六部法学学术文选著作，组成“刘作翔法学文选六部曲”。笔者拜读完此书，深深地被刘教授那种在与时俱进的语境中不断追求学术创新的精神所折服。

正如刘教授在谈及学术研究体会时指出的，“对学术研究而言，创新是一个永远不变的真理”“一个学术产品要创新，取决于以下几个因素：第一是选题，要有一个新的选题；第二是要求新观点的阐发；第三是要有新的资料；第四是要有新的论证方法”（第330页）。就《法律·政治与学术》而言，仅从具体篇目来看，就足以发现作者紧跟时代脉搏、密切关注实践、与时俱进地“求知求真”（第320页）、力求学术创新的强烈意识。

该书具体分为“学术论文”“学术随笔”“学术访谈”“附录（含书评）”四个部分，其中，“学术论文”中的“当代中国的规范体系：理论与制度结构”“权利平等的观念、制度与实现”“论‘党纪与国法不能混同’”“论重大改革于法有据：改革与法治的良性互动”“法治思维如何形成”“中国案例指导制度的最新进展及其问题”“关于社会治理法治化的几点思考——‘新法治十六字方针’对社会治理法治化的意义”，“学术随笔”中的“幸福是法律的最高价值目标——从党的十九大报告关于社会主要矛盾的判断重新思考法律的价值”“把规范性文件纳入审查范围”“建设法治体系，实现法治国家”“在民法典中应确立法律、政策、习惯三位阶规范渊源结构”“法律人才培养应作分类化研究——关于建设高素质法治工作队伍的几点思考”“法官业绩考核面临的两难境地”“法院信息化建设与司法公开”“让指导性案例走进司法活动”“跨行政区法院不是新的法院类型”，“学术访谈”中的“没有法治文化，难言依法治国”“关于‘新法治十六字方针’的六大答问”“‘案例’指导审判，现隐性难题”“庭审微博直播，打开天窗说亮话”“在线庭审直播：考验硬件挑战法官素质”“深化改革与推进法治良性互动”“运用法治思维化解矛盾”，等等，均是当下全面深化改革、全面推进依法治国进程中的热点、难点课题、命题或者问题，均需要或者值得学界以创新的思维和眼光来进行学术研究。

同时，该专著许多篇章提出了系列具有创新性的学术观点、命题或者建议，例如，“规范体系是弥补法律体系局限性的一个新结构体系和新理论范式，是在国家和社会治理的视角对各种规范内容、种类的涵括和整合。规范体系是法律体系形成之后的升级版，是法律体系概念发展的必然，也是为了纠正将党章党规党纪和民间规范等规范类型赋予国家法律属性的一种理论矫正”（第6页）；“权利位阶是一个未能证实的虚幻命题”（第54页）；“‘重大改革于法有据’作为处理改革与法治关系的重要原则，既适用于国家层面，也应该适用于地方层面”（第75页）；“司法中弥补法律漏洞的途径及其方法具体包括习惯、司法解释、指导性案例、国家政策、权利推定”（第140～157页）；“科学立法、严格执法、公正司法、全民守法，是‘新法治十六字方针’”（第176页）；“政策、习惯以及司法解释都是法律体系概念难以容纳进去的。既然原有的法律体系概念、理论和它的结构不能概括现有的规范类型，我们就必须寻找新的概念，这个新的概念就是‘规范体系’”（第206页）；“幸福是所有法律价值目标的最高和最终目标，也是一个最后的归结”（第225页）；“对公权力，法无明文规定的不可行使；对于私权利，法无明文禁止的不得用法律惩罚”（第230页）；“对于私法公开取得成功经验的，要及时上升为法律，解决司法公开的法律化问题”（第279页）；等等。

此处笔者要特别强调的是，无论选题/命题的确定，还是论据的提出，抑或论点的形成，刘教授均始终注意学术创新研究的语境，力求相对性的“学术求真”。举例如下：

1. 针对法律渊源的理解，他曾指出，“中国作为制定法传统和法律制度的国家，对法律渊源的理解和解释就要放在中国的法律传统和制度语境中，不能简单地比附于判例法国家的解释”（第203页）。

2. 针对法律概念与法学概念的关系，他曾强调，“法律概念与法学概念是两回事。法学概念可以置入学术语境去讨论，而法律概念却应当置入特定国家的法律实践和社会实践语境中去讨论”（第204页）。

3. 针对法律多元与规范多元的关系，他曾提出，“规范多元是一个客观的社会存在，任何社会都存在。包括民间规范在内的每一种规范类型都有自己存在的价值和适用的场域，包括时间和空间，这是一个很重要的问题。如果不坚守这一点，很多东西我们自己都会遗失，包括‘民间法’这个概念本身也反映出这样一种趋势”（第 241 ~ 242 页）。

4. 针对法理学与部门法学的关系，他曾说，“这也是一个理论尺度大小之间的分工和合作问题。大尺度并不能指导小尺度，小尺度也不能指导大尺度，两者之间在不同时空背景下的功能是不一样的”（第 349 页）。

5. 针对“民间法”的学术概括，他曾有这样的评论，“这一概括言简意赅地表达了人们欲表达的东西，成为学术交往、交流和学术表达的一个‘便利’。它有一个参照物和对应物，即那个被称为‘国家法’的东西。有国家法，好像便相应地也应该有个‘民间的法’。民间法与国家法相对应，似乎是一组天然的合成、天然的对应物。人们并不在意在具体的语境中它没有法的要素，即它是不是法。它将除国家制定法之外的、只要能够对人们的行为起规范、指导、约束等作用的大多数非国家性的社会规范统统揽入麾下，可谓一个阵容强大壮观的社会规范组合”①。

6. 针对中国当下的案例指导制度，他曾作了这样的论述，“中国实行案例指导制度，是为了在保持制定法的法律体制下，以依法司法为主要的司法模式，借鉴判例法制度中对我们有用的和有益的东西，以弥补制定法之不足，而不是推倒重来，完全和彻底地改造我们既有的法律体制和司法体制”“案例制度是一种有创新的制度，但不是一种新的‘造法’制度，它在本质上仍是一种法律适用活动和制度”“它是制定法为主，案例指导为辅，在不影响制定法作为主要法律渊源的前提下，借鉴

① 参见刘作翔、王勇：《锻铸政体的法理学》，载《甘肃社会科学》2015 年第 1 期。

判例法的一些具体做法”“它是一种能够体现中国特色的，并顺应世界两大法系逐渐融合发展之大趋势的制度变革举措”（第357页）。

当然，就学术创新而言，刘教授提出的其他论断也是有价值的，例如，1. 学术创新离不开严格的论证。2. 学术创新要时刻关注实践，“关注实践是一件非常花气力、花精力、花时间，甚至花财力的事情。强调关注事件，并不是停留在就事论事上，也不只是停留在对事实和现象的描述上，而是通过对事实和现象的观察、描述与实证研究，提炼出有意义、有价值的问题，这是对我们的知识积累、思想和能力水平的考验，能否提出有新意、有创见的问题以及分析论证和结论，是显示我们的研究有无价值的标志”（第326页）；“要让法学具有现实解释力和问题解决能力，法学理论研究就不能只是被动、消极、滞后地反映法治实践，而要紧扣法治实践脉搏，适应新时代深化改革、扩大开放的现实要求，吸收和借鉴人类法治文明的有益成果，不断形成我们自己的、能够指导法治实践的有用理论”（第340页）；等等。

“在越来越功利化的世界里，人们都在追逐物质、金钱、权力等这些有形的东西，又有多少人会去追求思想这种不能吃、不能喝、不能带来个人荣禄的东西呢？好在世界之大，总还是有那么一些人以追求思想和创造思想作为一种理想，一种个人的生活方式，一种穷其一生而欲达至的事业”①，这无疑可看成刘教授对其之所以怀着“思想的形成是一个过程”的信念前行30余年学术生涯和学术道路而向世人所作的有力的告白，亦是刘教授之所以能够源源不断、与时俱进地提供具有创新性的学术观点和学术思想的内在动力。

---

① 转引自冼志勇：《两部“追求思想和创造思想”之佳作——评刘作翔教授〈思想的碎片〉及〈思想的记录〉》，载《社会科学研究》2014年第4期。

在追根溯源中求知解惑

舒国滢教授专著《法学的知识谱系》（商务印书馆2020年版）除“导论：如何看待作为一门学问的法学？”外，共分五卷十七章，即第一卷“修辞学、辩证术与论题学”包括三章：“西方古代修辞学：辞源、主旨与技术”“亚里士多德论题学考辨”“西塞罗的《论题术：思想与评价》”；第二卷“争点论、决疑术与罗马法学”包括三章：“古代修辞学上的‘争点论’”“决疑术：方法、渊源与盛衰”“决疑术与罗马法学的成长”；第三卷“欧陆中世纪与近代法学流变中的方法论因素”包括四章：“《学说汇纂》的再发现与近代法学教育的滥觞”“注释法学派：方法与风格”“评注法学派的兴起：贡献与危机”“人文主义法学的方法论与知识谱系”；第四卷“近代自然科学推进的法学范式”包括三章：“自然科学的挑战与法学的因应”“18、19世纪之交的法学之历史主义转向”“德国历史法学派与‘学说汇纂学’的兴起”；第五卷“20世纪法学知识与方法的转型”包括四章：“法学的实践走向：从‘概念法学’到‘评价法学’”“法学上的修辞学——论题学思潮”“当代逻辑背景下的法律论证理论”“法学的知识性质之再认识”。

“中国当今法学发展之种种乱象（尤其是‘社科法学’和‘法教义学’之间由于知识门派之隔阂、误解而展开的学术撕扯），究其缘由，在于人们至今对于‘何谓法学’之问题没有形成较为稳定统一的认识”“只有先行研究法学的知识论，我们才会了解法学知识的性质、生产方式和机制，才有可能避免法学知识生产的混乱无序”（序言第2～3页）。舒教授正是基于此种法学认知和理论自觉，“全凭兴趣使然，有思即笔，无念静观，专心向学，不趋名山”（序言第4页），历经差不多十年，最终成就了这一鸿篇巨著。

此次品读过程中，笔者深深地被舒教授从方法论维度追根溯源地爬梳与归整法学知识的谱系所折服。

一是，舒教授在梳理法学知识嬗变史中不时作出精辟的论断，“史”“论”结合，既启迪智慧又促发思考。例如“罗马古典时期的法学是以判例法为对象和根据的实践法学或法的实践知识（有关法律问题解决的知识）”（第423页）；“法教义学理论/知识包括以下内容：（法律）事实/关系的‘理论辨识’知识，法的发现的理论，价值评价的标准理论，法律理据（理由）的‘权衡知识’，确定法律目标/目的的知识，法律规则的推理知识，法律之理论争议的论辩是指，案例推理（司法三段论）/法律决疑术的知识，法律解释的技术知识，等等”（第546页）；“（利益衡量）理性的做法首先是通过分析事实将各个支持和反对任何当事人所讲述的理由进行比较，然后法官必须让理由的分量自行发挥作用，并运用法感的支撑进行总体评价”（第1144页）；“法学知识需要一套知识确证（确认）程序和规则，其中，由法学意见到法学知识的确立的最为重要的一步必须经过一个辩证（对话）推理或理性证成过程”（第1607页）；“法学思维是论证思维、说理的思维。法学在为法律问题提出解答方案时必须为结论提出必要而充分的理由”（第1608页）；“法学知识乃是一种法学家群体通过‘主体间的确信’来加以确保的‘证成性知识’或‘辩证——共识性知识’”（第1611页）；“没有教义学指导的法律实践是混乱的，而没有实践推动的法学并非真正的法学”（第1620～1621页）；“所谓法学（法教义学），乃是一门以法理为研究对象、具有实践指向、‘以某个特定的、在历史上成长起来的法秩序为框架和基础来寻求法律问题之答案’、以‘价值导向’为‘思考方式’、‘通过解释来理解法律规范’、具有教义学性质、旨在实现统一性和体系化的‘规范科学’”（第1624页）；“法教义学的观察、思考与解释是一种体制内的观察、思考与解释，是基于传统和范式的观察、思考与解释，是根据业已确定法律规范、法学概念、法学原理和法学方法来进行的观察、思考与解释，是规范分析、说理证成式的观察、思考与解释”（第1628页）；等等。

二是，此种“追根溯源”的知识考古作业于笔者“心有戚戚”之感，因为在先前相关工作中进行了类似的“制度考古”。

例如，2015年修改《中华人民共和国人民法院法庭规则》过程中，发生如下两个问题：（1）作为最高人民法院审判委员会讨论通过的司法文件，为何被冠以“中华人民共和国”（仅此一例）？（2）既然人民法院法庭规则事关法庭各方主体（尤其是刑事法庭中涉及检察机关）的权力责任、权利义务，为何不是全国人民代表大会常务委员会通过该文件？

经过查找书籍、资料，翻检档案，咨询相关前辈，求助立法工作机关等多种路径，总算获知了如下结果：为了贯彻执行《刑法》《刑事诉讼法》两部法律，保障庭审的规范和秩序，1979年12月11日，最高人民法院审判委员会依照《人民法院组织法》的有关规定，讨论通过了《中华人民共和国人民法院法庭规则（试行）》。1979年《中华人民共和国人民法院法庭规则》原计划由全国人大常委会讨论通过或经最高人民法院审判委员会讨论后提请全国人大常委会批准，因此，当时在“人民法院法庭规则”的前面冠以“中华人民共和国”国名。后来因故虽未提交全国人大常委会讨论，但仍保留了“中华人民共和国”的冠名，成为目前最高人民法院发布的司法文件中唯一一件直接冠以“中华人民共和国”国名的文件[①]。

再如，因工作需要曾对《最高人民法院工作报告》进行表决的制度做过一番源头考究：法院作出该报告后，最初由政协以决议的方式表示同意通过，1950 年 6 月 23 日中国人民政治协商会议第一届全国委员会第二次会议《关于同意各项工作报告的决议》指出，“中国人民政治协商会议第一届全国委员会第二次会议一致同意沈钧儒院长的人民法院工作报告”，后来改由人大以决议的方式批准通过，例如 1965 年 1 月 1 日第三届全国人民代表大会第一次会议通过《关于最高人民法院工作报告和最高人民检察院工作报告的决议》指出，“第三届全国人民代表大会第一次会议批准最高人民法院的工作报告，批准最高人民检察院的工作报告”。至于以什么为准据来判断法院工作报告被通过，存在变化，人大代表曾经是通过举手或者鼓掌的方式表达自己对法院工作报告的赞成，而未采用票决的方式。后来改为投票表决的方式[②]。

又如，2017 年至 2018 年在起草有关裁判文书释法说理文件过程中亦对现行裁判文书结构样式的演变进行过“历史追问”，即为何将判决书的“主文”由首部调整至尾部[③]。经过多种途径，至今尚未见到正式的权威解释，甚为遗憾的是，当时想当面请教对裁判文书素有专攻的最高人民法院法官周道鸾先生回答这一“谜团”，亦因前辈的突然病逝而未成。

---

① 参见李少平主编：《〈中华人民共和国人民法院法庭规则〉条文理解与适用》，人民法院出版社 2016 年版，第 13 页。

② 据权威人士口头解释，1984 年 5 月 26 日最高人民法院郑天翔院长在第六届全国人民代表大会第二次会议上作《最高人民法院工作报告》，开始主动要求由人大代表对报告进行表决。参见刘树德：《司法改革：深水区与细说理》，法律出版社 2015 年版，第 78 页。

③ 德国、日本等大陆法系国家的判决书主文均在首部。参见袁力、邵新：《德国民事裁判文书结构与说理的关联分析》，载《法律适用》2017 年第 1 期。

此外，基于从事司法改革工作的需要，曾经还对司法解释制度、二审终审制度、案例指导制度等的生成史进行过初步的梳理与研究，其间确实深刻地体认到当下若要对这些制度进行调整与完善，务必像舒教授对法学知识谱系进行追根溯源一样对其予以“还原历史”和“细问初心”，再结合当代转型特点与变迁形势作出系统而协同的安排与设计，方能确保司法改革举措的最佳效果，方能“知其然并知其所以然”。

【刑法学问之术】

正确对待形式/实质解释论的来源与语境

或许是曾经关注过刑法学界十年前那场形式解释论与实质解释论之间论争的缘故吧，近日，笔者收到刘艳红教授的《实质刑法观》（第二版，中国人民大学出版社2019年版）后，抱着寻求“释疑解惑”的目的再次认真地拜读了这本佳作。

该专著新版相对于旧版而言，在原来六章即“理性选择：形式与实质的（合）理性”“刑事法治模式：形式与实质的法治国”“犯罪概念：形式与实质犯罪概念”“犯罪论：形式与实质的犯罪论”“现代社会与实质的犯罪论体系”“刑法方法论与实质刑法解释论”的基础上，增加了两章即“形式与实质刑法解释论的来源、功能与意义”“实质刑法观的体系化思考”。

该专著切口写道，“本书以法律的形式理性与实质理性为线索，展开对刑法基本立场的探讨。刑法中所有基本能问题，如刑事法治模式、刑法基本原则（罪刑法定主义）、犯罪概念、犯罪论、解释论等都可以还原为法律的形式理性与实质理性的对峙和统一。在刑法理性的构建中，不能抛弃形式的一面而一味追求实质的一面或者反之；在刑法的形式理性和实质理性之间，应该坚守以形式理性的侧面和内容为前提，建构以追求处罚的合理性和必要性之实质要求为内容的实质理性。因此本书主张树立实质的刑法观，亦即建立以形式的、定型的犯罪论体系为前提，以实质的可罚性为内容的实质的犯罪论体系；相应地，对刑法规范应该从是否达到了值得处罚的程度进行实质的解释；同时，这种实质解释的意义与功能在于：形式入罪实质出罪、入罪合法出罪合理”。

正是怀着寻求答案的目的①，笔者此次阅读特别在意该专著新版是否对形式/实质系列范畴，例如，形式/实质合理性、形式/实质理性、形式/实质思维、形式/实质判断、形式/实质解释（论）、形式/实质法治国、（罪刑法定原则）形式/实质侧面、形式/实质犯罪概念、形式/实质犯罪论（体系）、形式/实质刑法观等有了新的辨析与论证。

应当说，该专著新增加的两章，即第七章“形式与实质刑法解释论的来源、功能与意义”包括三节“形式与实质刑法解释论的语境澄清（1. 在时间上出现于确立罪刑法定原则之后；2. 在问题上与形式与实质的犯罪论相关联）”“形式与实质刑法解释论的功能定位（1. 形式与实质解释论的适用层面；2. 形式与实质解释论是全体刑罚法规解释论的对立）”“形式与实质解释论对立的意义（1. 形式与实质解释论的对立有助于发展刑法方法论；2. 形式与实质解释论的对立有助于发展犯罪论体系；3. 形式与实质解释论的对立有助于发展刑法派别）”，第八章“实质刑法观的体系化思考”包括五节“什么是实质刑法观”“实质刑法观的法哲学基础”“实质刑法观的罪刑法定观”“实质刑法观的犯罪论（1. 实质刑法观的构成要件论；2. 实质刑法观的违法性论；3. 实质刑法观的有责性论）”“实质刑法观的共犯论”，在一定程度上“使读者

① 参见刘树德：《学派如何形成——刑法学论争中的形式与实质》，载陈兴良主编：《刑事法评论》（第28卷），北京大学出版社2011年版，第40~54页。

更好地了解实质刑法观的全貌”，“尤其是对学界批评或质疑实质刑法观”作出了针对性的“回应”（第 333 页）。

例如，作者针对陈兴良教授“《实质刑法观》专著里没有刑法观的定义”的疑问，就作出了如下回答，“实质刑法观力主两个核心命题，实质的犯罪论和实质的解释论。实质的犯罪论认为，刑法应建立以形式的、定型的犯罪论体系为前提，以实质可罚性为内容的实质犯罪论体系。同时，实质的犯罪论者认为，强调形式上的罪刑法定原则是不充分的，构成要件符合性的判断，是从实质上判定是否存在值得科处刑罚的法益侵害，因此，对刑罚法规和构成要件的解释应该从这种实质角度进行”（第 285 页）；“实质刑法观解决的基本问题是刑法的思维模式问题，即是以形式思维还是以实质思维解决刑法中的根本问题，以此出发解决了刑法中的犯罪论体系及刑法解释理论与方法的构建问题。在前者，是主张实质的犯罪论；在后者，则力主实质的刑法解释论。实质刑法观的核心命题是实质的犯罪论与实质的刑法解释论；实质刑法观的基本方法是理性方法和实质方法，实质刑法观崇尚理性的方法，即以形式理性为前提，以实质理性为基点，提倡实质主义的思考模式；从实质可罚性角度对刑法中的构成要件（形式理性/形式的罪刑法定）进行解释，以使构成要件合乎刑罚法规妥当性（实质理性/实质的罪刑法定），使刑法适用仅限于处罚值得处罚的行为，以此限定刑法的处罚范围”“实质刑法观的基本目的是，避免仅仅根据法条文字规定对构成要件作形式的理解，通过实质的解释阐述法条背后蕴含的正义理念，通过实质正义以矫正形式正义存在的不当出入人罪，实现刑法人权保障之机能与法益保护之目的”（第 286 页）。

就笔者所关注的刑法学论争中应否界定、如何界定“形式/实质”这对范畴而言，该专著在许多章节中作了“释疑解惑”的阐释与辨析。

例如，作者在回溯形式/实质解释在我国刑法学界的发生史时指出，阮齐林教授是最早论及形式解释与实质解释这对范畴的，“罪刑法定原则的确立，还将导致刑法解释方法论的转变，即由重视实质的解释转向重视形式的解释。在罪刑法定原则之下，刑法形式上的东西将居于首要的、主导的地位”①。张明楷教授随后提出与之不同的主张，即“从解释学的角度而言，对刑法规定的犯罪构成，不能仅从形式上解释，而应从实质上把握。因为刑法是以一定标准在危害行为中选择若干严重危害行为并将其规定为犯罪的，犯罪构成不外是严重危害行为的法律标志。既然如此，符合犯罪构成的行为，一定是严重危害社会的行为。如果只是从形式上解释犯罪构成，就会使一些琐细之事都符合犯罪构成（在某些情况下也可能造成相反的不良后果）；只有从实质上解释犯罪构成，才使符合犯罪构成的行为成为严重危害社会的行为”②；“即使在罪刑法定原则之下，也应当采取实质的犯罪论，即必须以犯罪本质为指导来解释刑法规定的构成要件”③。

再如，作者在比较日本刑法学界形式/实质犯罪论时有下列引述：形式犯罪论的代表者大谷实教授认为，“在以罪刑法定原则为前提的犯罪论中，重视构成要件论的形式犯罪论是最为稳妥的，并以此为出发点，对犯罪论进行探讨，将刑法体系化”④；“承认构成要件的独立机能，以社会的一般观念为基础，将构成要件进行类型性的把握的犯罪论，通常被称为形式犯罪论”；“在构成要件的解释上，在进行处罚的必要性或合理性的实质判断之前，应当从具有通常的判断能力的一般人是

---

① 参见阮齐林：《新刑法提出的新课题》，载《法学研究》1997 年第 5 期。

② 参见张明楷：《刑法格言的展开》，法律出版社 1999 年版，第 115 页。

③ 参见张明楷：《法益初论》，中国政法大学出版社 2000 年版，第 265 页。

④ 参见［日］大谷实：《刑法总论》，黎宏译，法律出版社 2003 年版，中文版序。

否能够得出该种结论的角度出发，进行形式的判断”[①]。实质犯罪论的代表者前田雅英认为，“强调形式上的罪刑法定原则是不充分的，构成要件符合性的判断，是从实质上判定是否存在达到值得科处刑罚程度的法益侵害”；“对刑法中的犯罪构成要件的判断不可避免地含有实质的内容，即某种行为是否构成犯罪应从处罚的必要性和合理性的角度进行判断”；“对刑罚法规和构成要件的解释应该从这种实质角度进行”（第266页）。

又如，作者在分析形式/实质刑法解释论的功能定位时有如下总结：“犯罪的成立中是否包含实质判断并不是区分形式犯罪论与实质犯罪论关键；是以形式构成要件论还是实质构成要件论为起点建立犯罪论体系，是否在违法性与有责性之中强调并贯彻实质可罚性以及在构成要件与违法性和有责性之间的关系上是主张构成要件的独立性还是主张构成要件是违法有责类型，这三点才是区分形式与实质犯罪论体系的关键”（第275页）。正如作者所言，“不明白形式与实质解释论范畴之来源，就不可能真正了解这对范畴的含义；不澄清形式与实质解释论的真正语境，形式与实质解释论就难以在相同平台上展开，从而无法形成真正意义上的学派之争”（第267页）。

立足于此，我们阅读该专著之际，确有必要准确把握和辨析“形式/实质的××”系列范畴中“形式/实质”的各自含义以及相互区分的准据或者关键所在。

例如，在黑格尔看来，法律的形式合理性是法律的外在技术品质，“法的东西要成为法律，不仅首先必须获得它的普遍性的形式，而且必须获得它的真实的规定性”[②]，法律的实质合理性是指法律的内在精神，

① 参见［日］大谷实：《刑法总论》，黎宏译，法律出版社2003年版，第73页。

② 参见［德］黑格尔：《法哲学原理》，范扬、张企泰译，商务印书馆1961年版，第218页。

“法的基地一般说来是精神的东西，它的确定的地位和出发点是意志。意志是自由的，所以自由就构成法的实体和规定性。至于法的体系是实现了的自由王国，是从精神自身产生出来的、作为第二天性的那精神的世界”①。

显然，黑格尔所言的法律的形式/实质合理性中的“形式”（“法律的外在品质”）—“实质”（“法律的内在精神”），既不同于日本学者大谷实、前田雅英所持的形式/实质犯罪论中的“形式”（“从具有通常的判断能力的一般人是否能够得出该种结论的角度出发进行判断”）—“实质”（“应从处罚的必要性和合理性的角度进行判断”），也不同于阮齐林提出的形式/实质解释中的“形式”（“刑法分则具体条文明文规定应受处罚的行为”）—“实质”（“在分则条文规定的罪状之外，构筑一个不依赖于分则罪状的一般犯罪构成或者犯罪成立的‘规格’”）②。

1979 年《刑法》第七十九条的类推条款，就体现了这样重视危害性实质的观念。现行《刑法》第十三条规定的犯罪概念，将危害社会作为犯罪首要特征，也体现了实质观念。形式，侧重刑事违法性特征，新刑法确认罪刑法定原则，废除类推。罪刑法定观念，刑法是国家与人民的约定，共同遵守。其中限定了国家刑罚权的边界。司法需要受刑法条文尤其是字面意思的约束，其解释也应当尊重可预测性，保障公民自由。刑法不单纯是惩罚恶行的，也是约束国家刑罚权并防范滥用的。

---

① 参见［德］黑格尔：《法哲学原理》，范扬、张企泰译，商务印书馆 1961 年版，第 218 页。

② 参见阮齐林：《新刑法提出的新课题》，载《法学研究》1997 年第 5 期。此外，阮教授 2019 年 11 月 19 日 8 时 54 分回答笔者微信的提问“‘形式/实质解释’中的‘形式/实质’各指什么”：“实质，对犯罪而言指其内容，即危害性。在中国刑法理论语境中，侧重犯罪三特征中的社会危害性，而在社会危害性特征掌握上，侧重有危害、有处罚的必要性，就应当定罪处罚（而不必在意刑法规定如何）。”

再如，按照作者的如下观点，“形式与实质解释论的对立，其实是阶层犯罪论体系之下的问题，它们与平面四要件体系无关而且意味着对后者的放弃”（第279页），那么，作者如下论述“我国刑法的犯罪论体系与大陆法系的犯罪论体系在实质内容上是基本相同的，二者之间并不存在原则性的差别，只不过具体判断的逻辑过程或者思考问题的方式上不同”“我国与大陆法系在犯罪论体系组成要素上的对应性、两种犯罪论体系实质上的相似性，决定了在大陆法系国家存在的犯罪论体系形式与实质之争的问题在我国刑法中同样存在并同样需要解决”（第187页）中的“形式”“实质”显然也就不可能是前述“形式/实质解释论”中的“形式”“实质”，进而需要读者始终抱持一种区别的立场来加以仔细地辨析不同场合中“形式/实质”的具体所指和区分准据。

追求刑法解释的“顶天立地”

“刑法解释根本上是说理，而说理离不开论证。随着后权威时代人们价值判断的多元化，法的正义性、有效性成为在法的安全性之外新增设的价值标准，这使单一的‘法寻找’面临困境之同时，又使‘法创造’在某种意义上成为客观必需，这就蕴含着实质解释论的合理性及存在的制度空间。当然，实质的刑法解释只有在形式的刑法解释结论与刑法的正义性、有效性存在根本性的冲突而又无法获得妥当性结论时，才能发挥其应有的作用。其中，立足于处罚的妥当性之考虑，运用现代方法论探究刑法解释的制约因素及模式选择，是破译刑法解释绩效之谜的刑法学的重要任务之一”，“立足于刑法解释‘是什么’‘做什么’等基本范畴，以及刑法解释的目标、方法、限度等逻辑体系，超越法条及法条内部的逻辑分析，借助于法哲学、法教义学、法社会学、法政治学等分析工具，不仅分别探讨了刑法解释的概念、功能、方法与运作机理等，而且详细论证了其与刑事政策、基本原则、刑罚目的、后果考察、人之图像、法学家法、规范保护目的、法益保护位阶、法秩序一致性等十几个方面之间的辩证关系及其支撑理由”，这是姜涛教授《刑法解释的基本原理》（法律出版社 2019 年版）专著“封底”告诉读者该专著不同于既往的刑法解释（学）研究思路与特点的一段话。

确如所言，该专著是姜教授有感于既有刑法解释方面的研究成果尚存以下需要进一步完善的地方，即“没有关注价值多元化对刑法解释的影响”“没有深入刑法解释更为深层的本质，没有把主体间性作为刑法解释的目标之一，自然难以把握后权威时代刑法解释的限度与判断基准”“缺乏从刑事政策、基本原则、刑罚目的、后果考察、人之图像、法学家法、规范保护目的、法益保护位阶、法秩序一致性等新视域讨论刑法解释，自然难以把握刑法解释理论的新发展”，同时立足于“尽可能真实地再现刑法解释的基本原理，以刑法解释的方法与限度为突破口，为刑法解释的有效运作保驾护航”“尽可能地以翔实准确的资料去研究刑法规范背后的客观社会结构、公共政策需要和民众的共同价值观等对刑法解释的影响及其方法选择的问题”，进而达至“使刑法解释学进入更深层次的发展阶段”“促进中国当代刑法解释范式的转变，即由主客观性转向主体间性”“拓展刑法解释的意义维度，矫正理论与实践‘两张皮’现象，以增强刑法解释的融贯性与规范性”的目标所做的具有理论深化和实践指导价值的最新学术研究努力。

该专著共包括十二章，即“主体间性与刑法解释”“刑事政策与刑法解释”“基本原则与刑法解释”“后果考察与刑法解释”“人之图像与刑法解释”“刑罚目的与刑法解释”“法学家法与刑法解释”“法理思维与刑法解释”“规范保护目的与刑法解释”“法益保护位阶与刑法解释”“法秩序一致性与刑法解释”“构成要件明确性与刑法解释”。

拜读完此书，笔者想到了以“顶天立地”四个字来表达其留给笔者的最深印象。具体来说，此处的“顶天”意在强调姜教授探寻刑法解释的哲理基础和构建刑法解释的原理体系的学术努力，这具体表现在各章中的系列发问与回答。

例如，在“主体间性与刑法解释”中，“如何消除学界对实质解释论的顾虑，并使通过实质解释得出的解释结论成为学界共识，这必然涉及对作为刑法解释元命题之一的本体论的追问：我们怎样才能正确地理解立法者的原意或刑法文本的包摄性含义，由于解释者的‘主观性’因素的介入，立法原意与我们渐行渐远，且不见得能够与时俱进”（第2页）；在“刑事政策与刑法解释”中，“宽严相济刑事政策作为国家和社会据以与犯罪作斗争的原则的综合，它和刑法解释之间究竟有何关联?”（第17页）在“基本原则与刑法解释”中，“既然基本原则对刑事司法具有指导与制约意义，那么作为刑事司法活动之一的刑法解释与基本原则之间的关系又应该如何处理?”（第44页）在“后果考察与刑法解释”中，“既然刑法目的解释在解释方法的位阶上具有优先性，有其化解不同解释结论冲突的必要，但却又不能是‘随意’的，否则必然带来恣意解释的风险，那么在‘必要’与‘风险’之间，刑法解释所应掌握的尺度何在?”（第73页）在“人之图像与刑法解释”中，“刑法解释为何以人之图像为中心？以及我们又应该如何把人之图像与刑法解释之间的‘桥梁’架设起来?”（第104页）在“法学家法与刑法解释”中，“司法实践能够把学说作为一种回答司法难题的标准，将其作为重要的法律渊源吗?”（第141页）在“法理思维与刑法解释”中，“司法实践中的解释是否仍然停留在法律思维层面，这种法律思维与存在论是一种什么样的关系？规范论立场与法治思维是否等同，如果等同，规范论下的法治思维真是解决难办案件的一剂良方吗？有没有一种比法治思维更高级形态的法理思维?”（第172页）在“规范保护目的与刑法解释”中，“如何全面认识刑法规范之基本结构、如何在规范语言表达的背后识别规范保护目的、如何深化法官对刑法解释之基准的认识、如何激发法官运用规范保护目的理论得出正确的解释结论?”（第224页）在“法益保护位阶与刑法解释”中，“为何在强调法益保护的必要性之同时，又要重视法益保护的优先性?”（第225页）在“法秩序一致性与刑法解释”中，“法官在告别案件裁判与适用法律时，必须为体系化的思考，注意整体法秩序的一致性，问题只在于，这种法秩序一致性应该如何确保?”（第 241 页）等等。

可以说，论者就是围绕这些问题来进行深入分析与系统论证，进而探讨宽严相济刑事政策、刑法三大基本原则、刑罚目的、后果考察、个体人/集体人与抽象人/具体人的图像、法学家法（法学通说）、规范保护目的、法益保护位阶、法秩序一致性、构成要件明确性等与刑法解释之间的“辩证关系及其支撑理由”，进而发现、提炼和总结刑法解释的系列基本原理，例如，“鉴于任何刑法解释方法都不足以为刑法解释的客观性提供担保，现代刑法解释学应定位于尽可能地提供具有‘可接受性’的解释，而非一种‘符合刑法文本’的解释”（第 16 页）；“既然刑法解释与宽严相济刑事政策之间存在‘你中有我，我中有你’的复杂勾连，那么就必须正视宽严相济刑事政策对刑法解释的制约，并将宽严相济刑事政策的实施体现在具体的刑法解释之中”（第 34 页）；“关注国情民意的总体状态及其未来发展，特别是注重刑法解释的法律效果与社会效果之间的有机统一，把主观化的刑法解释及其引发的刑法实践放置到刑法目的的实现以及刑法实践的社会背景下予以认识和考虑，这既是后果考察的基本维度，也是刑法解释必要的论证规则”（第 79 页）；等等。

此处的“立地”就是姜教授所强调的“刑法理论必须要‘接地气’，要服务于具体生动的司法实践”（第 170 页）。

此点首先从每章的二级标题就可以得到印证，例如，“主体间性的法律实践：重视刑法解释的可接受性”“轻罪的犯罪构成/重罪的犯罪构成/量刑情节的解释与宽严相济刑事政策”“三大基本原则在刑法解释论上的适用（罪刑法定原则与构成要件明确性对解释方法的限制、罪责刑相适用原则与‘以刑制罪’解释思维的适用、刑法面前人人平等原则与‘重强、轻弱’的刑法解释）”“把后果考察作为刑法解释的基准”“定罪和量刑：多重人之图像下的刑法解释（被害人像与无被害人犯罪之入罪标准的从宽解释、弱势群体与‘重强、轻弱’之刑法解释实践、个体主义与秩序维护型犯罪入罪标准的限制解释、人性尊严与死刑适用标准的从严解释）”“刑法解释的几个问题（在罪刑法定原则的边界下进行刑法解释、刑法目的解释之‘目的’应是刑罚目的、重视‘以刑制罪’思维对刑法解释的意义）”“法学学说对刑法解释的影响：理论与实践的双重展开”“情理论在刑法解释实践中的运用”“内外交织型规范保护目的与空白罪状之违法要素认定”“内部协调型规范保护目的与兜底条款之合类型化解释”“总分结合型规范保护目的与犯罪成立之定量要素的判断”“教义的更新：基于法益保护位阶分析范式的刑法解释（对于侵犯人身权利犯罪在入罪上强化一种扩大解释、对于价值性犯罪载入罪标准上强化一种扩大解释）”“常规性刑法解释的具体适用：以空白罪状和兜底条款为例”。

其次表现在论者在论证得出刑法解释基本原理的基础上又进一步提出相关的具有较强可操作性的具体解释规则，例如，“宽严相济刑事政策在死缓中的适用确定为两个基本维度：一是非暴力犯罪强调死缓适用中的从宽标准，即针对非暴力犯罪，在解释是否符合‘不需要立即执行’的死缓适用标准时，原则上应该从宽把握，能够适用死缓的尽量适用死缓；二是暴力犯罪强调死缓适用中的从严标准，即在解释是否符合‘不需要立即执行’的死缓适用标准时，原则上应该从严把握，除非有法定、酌定从轻或减轻处罚情节，原则上排除适用死缓”（第 43 页）；“强者为了谋取自我利益而针对弱者犯罪和弱者为了维护自己利益而针对强者犯罪，就是这种标准建构的重要维度：一方面，必须借助于把强者严重侵犯弱者利益的行为，对其入罪标准强化一种扩大解释，以适当加重对这类行为的处罚；另一方面，刑法对于弱者为维护自己合法权益而对侵害自己利益的强者实施的非法拘禁、绑架、扰乱生产秩序等犯罪行为的入罪标准，强化一种限制解释，以体现刑法的社会关怀”（第115页）；“刑法解释应该打破‘一刀切’的做法，在区别‘重要法益’和‘特别重要法益’的基础上，对‘特别重要法益’之入罪标准强化一种扩大解释，而对‘重要法益’之入罪标准强化一种限制解释，以体现刑法保护的重点及其力度”（第234页）；等等。

借用陈兴良教授《走向哲学的刑法学》（北京大学出版社2018年版）之语，姜涛教授作为一名刑法教义学者，“终因不识本心又不自觉地朝向法理学”，借助法哲学、法社会学、法政治学等分析工具所成的《刑法解释的基本原理》，无疑是一部“走向哲理的刑法解释（学）”力作。

刑法教义学如何面向实践

“当珠子被能工巧匠穿成一串的时候，即使我们对其中的每一颗珠子都熟悉，而一串珠子的整体感还是吸引了我们的眼球，对每个珠子的熟悉感被整串珠子的生疏感所取代”，这是陈兴良教授读完《刑法教义的本土形塑》（法律出版社 2017 年版）一书后不由而发的感慨。

该专著有别于《阶层犯罪论的构造》侧重于犯罪论体系的探讨，而是聚焦于对刑法教义的阐述，除“导言：理解当代中国刑法教义学”外，共分四编，即第一编“刑法思想的教义学转化”（包括三章：“自我决定权与刑法家长主义”“刑法公法化与罪刑法定原则”“监狱里的同居楼与刑法的现代性”）、第二编“刑事立法的教义学批判”（包括两章：“《刑法修正案（九）》的三重反思”“《刑法修正案（七）》的个罪检视”）、第三编“刑法概念的教义学诠释”（包括三章：“性犯罪中的‘幼女’”“财产犯罪中的‘扒窃’”“贿赂犯罪中的‘不正当利益’”）、第四编“经典案例的教义学解读”（包括三章：“李某奎案：‘邻里纠纷’与‘手段残忍’的涵义”“赵某华案：非法持有枪支罪的构成要件解释”“周某龙案：诈骗罪中的被害人错误”）。“中国刑法学正在经历一个知识转型的时代……转型的基本特征之一，就是在学术大开放的格局下，域外刑法教义学知识和方法的引入，以及在国内学界的迅猛发展”（导言第 1 页）。

身处这个时代的每一位刑法学人，理应思考一个问题：如何面向中国立法实践、司法实践和话语实践来形塑、丰富刑法教义学，进而发挥其约束、指导、促进实践的效能。此处借品读《刑法教义的本土形塑》之机，略述浅见。

其一，刑法教义学如何面向立法实践。“法律是治国之重器，良法是善治之前提。”[①] 不容否认，经过40余年的立法实践，无论是立法理念更新还是立法技术改进抑或立法作品质量提高，均取得了举世瞩目的成就，极大地增强了法律法规的及时性、系统性、针对性、有效性。

当然，“从刑法法理学的意义上说，法律不可能是永远正确的，立法缺陷是客观存在的，善意地解释法律的前提是要承认立法上的这种缺陷，更应该弥补这种缺陷，而不是掩饰这种缺陷”[②]。可以说，“弥补这种缺陷”的一个重要路径就是法教义学的科学构建与充分运用。正如拉伦茨所言，“如果一部法律要有较强的生命力，那么立法者事先就必须对有待规范的生活关系、对现存的规范可能性、对即将制定的规范所要加入的那个规范的整体、对即将制定的这一部分规范必然施加于其他规范领域的影响进行仔细的思考和权衡……对于这些前期工作而言，显然，法学的帮助是不可或缺的，无论是法律社会学、法律教义学、比较法学还是法的一般原理——如果所涉及的是对法学基本范畴的正确运用”[③]。

车浩教授在该书中就从教义学层面对《刑法修正案（七）》《刑法修正案（九）》相关条款展开反思和批判，具体包括立足间接正犯理论对《刑法》第一百八十条（“明示、暗示他人从事上述交易活动”的增设），立足批判性的法益概念对第二百九十条第三款，立足以预防为中

① 《关于全面推进依法治国若干重大问题的决定》，2014年10月23日中国共产党第十八届中央委员会第四次全体会议通过。

② 参见蔡圣伟：《刑法问题研究（一）》，元照出版有限公司2008年版，第249~250页。

③ 参见［德］卡尔·拉伦茨：《论作为科学的法学的不可或缺性》，赵阳译，载《比较法研究》2005年第3期。

心的刑罚目的理论对第二百四十一条第六款、第三百八十三条第四款，立足行为人刑法的观念对第二百六十七条第一款、第二百九十条第三款和第四款、第二百八十六条之一，立足预备行为的实行化对第一百二十条之二、第二百八十七条之一，立足中立帮助行为的正犯化对第二百八十七条之二，立足共同犯罪抑或监督过失对第一百三十三条之一第二款，立足总则共犯规则的虚置对第二百八十四条第一款、第二款，立足体系性思维对第一百二十条之四和嫖宿幼女罪的废除（第 189 ~ 247 页）。相反，立法者若忽略刑法教义学（尤其是犯罪论）的正确指导，难免出现“总则虚置”和“现象立法”（即立法者的目光只愿意盯在分则部分，刑法总则特别是犯罪论部分是一个被忽视甚至漠视的角落，以至于一些本来可以利用总则犯罪论的规定和理论加以解决而无须修法的问题，仍然习惯性地付诸分则立法，第 247 页）。此已被 1997 年刑法出台后的十个刑法修正案所证明。若要改变此种局面，“在立法者的纰漏面前，学者不能放弃批判的使命而沦为单纯提供解释服务的工具；在现实面前，学者也不能如赶集一般，在每次修正案出台前后，就社会热点问题热闹地讨论一番后便归于平静，而是应该对立法技术和立法理念等基础性问题进行持续的批判”（第 250 页）。

其二，刑法教义学如何面向司法实践。从发生史来看，法教义学的形成和发展与司法审判有着内在的关联；与此同时，法教义学又对司法实践具有规则指导、说理论证和促进公正等方面的效用。

许多德国学者均作了这方面的论述，例如，阿列克西指出，“法教义学始于法律概念的逻辑分析，再将这种分析概括成为一个体系，还要将这种分析的结果用于司法裁判的证立”[①]；弗里希认为，“这种理论和

① 参见［德］罗伯特·阿列克西：《法律论证理论——作为法律证立理论的理性论辩理论》，舒国滢译，中国法制出版社 2002 年版，第 314 页。

理论模式为现实中出现的具体问题，以及在解决这些问题中应当考虑的具有现实意义的法的价值和原则，能够提供一个充满理性、公正及实用的答案”[①]；等等。车浩教授亦予认同，并认为，“刑法教义学是背靠刑法典而面对司法实践的一种司法论的知识体系”（第12页）；“刑法要想得到正确的理解和适用，往往需要很多比个别条文的解释本身更为复杂和基础的理论模型，例如因果关系与客观归责、间接故意的边界、正犯与共犯的区分、不作为犯的保证人地位等”（第6页）。经过近20年的刑法知识转型之后，“根据犯罪论体系”的思考相比于“针对犯罪论体系”的思考[②]日益重要和突出。可以说，刑法教义学的“中国成色”或者“中国声音”更多地决定于“根据犯罪论体系”对中国实践（尤其是司法实践）的智识思考和教义转化。特别是，“随着案例指导制度的建立，指导性案例对于司法实践的指导作用日益加强。在这种情况下，对于指导性案例的裁判理由进行刑法教义学的分析，从中引申出一定的司法规则，也是一项对于司法实践与刑法理论具有积极意义的工作”[③]。司法实践中适用法律存在疑难争议的个案往往是促进刑法教义学丰富和发展的“动力源”，例如，“许某案”涉及“占有”概念及ATM机的“预设同意”，“李某奎案”涉及“邻里纠纷”与“手段残忍”，“药某案”涉及独生子女的死刑限制，“某播案”涉及中立帮助行为与不作为犯的保证人义务，“于某案”涉及正当防卫与防卫过当，等等。

可以说，车浩教授针对嫖宿幼女罪与（奸淫幼女）强奸罪的法条关系、盗窃罪的“扒窃”，贿赂犯罪中的“不正当利益”，故意杀人罪

---

① 参见［德］沃尔福冈·弗里希：《法教义学对刑法发展的意义》，赵书鸿译，载《比较法研究》2012年第1期。

② 参见陈兴良：《刑法的知识转型（学术史）》，中国人民大学出版社2012年版，第8页。

③ 参见陈兴良：《刑法教义学的发展脉络》，载《政治与法律》2017年第3期。

中的“邻里纠纷”“手段残忍”，非法持有枪支罪中的“持有”“枪支”“非法”，诈骗罪中的“被害人”“受骗者”“非基于错误的处分财产”“错误”程度对定罪量刑的影响等进行的分析与论证，无疑是“根据犯罪论体系”进行教义学思考的示范。这些教义学刑法知识不仅增加了刑法教义学的“中国成色”，而且为司法部门解决有关个案提供了理论支撑和论证理由。《释法说理意见》第十三条规定：“除依据法律法规、司法解释的规定外，法官可以运用下列论据论证裁判理由，以提高裁判结论的正当性和可接受性：……法理及通行学术观点……”

此外，车浩教授在形塑前述教义刑法学知识过程中所运用的法解释和社科法学等方法更是值得办案法官在裁判过程中予以借鉴。例如，他以立法机关工作人员有关扒窃入刑的如下说明不足以作为界定扒窃为例，“1. 技术含量较高的犯罪；2. 通常具有常习性；3. 具有较高的犯罪技巧和犯罪技能，反侦查能力强；4. 往往为多人共同犯罪，存在进一步伤害被害人人身的可能；5. 对待扒窃行为也以数额论的话具有一定偶然性，而该类犯罪目前比较嚣张，危害性较大”①，强调指出，“在方法论上需要注意的是，不能完全或者过分依赖立法理由或刑事政策的解读来从事教义学概念的界定”（第336～337页），而是应当立足多维视角（例如行为人—被害人视角，立法论—解释论）、采取多种解释方法（文义解释、历史解释、体系解释、目的解释等）来形成更具正当性和科学性的结论。

其三，刑法教义学如何面向话语实践。刘星教授曾说，“即使在不同领域，亦有必要，甚至应当，将其（法律实践中的法律知识和法学理论中的法律知识——引者注）视为同一，即它们在实质、功能、意义、

① 参见郎胜：《〈刑法修正案（八）〉解读》，载《国家检察官学院学报》2011年第2期。

价值等方面并无区别；区别仅在于，其一在实践中，其一在理论中。以此为基础，我们或许可较为顺利地理解，为何法学理论是实践性的，更是法律实践性的，为何进行法学理论研究时，我们正在进行社会实践，特别是法律实践”①。法教义学不同于人文社会科学和其他法学门类的一个显著特点是实践性，因而，作为理论知识生产活动重要组成部分的法教义学研究也是一种法律实践。刑法教义学的构建，既需要转化吸收非法学话语，也需要关注移植借鉴域外法学话语（包括德日刑法教义学）的语境。

1. 近些年来，法学界存在教义法学与社科法学之争，分歧点之一就在于疑难案件的处理谁更胜一筹，亦即刑法教义学是否足以担当此任或者刑法教义学大量吸收转化其他社科话语后是否“名实相符”（第30~42页）。就此而言，不同的论证场域往往需要不同的论证方式，例如，适合于法律论证场域的法教义学论证方式就不适合于政治或者道德论证场域，以政党立场或者日常政治见解为根据的实质性或策略性论证往往被排除在法律论证之外。但是，这并不意味着各种不同论证方式所运用的素材、知识、理据完全隔离或者封闭对立。“经济、社会、政治知识以及价值、政策、利益的考量，完全可以进入法教义学中，成为锻造理论规则的得力材料”（第40页），“将其他话语领域的论辩整合进法律论证场域是法律家的特殊使命，而不能由哲学家、经济学家或者政治学家代劳”②。车浩教授在该书中已经作了这方面的学术努力，例如，“自我决定权与刑法家长主义”中借用了自由主义哲学的许多观点来界定自我决定权的内涵，“监狱里的同居楼与刑法的现代性”中借用了福

---

① 参见刘星：《法学实践》（增订版），广西师范大学出版社2019年版，序言第2页。

② 参见［德］Ralf Poscher：《裁判理论的普遍谬误：为法教义学辩护》，隋愿译，载《清华法学》2012年第4期。

柯的规训（Discipline）理论来展开对行刑权运行过程中异化现象的分析，“财产犯罪中的‘扒窃’”中借用生物社会学和身体社会学思想提出了“贴身禁忌”的规范性观念，进而展开对扒窃构成要件的理论建构，等等。

2. 引进、吸收德日刑法教义学知识，无疑可以减少脑力成本的支出，但我们务必关注其形成的具体语境和警惕其运用的“时空错位”及潜在风险。针对国内外学者均主张“充分运用想象竞合犯”的法理来堵截惩罚漏洞，车浩教授敏锐地指出，“二者似乎是同步的，但实际上，一个是在罪刑法定精神已经被切实贯彻为主流意识形态，甚至被过分僵硬地强调的司法环境中所提出的纠偏性意见；另一个则是在罪刑法定精神还脚跟不稳甚至水土不服的局面下，继续在打击犯罪的一边增添理论武器”（第 277 页）。与此类似，近些年刑法学界存在的形式解释论与实质解释论之争，结论的正当性无疑亦与对当下中国法治的整体判断有关[①]。

正如车浩教授所言，“在一个法典化的国家中，以法律的理解与适用为旨归的法教义学，在保障法的安定性与正义的平等实现方面，在保障法律职业独立于政治、经济、文化等诸多力量的影响方面，在保障法学研究自立于其他学科获得专业尊严方面，具有不可替代的功能”（出版说明第 14 页），为此，我们理应立足中国当下立法文本（“如同缠绕在树木上的藤蔓一样，法教义学与实定法之间形成了一种独特的共生关系”）、司法实践、法学话语、国情民意等形塑和发展凸显“中国成色”的刑法教义学。

---

① 参见刘艳红：《实质刑法观》（第二版），中国人民大学出版社 2019 年版，前言第 2 页；邓子滨：《中国实质刑法观批判》（第二版），法律出版社 2017 年版，前言第 3 页。

“积极主义刑法观”的阶层论展开

随着学术研究的深入，近些年来刑法学界先后提出了“实质刑法观”[①]“民生刑法观”[②]“常识主义刑法观”[③]“家长/父爱主义刑法观”[④]“功利/工具主义刑法观”[⑤]等具有标签意义的理论主张，让人从不同的侧面或者维度来加深对刑法的认识和理解。近期拜读了付立庆教授所著的《积极主义刑法观及其展开》（中国人民大学出版社 2020 年版），“积极主义刑法观”同样让人耳目一新，无疑值得理论界和实务界予以认真对待。

从知识渊源而言，“积极主义刑法观”的命题有两个重要来源：

一是萌发于日本学者的刑罚消极主义/刑罚积极主义的范畴。井田良教授认为，在“二战”后日本的刑法学中存在刑罚消极主义的基调，它将刑罚权的发动作为必要的恶，认为其发动范围要尽可能地窄一些。这也符合当时的实定法以及司法实务的基本立场，因而获得了相当的说服力。但是，现在日本的立法和司法实务中明显存在的一个倾向是刑罚

---

① 参见刘艳红：《实质刑法观》，中国人民大学出版社 2009 年版，第 285 页。

② 参见卢建平：《加强对民生的刑法保护——民生刑法之提倡》，载《法学杂志》2010 年第 12 期。

③ 参见周光权：《论常识主义刑法观》，载《法制与社会发展》2011 年第 1 期。

④ 参见姜涛：《在秩序与自由之间：刑法父爱主义之提倡》，载《江淮论坛》2015 年第 1 期。

⑤ 参见魏昌东：《新刑法工具主义批判与矫正》，载《法学》2016 年第 2 期。

积极主义（Punitivismus），即在更早的时点上就认可刑罚权的介入（“处罚的早期化”现象），同时，在发生实害时科处更重的、更严厉的刑罚[①]。

二是扩展于国内学者的消极刑法立法观/积极刑法立法观的范畴。周光权教授先后在两篇论文中有如下论述，“未来的刑法立法，从总体上看，应当建立能动、理性、多元的总体立法方略。能动，是指刑法立法应当根据社会转型的需要及时作出反应，增设新罪的步伐不能放缓，应当适度扩大刑罚处罚范围，保持立法的活跃化和积极干预社会生活的姿态……”[②]“现代各国的刑法立法不约而同地开启了刑法观的转向：从形而上学的理性思考适度转向更为现实的具体考量、经验判断；从结果导向转向行为导向；从惩罚传统犯罪转向特殊领域；从报应转向积极的一般预防；不再死守用法益概念约束立法者的立场。因此，现代的刑法立法明显具有功能性，从消极立法变为积极立法[③]。付教授立足于前述两方面的重要学术渊源，经过扩展与提升，进而形成了“作为标定刑法介入社会生活之广度与深度的一种观念集合、理论体系和思维框架”的“积极主义刑法观”（第48页）。

《积极主义刑法观及其展开》共包括七章，即“积极主义刑法观的提出——积极主义刑法观的内涵界定与理论展开”“积极主义刑法观与刑法立法——积极主义刑法观的立法展开”“积极主义刑法观与刑事司法（上）——罪刑法定与刑法解释的限度”“积极主义刑法观与刑事司法（中）——刑法适用中的若干规则”“积极主义刑法观与刑事司法

① 参见［日］井田良：《变革时代的理论刑法学》，庆应义塾大学出版会2007年版，第11～12页。

② 参见周光权：《转型时期刑法立法的思路与方法》，载《中国社会科学》2016年第3期。

③ 参见周光权：《积极刑法立法观在中国的确立》，载《法学研究》2016年第4期。

（下）——财产权保护与财产犯罪的认定”“积极主义刑法观的必要节制——积极主义刑法观的侧面补强”“积极主义刑法观的理论归结”。

正如本书“切口”所指出的，“本书在主题上，明确以‘积极主义刑法观’为标题和中心，在关于刑法机能问题的同类著作中体现出鲜明的学术个性；在内容上，从宏观的刑法解释、中观的刑法适用规则和微观的财产权刑法保护角度，对积极主义刑法观的司法适用问题层层推进，并且结合具体的案件展开；在研究方法上，专著讨论‘积极主义刑法观的必要节制’，注重辩证研究而避免极端”。可以说，无论是“积极主义刑法观”命题的内涵界定和理论证成，还是“积极主义刑法观”在“刑法立法和刑事司法两个维度”的具体落实，均具有理论和实践层面的价值功能。

此处重点关注该书运用“阶层论”（构成要件该当性—违法性—有责性）来展示“积极主义刑法观”在刑法立法和司法两个环节的具体落实。

1. 积极主义刑法观在刑法立法环节的展开具体需要处理好立法必要性与可行性、规范的明确性与概括性、刑法典稳定性与权威性之间的平衡（第 379 页）。付教授从“阶层论”层面对刑法规范的修改进行了评价，例如，“既然刑法规范的核心内容是框定犯罪成立条件及其法律后果，则判断刑法的制定或修改是否具有必要性，就应该以犯罪实体即违法性和责任为中心，并兼顾预防犯罪的刑罚目的”，立足于此，无论从法益侵害进而报应的角度，还是从可谴责性程度，抑或从预防犯罪特别是从预防性角度来讲，《刑法修正案（九）》将“收买被拐卖的妇女、儿童，对被买儿童没有虐待行为，不阻碍对其进行解救的”或者“按照被买妇女的意愿，不阻碍其返回原居住地的”的“可以不追究刑事责任”分别修改为“可以从轻处罚”和“可以从轻或者减轻处罚”，值得肯定（第56~57页）。相反，不管是从限制死刑适用的政策立场还是从责任主义的原则出发，《刑法》第一百二十一条“劫持航空器罪”的“致人重伤、死亡或者使航空器遭受严重破坏的，处死刑”以及被修订前的第二百三十九条“绑架罪”的“致使被绑架人死亡或者杀害被绑架人的，处死刑”的规定均必须受到批判（第67页），同样，既然故意杀人的情形很多，比如激情杀人、因被害人过错杀人、生母溺婴等，各自在违法性特别是可谴责性上存在重大差别，那么现行《刑法》第二百三十二条故意杀人罪的简约粗疏规定就要受到质疑（第76页），等等。

2. 积极主义刑法观在刑事司法中的贯彻，既需要在刑法适用、解释的宏观层面上提炼出扩大解释与类推适用的具体标准——是否足以令社会一般人产生明显突兀感，也需要在中观层面总结若干刑法适用规则，包括在“严而不厉”思想的指引下认同刑法用语的相对性，肯定不同犯罪之间可能的竞合关系尤其是交叉竞合关系，适当放宽累犯的成立条件以体现强烈谴责（第379页）。付教授从“阶层论”层面对司法上的犯罪化“适度”与否进行判断，且具体落实到对阶层犯罪成立体系各个阶层的具体解释之中，即（1）构成要件该当性。主张对构成要件进行实质解释、不利于被告人的扩张解释，坚决抵制类推。（2）违法性。主张法益侵害说和结果无价值论，即行为成立犯罪必须对法律所保护的利益造成侵害或者威胁，不能单纯为了维护行为规范或者宣扬道德而动用刑法。（3）有责性。主张规范责任论，欠缺故意、过失、违法性认识的可能性、期待可能性的，均不构成犯罪（第23~24页）。

3. 积极主义刑法观在刑事司法中的展开更需要落实到类罪的认定（第五章针对财产犯罪有关问题展开分析，第215~293页）或者具体个罪的构成要件解释之中。付教授从“阶层论”层面对个罪构成要件进行解释主要体现在构成要件该当性阶层。例如，“要想对犯罪成立范围予以限定，就应该从构成要件的限制解释的角度切入——在无法通过对‘驾驶机动车’这样的行为本身的要素以及对‘道路’这一行为情状要素进行限缩而出罪时，最为实用、通畅和可行的途径是，将‘抽象的危险’本身理解为本罪的不成文的构成要件要素，在现实中欠缺此种危险时，就完全可以因为不符合危险驾驶罪的构成要件而直接出罪。这是在坚持实质解释论的前提下采纳三阶层犯罪论体系所给出的回答”（第 324 页）。

建设中国特色社会主义法治体系，建设社会主义法治国家，是全面推进依法治国的总目标。其中，刑事法治体系建设无疑是重要一环。是继续固守传统刑法观，包括受理性约束的立法必须尽可能针对可以观察的实害确定处罚范围，刑法的明确性、处罚范围的节制（刑法的补充性、最后手段性）、处罚与社会正义及报应挂钩等①，还是与时俱进、因时因势而变地主张“积极刑法立法观”以指导刑法立法，进而主张“积极主义刑法观”以指导刑事立法和司法，确实值得刑事法律人予以认真地思考。

需强调的是，无论是专设一章探讨“积极主义刑法观的必要节制”（第 294 ~ 372 页）还是秉持“真理再向前就是谬误”（第 358 页）的理念，均表明付教授对“积极主义刑法观”的理论定位、实践指导价值等方面有着清醒的认识。

按照学者的如下观点，“观念是指用某一个（或几个）关键词所表达的思想。细一点，观念可以用关键词或含关键词的句子来表达”② 或者“观念可以透过概念和语词集中地表达，但它所对应的往往不是一个概念，而是由众多词构成的概念群”③，“积极主义刑法观”所包含的系

① 参见周光权：《积极刑法立法观在中国的确立》，载《法学研究》2016 年第 4 期。

② 参见金观涛、刘青峰：《观念史研究》，法律出版社 2010 年版，第 3 页。

③ 参见梁治平：《为政：古代中国的致治理念》，生活·读书·新知三联书店 2020 年版，自序第 7 页。

列“关键词”或者“概念群”均存在特定的适用语境、内涵外延，同样需要我们有精准的认识和“平衡”的把握。以“积极/能动”与“消极/克制”为例，“按照法治的限权原则，能动与克制也是需要平衡的，即能动应该在宽容法治容许的范围内进行，同时，能动与克制还是法治松紧的调整器，应该因时因势而变通”。过度的克制与能动都可能会使法治不能很好地发挥工具作用。所以，能动与克制需要根据社会的情势交替转换，过度的克制会出现法律的僵化，过多的能动会使法治荡然无存[①]。也就是说，“能动司法是有条件的，如果法律没有刚性的约束力，能动司法就是无视法律的司法”[②]。再如，立法规定的模糊或者精确哪一个更契合“积极主义刑法观”指导下的立法，同样不能绝对地看待，“模糊语言是一种被普遍采用的立法技巧，立法者经常使用一些非常模糊的术语”“一项模糊的法律并不必然代表着某个法治的欠缺。用一项精确的法律代替一项模糊的法律，并不一定使一个社会更加接近法治理想”[③]，等等。

总之，“积极主义刑法观”的提倡具有现实合理性，进而以之为指导来健全完善刑事法治方面的“免疫系统”无疑具有实践必要性和正当性。

---

① 参见陈金钊：《魅力法治的苦恋：法治理论及其思维方式研究》，上海三联书店2015年版，第57～58页。

② 参见陈金钊：《司法意识形态：能动与克制的反思》，载《现代法学》2010年第5期。

③ 参见［英］蒂莫西·A.O.恩迪科特：《法律中的模糊性》，程朝阳译，北京大学出版社2010年版，第238、241页。

"但书"适用亟须可操作性规则

《刑法》第十三条"情节显著轻微危害不大的，不认为是犯罪"的规定被称为犯罪概念之"但书"。正如陈兴良教授所言，"但书对于我国刑法立法和司法都具有重要意义。就立法而言，但书确立了我国刑法中犯罪概念的数量要素，刑法分则对具体犯罪的规定，设立了数额较大、情节严重等入罪门槛。就司法而言，但书为犯罪情节显著轻微危害不大的行为提供了法定的出罪事由，有助于实现刑法谦抑主义"（序第1页）。

彭文华教授在对我国刑法学界关于但书研究的资料和争议进行系统的综述和梳理基础上，怀着建立完整的犯罪概念的但书理论，使之成为犯罪概念理论的重要组成部分的目的，出版了佳作《〈刑法〉第十三条但书与刑事制裁的界限》（中国人民大学出版社2019年版）。陈兴良教授对此作了如下评价，"本书作为一部我国刑法中但书的专著，无论是广度还是深度都超过以往的作品，从而将我国刑法中但书研究推向了一个新的高度"。此点从全书的8章内容安排亦可得到印证，即"《刑法》第十三条但书概述""但书与社会危害性理论""但书与犯罪构成体系""但书与排斥犯罪性事由的限度""但书与犯罪停止形态的处罚范围""但书与共同犯罪的处罚范围""但书与刑法分则定罪模式""我国罪刑体系的改革及完善"。

可以说，彭文华教授立足整个刑法学体系对但书进行了全方位论述和深入研究，无疑有助于"进一步完善刑法的有关规定以及相关刑法理论，并为司法实践提供有益参考”（第 7 页）。

基于近期刚刚合作发表了《裁判文书说理视角下的“但书”研究——基于 157 份无罪裁判文书的分析》（载《中国应用法学研究》2020 年第 2 期）一文，此次品读全书过程中，重点聚焦于彭文华教授为“但书”的司法适用所提炼的可操作性规则以及从司法可操作性角度提出的指导理念与立法建言。

1. “在我国刑法规定的犯罪概念中，社会危害性与刑事违法性是协调统一的。在刑事立法阶段，必须坚持以社会危害性为主导，同时应当发挥刑事违法性应有的功能和作用。在刑事司法阶段，必须坚持以刑事违法性为主导，但也要考虑行为的社会危害性。在司法实践中，出于人权保障的需要，即使刑法规定某行为构成犯罪，也要根据但书规定恰当评价该行为时的情境下是否属于‘情节显著轻微危害不大’的情形。只要行为符合但书规定，就不能以犯罪论处”（第 103 ~ 104 页）。

2. “紧急避险中的‘两弊相衡取其轻’应当包含两层含义：一是甲损害（危险将要对合法利益造成的损害）与乙损害（为避免该合法利益受损而对其他合法利益造成的损害）相衡时，甲损害必须重于乙损害，如此为避免甲损害发生而造成乙损害才有现实意义，故甲、乙相衡取乙；二是避免甲损害发生，乙损害可以有‘重’与‘轻’之别，当乙损害较轻就足以避免甲损害发生时，就不能有更‘重’的乙损害，此时乙损害之‘重’与‘轻’相衡亦当取其‘轻’”（第 142 页）。

3. 在借鉴霍菲尔德有关基本法律概念的基础上将中立帮助行为分为四种类型：一是权利型中立帮助行为（即因自己作为或者不作为，或者要求体认作为或者不为而促进犯罪的行为，包括积极的权利型中立帮助行为和消极的权利型中立帮助行为）；二是义务型中立帮助行为（因履行法定义务而促进犯罪的行为）；三是权力型中立帮助行为（因创设某种特定法律关系而促进犯罪的行为）；四是豁免型中立帮助行为（虽然对犯罪有促进作用但不承担法律责任的行为）（第 232～233 页），同时主张，“消极的权利型中立帮助行为较之积极的权利型中立帮助行为应当有更高的入罪标准和要求。这是因为，积极的权利型中立帮助行为之行为人是在较为充分的自由意志支配下，主动而非理性地促进犯罪的行为的。比较而言，消极的权利型中立帮助行为的社会危害性要小些：一方面，行为人是在义务人履行义务的情形下作出的选择，其自由意志具有被动性特征；另一方面，行为人毕竟是为了实现自己的合法债权，与积极的权利型中立帮助行为之为了获取特定收益有所不同，因而在情理更容易获得理解与宽宥”（第 234 页）。

4. “根据但书规定，似乎不以对未遂犯的处罚范围作特别刚性的量化规定……为了司法操作的便利以及定罪的协调一致，适当规范未遂犯的处罚范围或许有其积极意义，但必须以《刑法》第 13 条但书规定为根据综合评价。据此，可以考虑通过下述方法限定未遂行为的处罚范围：一是对于犯罪性质较轻的犯罪，只要不存在可能加重其社会危害性评价的主客观因素，就可以考虑对其未遂犯不以犯罪论处；二是对于犯罪性质较重的犯罪，一般情形下应处罚其未遂犯。如果确实存在减轻其社会危害性的特殊情节，可以将其认定为情节显著轻微危害不大，对其未遂犯可不以犯罪论处”（第 186 页）。

5. “以我国《刑法》第 13 条但书为基础，可知我国刑法对中止犯的规定过于绝对化，总体而言有重罚之嫌，应适当限缩处罚范围……具体地说，应当根据犯罪性质的不同，对我国刑法中的中止犯作如下处罚规定：（1）对于预备阶段的中止犯，一律不以犯罪论处。（2）对于轻罪，即最高刑为 3 年以下有期徒刑的犯罪的中止犯，没有造成损害的，一般不认为是犯罪。已经造成损害的，可以减轻处罚或者免予处罚。

（3）对于重罪，即最低刑为3年以上有期徒刑的犯罪的中止犯，原则上适用现行刑法规定。（4）对不属于轻罪与重罪之间的犯罪的中止犯，没有造成损害的，可以酌情不以犯罪论处或者免予处罚；已经造成损害的，可以酌情区分损害的大小分别予以免予处罚或者减轻处罚”（第201～202页）。

6. “‘立法定量+司法定量’的定量模式面临的问题在于：首先，立法定量与司法定量究竟属于何种关系，不得而知；其次，立法定量如何体现以及司法定量如何落实，也是一个需要解决的问题，否则固然可以吸收两者的优点，但同时也可能承继两者的缺陷，最终没有解决实质问题；最后，如何在定量上分配立法权与司法权，也是不得不面对的，否则会导致立法权与司法权相互倾轧、模糊不清，不利于司法操作”（第259页）。

7. “定罪标准量化具有自身的优点和长处：首先，定罪标准量化能使国民对自己的行为具有可预测性，有利于发挥刑法的安定性。其次，定罪标准量化能够使司法机关更为客观、中立地认定犯罪，既有利于司法操作也有利于定罪的协调一致。最后，定罪标准量化确有其现实需要，具体表现为两个方面：一是在某些犯罪中，量化、数据化的定罪标准往往可以反映犯罪的价值判断，体现行为的量变与质变；二是量化、数据化的定罪标准往往是一定时期内司法经验的总结”（第268页）；等等。可以说，彭文华教授在该书中围绕但书提炼出的诸多“司法适用具体规则”或者立足司法操作层面提出的“修法建言”无疑具有重要的指导实践价值与功能。

彭文华教授在该书中运用其中立帮助行为类型化理论对“某播案”裁判文书说理进行的评析，就是展示该书有关“司法适用具体规则”批判、反思、指导实践的一个极好示例。“因为网络安全管理义务容易被人理解为一种通行义务，即凡是提供网络服务的人均应履行的义务。如此一来，就会将权力型的网络中立帮助行为与其他网络中立帮助行为，甚至与非网络中立帮助行为相混淆。在‘某播案’中，这具体表现为将方便、加速淫秽视频下载、传播的软件服务提供者与一般的网络接入、服务器托管、网络存储、通信传输服务提供者相提并论，因为他们承担系统的网络安全管理义务。事实上，由于网络接入、服务器托管、网络存储、通信传输服务面对的是不特定的对象，因而并非中立帮助行为”“某播案当事人的行为属于典型的权力型中立帮助行为……公司及相关责任人员显然应该对此特定的权力型中立帮助行为承担责任”“如果侧重从不履行网络安全管理义务方面阐述理由，也会让人对以传播淫秽物品牟利罪定性产生疑虑”“根据《刑法》第13条但书规定，只有综合评价后达到犯罪程度的中立帮助行为才可以犯罪论处，如果属于情节显著轻微危害不大的则不能认定为犯罪。以‘某播案’为例，在受到行政警告处罚并责令整改后，某播公司并未认真进行整改……对这种屡教不改，致使大量淫秽视频得以扩散下载、播放的行为，以犯罪论处是完全可以的”（第235~237页）。

总之，该专著对于司法实践的意义不仅体现在宏观的理念指导上，也体现在微观的个案裁判中。从司法实践来看，直接援引“但书”规定并不违背罪刑法定原则，但是“但书”规定的适用应具备一定的条件、遵循一定的逻辑、统一判断的标准。具体办案法官尤其应当高度重视适用“但书”规定宣告无罪案件的裁判文书说理工作，结合客观行为及造成的危害结果、主观目的和动机等因素，根据案件的实际情况综合进行“情节显著轻微危害不大”的评价，将是否适用“但书”规定的事实依据、证据依据、法律依据、政策依据、情理依据说清楚、讲明白，通过阐明裁判结论的形成过程和正当性理由，提高裁判的可接受性，实现法律效果和社会效果的有机统一，努力让人民群众在每一个司法案件中感受到公平正义。

追求刑法教义的精致化

确如秦雪娜博士所言，“共犯从属性问题并非孤立的具体问题，而是牵涉整个共同犯罪的基础理论。毫不夸张地说，从理论研究层面，借由共犯从属性问题这一视角，可以揭开共同犯罪本质的面纱；在司法实务层面，共犯从属性问题更是直接决定着共同犯罪参与人的处罚范围以及处罚形态”（《共犯从属性研究》，中国法制出版社2020年版，导论第2页）。虽然笔者较长时期徘徊于教义刑法学之外，但毕竟其仍是立身之本，因而仍适时地关注刑法学术前沿动向，尽量跟踪上刑法学同人们的节奏与步伐，汲取知识并用以更好地指导实践。近日拜读了秦雪娜博士的这部“在现有的理论框架下，对共犯从属性问题做推进性的研究与细节性的拓展，在写法上合乎法教义学研究的要求，称得上是一篇踏实之作”（劳东燕所作推荐序，第2页）的专著，笔者作为实务部门的一名工作人员，确实欣喜于共犯领域的刑法教义精致化的较大进步和提升。

“一种精确的刑法学理论体系应当能够对各种可能出现的问题进行合理的解答”①。在阅读此书过程中，笔者深深地感受到秦雪娜博士始终怀着追求共犯领域刑法教义精致化的强烈意识。

此点从其书中多处使用“精细”“精巧”“精致”“精准”“细致”

---

① 参见［美］乔治·弗莱彻：《反思刑法》，邓子滨译，华夏出版社2008年版，第539页。

等术语足以为证，例如，“区分制之下共犯对正犯的实行从属性问题要更精细、更复杂”（第41页）；“区分制对正犯和共犯的划分，是为了使二者在定罪层面受到他们自身本应获得的不同的价值评价，这是刑法在共同犯罪的定罪处理上精细化的表现，即使不可避免地会出现区分困难的情形，但这种刑法精致性的不懈努力仍然值得认同。而单一制在定罪层面对此笼统地不加区分，反而是一种对参与类型在法益侵害能力上的实质差异视若无睹的鸵鸟心态，在共同犯罪的定罪评价上过于简单和粗暴”（第45页）；“在犯罪参与体系的选择上，区分制和单一制的较量，是无法从所谓立场优越性断然得出结论的，应将视线转移到对共同犯罪的解释技术上，即哪一种方法更有利于提升法律评价的精确性。而相较单一制，区分制正是体现了刑法的精巧性发展”（第47页）；“区分制对参与类型的划分，能够使得不同类型的参与人在定罪层面即受到其本应获得的层级不同的价值评价，而这正是区分制较单一制之精巧所在”（第50页）；“在区分制之下，事先对参与类型在支配能力上的划分，能够为事后参与人的量刑提供一个稳定的参考标准，比单一制在量刑上的‘摸黑处理’更精致、更成熟”（第53页）；“区分制根据对法益侵害事实的支配能力划分正犯和共犯，并在基础上主张共犯的实行从属性，使得对共同犯罪中犯罪未遂的认定更加精致化”（第55页）；“区分制对共同犯罪的处理较单一制而言更精细、更成熟，是理论进步的表现。据此，我国刑法对共同犯罪的规定，理应朝着区分制的方向解释”（第57页）；“区分制在我国具有法律解释的可能，而且刑法也应当朝着这种更精巧、更成熟的共同犯罪处理模式去解释、去操作”（第58页）；“‘犯罪事实支配能力说’根据参与人在犯罪构成事实支配能力上的差异区分正犯和共犯，在定罪阶段就可以使得不同的参与类型受到不同的价值评判，这与单一正犯体系无视参与行为在不法上的实质差异、在定罪层面对参与行为不加区分的做法相比，对共同犯罪在定罪阶段的处理更精细、更成熟”（第69页）；“区分制犯罪参与体系在对共同犯罪解释的精巧性上占据优势，作为共同犯罪的体系基础，有利于教义理论的深入开展”（第71页）；“虽然区分制并没有完全解决正犯和共犯区分的精准性，但理论的发展已经在一些正犯和共犯类型上达成了共识，对于实践中绝大多数犯罪参与形式，是可以作出合理区分的”（第78页）；“故意犯罪是比过失犯罪更重的犯罪类型，对共同故意犯罪的认定，理应更精细、更谨慎、更严肃，故有必要根据参与行为在犯罪构成事实支配能力上的差异，对参与类型作出细致划分，以使得不同的参与类型能够受到其本应获得的层级不同的价值评判”（第80页）；“区分制犯罪参与体系的优势关键在于，区分制一直在努力还原共同犯罪的参与行为在不法上的实质性差异，以使得不同的参与类型在定罪阶段即能够受到差别性的价值评定，从而对共同犯罪问题的处理更加精致化”（第81页）；“为了对共犯的要素从属性展开全面、细致的探讨，除了应当采纳构成要件符合性、违法性和有责性的三阶层体系，还应当结合违法本质观的差异”（第180页）；“区分制本身具有精细化刑法教义的积极意义，然而面对单一制的强势批评，区分制的确应该从自身的理论根基出发进行反思”（第243页）；“区分制根据参与行为在不法上的实质差异划分参与类型，在共同犯罪的评价和处理上体现了刑法教义的精致性，具有积极的方法论意义”（第279页）；等等。

与之对应，她也指出了单一制正犯体系的“粗糙”，例如，“单一制的缺陷在于忽视了参与类型的实质差异从而导致评价粗糙化”（第43页）；“由于单一制并未根据参与行为在支配能力上的本质差异作出区分，导致刑法对共同犯罪的评价粗糙化。首先表现为定罪上的粗糙处理……其次表现为量刑过程中欠缺参考标准……最后表现为犯罪未遂处罚界限的粗糙化”（第44~46页）；等等。

正是在此种“精致化”意识的指引下，秦雪娜博士注重从以下方面来促进共犯领域的刑法教义精致程度的提升：

一是注意区分辨析不同问题。例如，1. 针对“参与类型的区分与参与人的量刑”这两个不同的问题作了如下论述，“对参与类型的区分是为了还原参与行为客观存在的实质差异，进而使得不同的参与类型在定罪阶段能够受到其本应获得的层级不同的规范评价，这与各参与人在个案中现实发挥的作用如何、应当被判处何种程度的刑罚这一量刑问题，并无必然关联”（第 64 页）。2. 针对“实行从属性说和共犯借用犯说”这并非同一层面的问题作了如下论述，“实行从属性说只解决事实层面的问题，即该说关注的全部内容在于，教唆行为、帮助行为和实行行为在自然性质上存在差异，由此导致二者在刑法评价上成为两种不同的行为类型，由此，教唆者、帮助者构成犯罪未遂，应以实行行为的存在为必要。共犯借用犯说解决的则是规范层面的问题。共犯固有犯说、共犯借用犯说关注的焦点在于共犯自身是存在固有的犯罪性和可罚性，而这并不属于事实层面的内容，是需要在共犯处罚根据中探讨的更深层的问题”（第 156 页）。3. 针对“统一正犯体系和实行从属性说”这两个不同的问题作了如下论述，“实行从属性说只关注事实问题，即教唆者、帮助者构成犯罪未遂、既遂，必须存在一个直接去侵害法益的主行为，至于共犯行为本身是否存在固有的不法这种规范性问题，并非实行从属性说涉猎的内容，而是共犯处罚根据的内部争论”（第 157 页）。

二是注意分析他说的矛盾之处。例如，“折中肇因说出于解决某些具体问题的需要，将两个完全不同的判断标准牵强地杂糅到一起，不仅使得对共犯处罚基础的说明存在无法调和的矛盾，而且，这种为了解决个别问题，就轻易地将两种对立标准折中的理论，能否对其他问题也一并作出合理的解释，同样令人怀疑”（第 97 ~ 98 页）。再如，“当前必须就处罚教唆未遂与实行从属性说并不矛盾进行澄清，并就以何种形式处罚教唆未遂、处罚教唆未遂与实行从属性说如何相容，进行有力的论证，如此方能消除误解，恢复实行从属性说的原意”（第 143 页）。

三是注意论述/命题的语境，常常以“仅仅”为限定语。例如，1. “实行从属性说并非必然反对处罚教唆未遂，其关心的焦点仅仅在于，不能将教唆未遂认定为犯罪未遂形态，除此之外，是否需要处罚教唆未遂、在多大范围内处罚教唆未遂，完全取决于各国刑法的具体规定及其刑事政策”（第 162～163 页）。2. “当实行从属性说处于中国的法律环境中作为中国问题时，应当仅仅是指，共犯成立犯罪未遂，以正犯着手为必要，而在正犯尚未着手的场合，仍然存在对其以犯罪预备处罚的可能”（第 166 页）。3. “共犯仅仅从属于正犯该当客观要件的行为事实，在不法和责任上则应根据共犯自身的情况独立地判断”（第 200 页）。4. “行为共同说认为共同犯罪中的‘共同关系’，仅仅是指‘因果的共同’，共同犯罪的意义也仅仅在于解决‘客观结果的归属’”（第 221 页）。

四是注意区分具体情形分别处理。例如，立足“分界乃是概念精致化的必然结论”[①] 的立场，区分“教唆、帮助他人实施了符合构成要件但不违法的行为时”的三种情形分别处理，即“如果教唆者、帮助者客观上并未制造自己对法益的损害，即使其主观上具有利用他人正当行为的意思，也不成立犯罪；如果教唆者、帮助者实际侵害了对他而言受到保护的法益，但又尚未支配整个因果流程的，则成立共犯；如果教唆者、帮助者不仅客观上实现了自己对法益的侵害，其教唆行为、帮助行为又能支配整个法益侵害事实的，则成立间接正犯”（第 116 页）。

五是注意论述/命题的自设条件。例如，“根据客观主义行为共同说

---

① 参见许玉秀：《当代刑法思潮》，中国民主法制出版社 2005 年版，第 565 页。

认定的共同犯罪，也要受到两点约束。一是数人共同完成的必须是构成要件行为，而非松散的自然意义上的行为。二是数人的行为必须具有共同性，否则根本不可能形成共同关系”（第 228 页）。

六是注意提炼具有可操作性的教义规则。例如，1. “区分正犯和共犯真正显著的意义或者说真正的优越性，并非所谓共犯的不法取决于正犯的不法，而是在于对共犯和正犯的区分还原了参与类型在规范层级上的实质差异。这种实质差异并非指共犯不具有独立的不法、正犯则具有独立的不法，而是指虽然所有的参与行为都与构成要件结果具有因果关系，但事实上有些参与行为并不能支配整个犯罪构成事实的实现，有些则能够支配犯罪构成事实的实现”（第 44 页）。2. “行为人利用不具有辨认控制能力的精神病人犯罪，与利用具有正常辨识控制能力的正常人犯罪，在客观上具有实质性不同。就前者来说，由于利用对象不具有辨认控制能力，所以利用者能够支配整个法益侵害事实；就后者来说，由于利用对象具有辨识控制能力，利用者只是开启了侵害法益的因果流程，却无法支配法益侵害事实”（第 50 ~ 51 页）。3. “参与类型的划分与参与行为的量刑是两个问题。换言之，即便在构成要件阶段根据对法益侵害事实的支配能力，划分出不法等级不同的参与类型，但在量刑阶段，原本不法性较重的参与行为所具有的犯罪构成事实支配能力，未必在事后现实地发挥出来，因而在量刑上也就未必一定适用较重的刑罚”（第 49 页）。4. “区分制对参与类型的划分是依据定罪阶段各参与行为在犯罪构成事实支配能力上的差异，而量刑阶段则是根据各参与行为在事后现实发挥的作用处罚”（第 52 页）。

立足于《释法说理意见》的明确规定，即“法官可以运用法理及通行学术观点论证裁判理由”，秦雪娜博士上述追求共犯领域的刑法教义精致化努力，无疑将为刑事审判实践包括刑事裁判文书的说理提供更精准的指引和支持。

“整体性二元论”：刑法教义学的样板

德国尼尔斯·扬森教授曾说，“法教义学大多具有‘多维的’综合性特征：一方面，它描述现行有效的法律，分析法律概念并表述法律规则和法律原则；另一方面，它在概念上和体系上总结这些规则和原则，并将其有目的地编排到更广泛的联系之中，从而使法学理论以规范性陈述连接起描述性陈述与分析性陈述”①。

近年来，“于某案”“唐某反杀案”等系列关涉正当防卫条款适用的热点敏感案件，无疑给普通公众提供了鲜活的法治公开课素材，同时也为法学界进行（刑）法教义学层面上的反思提供了契机。立足于此种学术背景，笔者品读同乡好友王钢博士的《正当防卫的正当化依据与防卫限度——兼论营救酷刑的合法性》（元照出版有限公司 2019 年版），有了更多的收获和有所侧重的关注。

该书除“导论”（具体包括三节：关于正当防卫的争论；关于营救酷刑的争论；研究对象与目的）外，具体分为两编：第一编“正当防卫的正当化及其限度”，具体分为三章即“正当防卫的哲学基础”“刑法学界的见解”“本书的立场”；第二编“正当防卫与营救酷刑”，具体分为四章即“营救酷刑的定义”“刑法阻却违法事由的前置考察”“作为

---

① 参见［德］尼尔斯·扬森：《民法教义学》，载朱晓喆：《私法的历史与理性》，北京大学出版社 2019 年版，第 354 页。

正当防卫的营救酷刑”“结论”。

正如封底所载，“本书对正当防卫的正当性依据及防卫限度的问题进行了较为详细的探讨。基于 Rawls 无知之幕的假设，原初状态中的理性人都会要求设置正当防卫制度维护自己应当享有的自由权利，故正当防卫是具有可普遍性的正当规则。与此相应，对于防卫限度的认定，应当贯彻‘权利无需向不法让步’之原则，仅在防卫行为所损害的法益不成比例地远超过所保护之法益等情形中对防卫权予以限制。这些限制仍然是理性人追求自身利益最大化的表现，是正当防卫之正当性依据的必然要求。依本书立场，警察在别无他法的情况下，出于营救目的对犯罪分子施加酷刑逼取保护法益所必需之信息的行为（即营救酷刑），也能够透过正当防卫合法化”。

按照德国法学家恩斯特·拉贝尔在《比较法的任务及必要性》宏文中的观点，比较法研究存在三种进路：教义学或体系式的比较、历史的比较、总论式或法哲学的比较①。王钢博士在该书第一编中对正当防卫的正当化依据及其限度进行了“教义学的比较”研究，进而提出了“整体性的二元论”主张（第 19～210 页），可以说极大地夯实了正当防卫的法理基础和丰富了正当防卫的教义学知识。

作者首先将德国刑法学者们对于正当防卫之正当化依据的诠释大体分为三条路径：一是个人主义诠释路径，二是超个人主义诠释路径，三是折中的二元论诠释路径，并进行细致的梳理、归纳和分析。

1. “个人主义诠释路径”大致又有以下几种论述模式：其一是侧重于从被侵害人或者防卫人的角度论证的模式，论据主要有两点：（1）强调防卫行为对于被侵害人个人权益的保护，指出不法侵害在危及被侵害

① 参见朱晓喆：《私法的历史与理性》，北京大学出版社 2019 年版，第 248 页。

人的具体法益，还同时侵害了被侵害人的其他权益；（2）强调防卫人在正当防卫中处于不利地位，即防卫人一般未接受过防卫训练，而且经常猝不及防地遭遇不法侵害。其二是侵害者单边模式，强调不法侵害由不法侵害人引起，不法侵害人对于不法侵害的发生负有不可推卸的责任，其虽可以自主决定是否实施不法侵害，但却选择侵害他人权益，故应将他人的防卫行为归责于不法侵害人；防卫行为对不法侵害人造成的损害，不过是不法侵害人咎由自取的结果；既然如此，对不法侵害人之法益的保护必要性就应当比被侵害人的法益有所降低，而这种双方法益在值得保护程度上的差异，就必然导致不能在法律上严格限制防卫人的防卫权限。其三是双边模式，即从被侵害人与侵害人之间的相互关系寻找正当防卫的正当性依据，解释正当防卫相比其他违法阻却事由的特殊性。例如，“平等关系说”认为，正当防卫的合法化根据在于其维护了被侵害人与侵害人之间的平等关系，而唯有故意且有责地针对公民绝对权利实施的侵害行为，才能构成正当防卫意义上的不法侵害，才能对之进行正当防卫。其四是其他模式，即从自然权利、社会契约或者其他角度探寻正当防卫的正当化依据及其权限范围。

2. “超个人主义诠释路径”并非将侵害者或者被侵害者的个人因素置于论述的中心，而是寻求透过抽象的权利、不法等因素论证正当防卫的正当化依据以及防卫权限的范围，亦即引用“法无需向不法让步”来论证，正当防卫的正当化依据在于维护了法秩序的有效性、预防了潜在的不法侵害。

3. “二元论诠释路径”尝试将个人主义角度和超个人主义角度相结合，从而周延地解释正当防卫的正当化根据及防卫权限的范围。主张正当防卫的本质由两大并列的基本要素共同决定：个人保护原则和法秩序维护原则（亦称为“法保护原则”或“法确证原则”）；防卫人通过实施防卫行为不仅保护了公民个人的法益，同时也在国家不能及时采取行动的情势中担当了对抗不法的任务，因而维护和确证了法秩序的有效性。

作者接下来对这些模式进行了翔实的辨析与论证，具体指出各自的合理之处和存在的不足或者问题。例如，1. 纯粹的“个人主义诠释路径”虽然准确认识到了正当防卫对于被侵害人个人权益的保护，但却不能有力地解释，为何同样是保护个人权益，正当防卫却可以不受法益权衡原则的严格限制，赋予防卫人远大于紧急避险等其他违法阻却事由的行为权限。不论是基于被侵害人或侵害人的角度，还是立足于被侵害人与侵害人之间的双边关系的考察，抑或是从社会契约和自然权利的理论出发，都要么难以论证正当防卫宽泛的权限，要么难以与现行刑法中对于正当防卫的规定相契合。2. 纯粹的“超个人主义诠释路径”中的“法秩序维护说”虽能较为合理地解释正当防卫与紧急避险等其他违法阻却事由的不同，从而说明为何正当防卫的权限原则上不受利益权衡的限制，但又存在脱离与个人权益的关联、背离正当防卫之哲学基础的问题，还可能导致正当防卫的认定范围过于宽泛。3. “对立性的二元论”（即个人保护原则和法秩序原则共同决定正当防卫的本质，同时两原则相互独立，共同影响正当防卫的权限）尚未解决好两个基本原则的相互关系问题。

最后，作者提出“整体性的二元论”并对其进行全方位多维度的论证和具体适用的演绎展示，主张正当防卫具有个人保护与法秩序维护两方面的功能，个人保护原则和法秩序维护原则并非两个相互独立的、具有内在紧张关系的基本原则，而是具有相同的理论基础：

两个原则都体现了维护公民自由权利的需求，故而能够在原初状态中获得理性人的普遍认同，与此相对应，两个原则也因维护公民自由权利的共同目标与理论基础而构成协调统一的整体；正当防卫的正当化依据在于捍卫公民的自由权利，即为了妥善保全公民的自由权利，正当防卫不仅对于公民的个人法益提供直接的保护，同时也还禁止对超个人法益的不法侵害，以便维护旨在保障公民自由权利的法律制度与行为规范，透过对法秩序本身的维护消除对公民自由权利的潜在威胁；任何为保护公民权利所必需的、旨在制止不法侵害的防卫措施，不论其在个案中保护的是被侵害人的个人法益还是体现为国家和公共利益的超个人法益，原则上都属于必要的正当防卫，至于防卫行为所造成的后果究竟如何，则非所问；正当防卫并不是因为保全了更为重要的法益而成为违法阻却事由，其原则上也不受利益衡量的限制，对之不能严格适用优越利益原则；在认定防卫行为的必要限度时，采行最主要的判断标准：防卫行为本身对于制止不法侵害而言是否是必要的举措（“必需说”的立场），除在部分特殊场合（防卫行为所损害的法益不成比例地远超所保护法益；被侵害人与侵害人之间具有紧密的家庭关系；面对明显无责任能力的不法侵害人；防卫挑拨）有所限制外，均贯彻“权利无需向不法让步”的原则。

正如我国学者所说，“当代中国法学法治建设在启蒙之后，需要点点滴滴的法教义学知识的积累和建构”①。近年来被媒体所关注的系列关涉正当防卫制度条款适用的案件判决之所以引发热议与纷争，无疑与正当防卫制度条款的法教义学知识短缺或者不足紧密相关。鉴于此，王钢博士的此部“对刑法中的正当防卫问题有了新的思考”（序言）的学术专著无疑丰富了正当防卫制度条款的法教义学知识，同时也为我国司法实践激活正当防卫制度的合立法目的地适用提供理论指引，尤其会助推涉及正当防卫制度条款适用的个案裁判说理论证的提高。

---

① 参见朱晓喆：《私法的历史与理性》，北京大学出版社2019年版，第268页。

民法典时代的“刑民交叉”

笔者怀着为审判委员会讨论民刑交叉案件司法解释稿做些知识储备的目的，尽快地阅读完了一刑法学术佳作夏伟博士的《刑民交叉的理论构造》（法律出版社 2020 年版）。

正如刘艳红教授在“序：刑民交叉听萧韶，夏木阴阳好时节”中所言，“尤其是身处民法典时代的我国当下刑法学，刑法中的犯罪日益呈现刑民交叉的特点，刑民交叉现象越来越普遍、越来越深刻”“在公法与私法相互融合的世界法治化进程中，基于统一法秩序背景下与民法相关的民刑交叉研究，是对各部门法学者的巨大挑战”（序第 1 页）。

立足于此，夏伟博士基于如下信念，“刑法与民法的交叉融合乃法秩序统一性原理的现象缩影。尽管刑法与民法有着不同的规范构造与制度安排，但是两者具备共同的中心话语，即保护法确证的利益：刑法中的法益与民法中的权利原本就是在同一概念体系之下分化而来的对应概念，两者本质上皆为法确证的利益。只不过，权利因被规定于民法法条中而拥有深厚的法定烙印，法益则因亲近于刑法理论而具备浓烈的教义气息，二者殊途同归。权利与法益的同源性与共通性，构成了刑法与民法进行有效对话的重要基础”（封底），“针对刑民交叉理论与实践中的‘泛程序化’问题，以刑民交叉中程序和实体的互动关系为主线，将学术视点重新转至实体问题上，并最终通过对实体问题的类型化解构为刑民交叉案件的程序设计提供指引”（序第 2 页），亦即“基于从程序到实体再到反思程序的研究理路，在程序与实体的双向互动关系中寻找刑民交叉的理论突破点”，具体表现为“跳出部门法逻辑而在整体法秩序视域下从法教义、法规范及法秩序三个层面重新构造刑民交叉的理论基础：

在法教义层面，确立了法益保护的‘相对一元标准’，即刑法没有必要在民法之外重新构建一个法益判断标准，而应当以民法为参照甄别值得刑法保护的法益内容，实现法益保护范围的有序扩张；在法规范层面，根据刑法与民法冲突的类型及其生成路径，提倡分别通过‘立’‘改’‘废’‘释’以及刑法教义学调适加以补正，实现两法功能的良性互补；在法秩序层面，基于‘民法要扩张，刑法要限缩’的基本理念，以整体法秩序为基础重释刑法保障法原理，妥善安置民法与刑法的体系位置，最终达成应有的刑民共识”（封底）。

可以说，刘艳红教授所作的如下评价是恰如其分的，“它是刑法学者回应民法典时代的重要著作，不但在方法论上使用了跨学科研究，更主要是在内容上深入进行了真正的刑民交叉研究，极大地拓展了刑法财产犯罪的研究视野”“对于解决实务中财产犯罪的认定具有重要的实践意义”（序言第3页）。

立足于审判实践而言，在笔者看来，夏伟博士从整体法秩序视域对民刑交叉问题进行案例[①]与教义、程序与实体、民法（学）与刑法（学）相结合的研究，除对于最高人民法院修改完善既有的或者制定

① 作者采用随机抽样的方法，以从“中国裁判文书网”获取的800组（“先决关系型”622组，“冲突关系型”178组）与刑民交叉有关的案例作为样本，并以分类归集假设和Amos结构方程模型的验证性分析为核心，基本探知了刑民交叉案件审理模式的基本面貌。

新的涉及刑民交叉案件审理的司法解释及非司法解释类文件①具有参考价值外，更对法官办理民刑交叉案件具有直接的指导作用。具体来说：

一是，下列裁判理念有助于法官树立办理刑民交叉案件的指导思想，防止办案思路出偏差：“通过‘先刑后民’或者‘先民后刑’的程序表象，发掘刑民之实体争议点，才是正确认识刑民交叉问题的核心”（第 71 页）；“刑法中的财产法益是以民法规定为基础而构建起来的，从法秩序统一性的角度看，民法所不保护的利益，在刑法上无论如何也不宜作为合法的利益加以保护”（第 108 页）；“在刑民交叉案件审判实践中，法院应梳理将实体问题作为确定程序先后的理念，即法院在审理刑民交叉案件时，可以采用‘先刑后民’这种简单化处理的模式，但其前提是要经过对实体问题解决路径的权衡或思考，否则程序的选择可能会脱离以解决实体问题为目标这一根本性定位”（第 257 页）；“从价值论的角度来看，实质化思潮的袭来，在某种程度上展现出犯罪双重违法性的特质以及刑民法律理念的内在一致性，即在法秩序统一性原理之下，将违反前置规范作为犯罪一次违法性评价的依据，既明确作为基本法的民法与作为保障法的刑法之间的基本关系，又增加实质的罪刑法定原则在犯罪认定中的评价作用，彰显实质法治国限制国家刑罚权的思想”（第 265 页）；等等。

二是，下列裁判规则有助于法官准确把握审理刑民交叉案件的方

---

① 例如，《最高人民法院关于在审理经济纠纷案件中涉及经济犯罪嫌疑若干问题的规定》（1998 年 4 月 29 日施行，法释〔1998〕7 号）；《最高人民法院关于审理民间借贷案件适用法律若干问题的规定》（2015 年 9 月 1 日施行，法释〔2015〕18 号）；2020 年 8 月 20 日修正施行，法释〔2020〕6 号）；《最高人民法院、最高人民检察院公安部关于办理非法集资刑事案件适用法律若干问题的意见》（2014 年 3 月 25 日施行，公通字〔2014〕16 号）；《最高人民法院关于在审理民事纠纷案件中涉及刑事犯罪若干问题的规定（2020 年 11 月 12 日稿）》。

法、要点及步骤：刑民交叉案件大体分为“先决关系型”和“冲突关系型”；前者细分为“基于前提事实”和“基于法律关系”，后者细分为“法益甄别冲突”“违法判断冲突”和“法律规范冲突”；根据“先决关系”能够直接判断案件审理程序的顺序，根据“冲突关系”只能够间接地引导程序的先后（第24～33页）；“刑民交叉案件的审理必须以实质的刑民争议点为基础，应坚持‘先实体后程序’的思考顺序以及形式与实质相统一的判断逻辑，而不能本末倒置”（第75页）；“在涉及权属纠纷的刑民交叉案件中，通常需要先确定行为是否侵犯了法益以及侵犯了何种法益，再据此确定纠纷的性质，随后才能够解决好相关的争议问题”（第87页）；“在刑事立法没有规定的情况下，无论是刑法教义学还是刑事司法实践，都应当在整体法秩序内寻找根据，即以民法作为判断财产权属的依据”（第134页）；“刑民交叉案件的识别首先要找到案件中的实体问题或者说案件的实体交叉点，没有实体交叉点的案件不是刑民交叉案件，再以此为基础，确定刑民交叉案件的审判顺序”（第229～230页）；“在刑民交叉案件审判实践中，对案件的定性是要先于对行为人的归责的，这并不是说定性问题就一定比归责更重要，而是表达一种理性的裁判逻辑或思维，不能颠倒顺序”（第232页）；“司法裁判必须严格遵守先定性后归责的基本逻辑，只有坚持这种逻辑和顺序，才能够让法治因素在裁判中占据主导地位，防止恣意裁判”（第240页）；“厘清民事诉讼与刑事诉讼制度之间的基本关系，是从程序上处理刑民交叉案件的关键所在……要清醒地认识到民事诉讼以矫正正义为基础与刑事诉讼以分配正义为底色的核心区别，将刑民交叉案件中国家与犯罪人、加害人与被害人这两组关系的价值权衡分别锁定在各自的语境之下”（第265页）；“在处理刑民交叉案件的过程中，应当优先考虑‘先民后刑’模式的应用，通过最大限度地发掘民事救济的潜力，从而真正维持民法作为基础法、刑法作为保障法的角色定位，防止刑法以及刑事诉讼法沦为填补损失的工具”（第268页）；等等。

无论是裁判理念的原则指导，还是裁判规则的具体运用，无疑会有助于法官优化刑民交叉案件裁判文书的释法说理，进而更大程度地促进审理刑民交叉案件“两个效果”（即法律效果和社会效果）的有机统一。此点亦为夏伟博士的如下论断所印证，“在整体法秩序下，刑法应当只为合法财产提供保护，非法财产一般是不受法律保护的。树立这一基本理念，是为了纠正实践中存在的刑法保护非法财产尤其是非法占有的说理逻辑，也是在整体法秩序下为刑事司法中的财产保护指明基本方向”（第120页）。

“刑法问题中存在很多与民法问题相交错的部分，立刻浮现于脑海中的便是财产犯领域——刑法中关于财产犯的讨论深受民法影响”①，而“从犯罪解释论的角度来讲，财产犯罪又是问题较多，‘常解常新’的篇章”②。夏伟博士以财产保护为支点，以厘清刑民交叉中的核心问题为研究主旨的《刑民交叉的理论构造》无疑将丰富我国财产犯罪的教义学知识和提升财产犯罪案件（尤其是刑民交叉的）审判的质效。

---

① 参见［日］佐伯仁志、道垣内弘人：《刑法与民法的对话》，于改之、张小宁译，北京大学出版社2012年版，第1页。

② 参见刘树德：《侵犯财产罪裁判精要——以362个案例为研究基础》，人民法院出版社2016年版，代序第1页。

在刑法“支流”处精研

“惩罚（约束）和激励是发挥制度功能的两种手段，也是管理、调控人的行为的方法和策略。刑法使用惩罚和激励两种手段防治犯罪，由此，可将刑法制度分为刑法惩罚制度和刑法激励制度。惩罚和激励的目的都是‘善’：前者是‘以恶祛恶’，后者是‘引善消恶’；前者是‘惩恶’，后者是‘扬善’。刑法激励手段就是利用罪、刑减让来激发、诱导、推动犯罪人（犯罪嫌疑人、被告人、罪犯）作出刑法规定的善行，是国家刑罚权使用的方式之一，属于报偿性权力，为犯罪人架设了一座‘黄金桥’”，这是尹振国博士在“封底”为《刑法激励制度研究》（法律出版社2019年版）专著所作的告白。当时看到这一书名时，笔者脑子里确实有些疑问，进而亦有了阅读此书的念头。品读完此书后，不仅先前的疑问得以消除，更重要的是尹博士此种在刑法“支流”处发现学术富矿并竭力精研的问题意识与研究方法让笔者印象深刻和感佩。

《刑法激励制度研究》除“绪论”外，共包括六章，即“刑法激励制度之基本界定”“刑法激励制度之理论基础”“刑法激励制度之人性假设”“刑法激励制度之功能和价值”“刑法激励制度之梳理与解析”“我国刑法激励制度之不足与完善”。正如尹博士在该书“绪论”中所言，“本书在了解多学科知识的基础上，全面梳理了激励的概念和内涵。在与惩罚对比的基础上，对刑法激励的概念、性质、功能、理论基础等问题都进行了分析和阐释，并利用刑法激励原理对我国刑法激励制度和刑法激励性规范进行了解释，揭示了罪、刑减让的根据，指出了刑法激励制度中存在的问题，提出了完善刑法激励制度的建议”（第31页）。应当说，该书不仅会促发理论界去重新理解和反思刑法规范类型、刑法机能界定等方面的刑法通说，也为立法机关健全完善刑法激励性规范和司法机关准确适用刑法激励性规范提供了有针对性的建言，因而具有较强的学术理论价值和实践指引效能。

按照作者的界说，“刑法激励”就是“国家（刑法）主要用不予定罪、减免刑罚、暂缓执行刑罚、附条件予以提前释放、消除刑罚的后遗效果等罪、刑减让利益为刺激物来激发、引导、推动犯罪人（犯罪嫌疑人、被告人、罪犯）自主地、有效地产生降低犯罪行为的社会危害（性）或犯罪人人身危险（性）的行为并将自己的犯罪行为的外部性内部化的过程”（第68页）。

据此，我国现行刑法总则中的激励制度包括犯罪中止、自首、坦白、立功、缓刑、减刑、假释（第166页）；刑法分则中的激励性规范包括：第一百六十四条第四款（对非国家工作人员行贿罪，对外国公职人员、国际公共组织官员行贿罪）“行贿人在被追诉前主动交待行贿行为的，可以减轻处罚或者免除处罚”、第二百零一条第四款（逃税罪）“有第一款行为，经税务机关依法下达追缴通知后，补缴应纳税款，缴纳滞纳金，已受行政处罚的，不予追究刑事责任”、第二百四十一条第六款（收买被拐卖的妇女、儿童罪）“收买被拐卖的妇女、儿童，对被买儿童没有虐待行为，不阻碍对其进行解救的，可以从轻处罚；按照被买妇女的意愿，不阻碍其返回原居住地的，可以从轻或者减轻处罚”、第三百五十一条第三款（非法种植毒品原植物罪）“非法种植罂粟或者其他毒品原植物，在收获前自动铲除的，可以免除处罚”、第三百八十三条第三款（贪污罪）“犯第一款罪，在提起公诉前如实供述自己罪行、真诚悔罪、积极退赃，避免、减少损害结果的发生，有第一项规定情形的，可以从轻、减轻或者免除处罚；有第二项、第三项规定情形的，可以从轻处罚”、第三百八十六条（受贿罪）“对犯受贿罪的，根据受贿所得数额及情节，依照本法第三百八十三条的规定处罚……”、第三百九十条第二款（行贿罪）“行贿人在被追诉前主动交待行贿行为的，可以从轻或者减轻处罚。其中，犯罪较轻的，对侦破重大案件起关键作用的，或者有重大立功表现的，可以减轻或者免除处罚”、第三百九十二条第二款（介绍贿赂罪）“介绍贿赂人在被追诉前主动交待介绍贿赂行为的，可以减轻处罚或者免除处罚”、第四百四十九条（军人战时缓刑）“在战时，对被判处三年以下有期徒刑没有现实危险宣告缓刑的犯罪军人，允许其戴罪立功，确有立功表现时，可以撤销原判刑罚，不以犯罪论处”。

确如尹博士在该书不同章节中所论述的，“刑法规范中也包含了激励性法律规范，如犯罪中止、自首、立功、缓刑、减刑、假释等，这些刑法规范都是非强制性的、法律结果是肯定式的，目的是激励犯罪人通过自己的行为消减犯罪的社会危害或者犯罪人的人身危险性，但这样的激励性规范与刑法中惩戒性刑法规范相比只占极少数。事物的性质由矛盾的主要方面决定，同理，刑法的性质由惩戒性刑法规范决定，尽管刑法中存在一些激励性刑法规范，但不能否定刑法的惩戒法的性质”（第46页）；“在刑法中，惩戒和激励都是防治犯罪的手段，以防治犯罪的手段为中心，可将刑法制度分为惩戒刑法制度和激励刑法制度，刑法系惩戒法，惩戒刑法制度在刑法中占主流，激励刑法制度只是支流，虽然是支流，但是不能忽视激励刑法制度的价值”（第47页）；“刑法的目的是‘善’，达至目的的手段有‘恶’有‘善’，惩罚的手段居主导地位，激励的手段居从属地位。刑法要‘恩威并施’‘宽严相济’，既重视

‘惩恶’，也不忽略‘扬善’”（第12～13页）；“在以前的研究中，通常将刑法的功能（机能）概括为惩罚犯罪和保护人权（保护犯罪人和非犯罪人的人权），忽视对刑法中客观存在的激励性刑法制度——‘配角’功能的研究”（第13页），上述这些激励性刑法规范（制度）“只占刑法规范的极少数”“系整个刑法制度的支流”“（达至刑法目的）居从属地位”“（实现刑法机能）起配角功能”。尽管如此，尹博士以独特的学术视角和眼光，聚焦于这些处于“少数”“支流”“从属”“配角”地位的激励性刑法规范（制度），进而创造出具有学术价值的理论成果。

在笔者看来，尹博士的此种学术路径切入方法与我国刑法学家储槐植教授所倡导和践行的“不典型”“例外”刑法研究范式“异曲同工”，均能达至学术创新的目的和效果。储槐植教授指出，“根据构成要件说，凡各构成要件（犯意、行为、结果）数均为单数的便是典型一罪；凡各构成要件数均为复数且各罪彼此独立的（即并非基于相同或相近动机引发的同一行为过程）便是典型数罪，实行并罚。典型一罪和典型数罪的共同点是犯罪要件组成数内部的对称性，它们是刑法分则罪状规定和总则数罪并罚制度最具代表性的标准形态。标准形态即典型”“罪数不典型，是指犯罪要件组合数不标准形态。在内涵上，罪数不典型就是既非典型一罪也非典型数罪而被当作（立法规定为或者司法认定为）一罪处罚的犯罪构成形态”“罪数不典型的基本特征是，犯罪构成数量形态的不典型性”①；“例外就是在一般规律或认定之外。规律是事物内部的本质联系和发展的必然趋势，具有普遍的不断重复出现的特点。一般说来，例外和规律是两个对立的概念”②；“没有例外的原则是十分罕见

① 参见储槐植：《论罪数不典型》，载《法学研究》1995年第1期。
② 参见储槐植：《刑法例外规律及其他》，载《中外法学》1990年第1期。

的，例外是原则的必要补充，原则不能没有例外，只是例外不多。原则是行事所依据的法则或者标准，保证客观现实在有序状态中存在与发展。例外在一般的规律或者规定之外，给原则注入生机和活力”“例外增量达至质变，例外可以变成原则，成为制度。这种事例很多。在刑法的发展史上，缓刑、假释在100多年前只是作为有罪必罚、罚当其罪的罪刑关系原则的例外出现。例外多多，渐渐就成了量刑与行刑不可或缺的制度”①；“一般情况下，出罪事由通过‘但书’进行解释，即‘但书’通过对犯罪的罪量因素进行评价，从而将不符合实质违法性的行为排除于犯罪之外。例外情况下，司法解释也会将某些已经既遂的犯罪行为予以出罪（例如，2007年7月8日最高人民法院、最高人民检察院《关于办理受贿刑事案件适用法律若干问题的意见》第九条规定：‘国家工作人员收受请托人财物后及时退还或者上交的，不是受贿’，属于‘既遂后出罪’的规定，是‘既遂之后不出罪’原则的例外规定——引者注）”②。

当然，需要指出的是，尹博士选择的路径是不去关注居于“多数”“主流”“主导”“主角”地位的惩戒性规范，而是聚焦于居于“少数”“支流”“从属”“配角”的激励性规范，储槐植教授采取的策略是不从“典型”“一般规律”“原则”“标准”切入，而是从“不典型”“例外规律”“例外”“特殊”切入，因而，这两种学术方法的适用场域、发挥的学术效用、创新的学术成果自然也会有所区别。例如，按照储槐植教授的如下论述，“建立罪数不典型概念的价值在于：以否定式的比较替代肯定式的论证（犹如通常研究方法）。具体说，无需正面论证某个

① 参见储槐植、闫雨：《“赎罪”——既遂后不出罪存在例外》，载《检察日报》2014年8月2日。

② 参见储槐植、李梦：《论微罪的出罪事由》，载《人民检察》2019年第18期。

不典型犯罪构成形态究竟属于一罪还是数罪，而只需否定它属于一罪或是数罪。在关系复杂的条件下，否定一事物要比肯定一事物方便，而且进行现象的比较要比进行理论的论证省力”[1]，“不典型”研究法起到了减轻论证负担的效能，而“支流”研究法中反而因其“不主流”要加重论证负担，方能让人信服。

① 参见储槐植：《论罪数不典型》，载《法学研究》1995 年第 1 期。

学问贵在“微”“精”

《民刑关系基础理论研究》（陈航，商务印书馆2020年版）一书除“从许某案看民刑关系问题的研究（代前言）”外，共分六章，具体包括：第一章“民刑关系溯源”（含四节即“民刑法的同源性”“民刑法的分离”“关于民刑法的趋近与交融”“由民刑关系溯源引发的思考”）；第二章“民刑关系的基础理念”（含八节即“意思自治与罪刑法定”“独立性与从属性问题”“违法一元论与多元论”“形式判断与实质判断”“民刑法中的‘一般人’观念”“契约观念的民刑法意义”“民刑关系的表现形式”“民刑法的‘连接通道’”）；第三章“民刑界分理论述要”（含三节即“公私法的划分与民刑之别”“民刑法之别的多维论证”“民刑界分研究中存在的问题”）；第四章“民刑界分的微观展开”（含三节即“行使民事权利与犯罪”“民事不法行为与犯罪”“民刑法的相互挤压与彼此界定”）；第五章“民刑关联基本形态”（含六节即“民刑牵连”“民刑竞合”“民刑制约”“民刑冲突”“民刑转换”“民刑混同”）；第六章“民刑关联思维及论证方法问题”（含两节即“民刑关联思维”“民刑关联论证中存在的问题”）。可以说，这些标题中有许多直接或间接地与审判委员会讨论刑附民相关条款时的论争①相关。

笔者利用周六和周日两天时间阅读完了该部著作，收获多多。

一是进一步知悉民刑法关系的演变史（同源、分离、趋近与交融）及其对理解刑附民条款的基础性意义。

例如，陈航教授的如下分析，“侵权行为法与犯罪法具有同源性”（第 32 页）；“随着这些观念（侵权行为形成赔偿之债，且赔偿的目的不再是赎罪而是赔偿损害——引者注）逐渐形成并日渐取得支配地位后，侵权行为法与刑法的分离才最终出现”（第 36 页）；“与犯罪法和侵权行为法的分离相呼应，有关的惩罚和赔偿的分离也是一个困难的并经常被打断的过程”（第 38 页），显然有助于我们思考犯罪行为受害人的私诉权（提起损害赔偿的权利）与国家公诉权的关系。

---

① 2020 年 11 月 23 日下午最高人民法院审判委员会讨论了《关于适用〈中华人民共和国刑事诉讼法〉的解释（送审稿）》的如下规定，“第 6.1 条　被害人因人身权利受到犯罪侵犯或者财物被犯罪分子毁坏而遭受物质损失的，有权在刑事诉讼过程中提起附带民事诉讼；被害人死亡或者丧失行为能力的，其法定代理人、近亲属有权提起附带民事诉讼。因受到犯罪侵犯，提起附带民事诉讼或者单独提起民事诉讼要求赔偿精神损失的，人民法院不予受理”；“第 6.18 条　对附带民事诉讼作出判决，应当根据犯罪行为造成的物质损失，结合案件具体情况，确定被告人应当赔偿的数额。犯罪行为造成被害人人身损害的，应当赔偿医疗费、护理费、交通费等为治疗和康复制度的合理费用，以及因误工减少的收入。造成被害人残疾的，还应当赔偿残疾生活辅助器具费等费用；造成被害人死亡的，还应当赔偿丧葬费等费用。驾驶机动车致人伤亡或者造成公私财产重大损失，构成犯罪的，依照《中华人民共和国道路交通安全法》第七十六条的规定确定赔偿责任。附带民事诉讼当事人就民事赔偿问题达成调解、和解协议的，赔偿范围、数额不受第二款、第三款规定的限制”；“第 6.27 条　被害人或者其他法定代理人、近亲属在刑事诉讼过程中未提起附带民事诉讼的，人民法院可以进行调解，或者根据本解释第 6.18 条第二款、第三款的规定作出判决”。从研究室提交的起草说明及各委员讨论意见来看，主要涉及以下争论：一是基于《民法典》第一千一百七十九条侵害他人造成残疾的，应当赔偿残疾赔偿金；造成死亡的，应当赔偿死亡赔偿金规定的出台，附带民事诉讼的判赔范围是否应包含“死亡赔偿金、残疾赔偿金”（以下简称“两金”，含被扶养人生活费）。二是受害人能否通过另行提起民事诉讼主张精神损害赔偿。三是受害人另行提起民事诉讼的判赔范围是否包括“两金”。

又如，学界针对某种侵权行为的违法程度严重到触犯刑律的属性，存在“单一属性”（犯罪行为）和“双重属性”（既是犯罪行为也是侵权行为）的争论（第215页），同样有助于我们思考（刑）附带民事诉讼与单纯/独立民事诉讼的关系。

再如，陈航教授对现行民事法律和刑事法律在损害赔偿范围（是限于物质损失还是应包括精神损害；是限于直接的物质损失还是同时包括直接损失与间接损失）、提起赔偿的近亲属范围（限于夫、妻、父、母、子、女、同胞兄弟姐妹还是包括配偶、父母、子女、兄弟姐妹、祖父母、外祖父母、孙子女、外孙子女）等方面不一致的分析（第489~490页），无疑为我们研究解决这些问题提供了思路。

二是进一步提升运用民刑关系基础理论来指导办理民刑交叉案件的能力。陈航教授在书中提出的诸多耳目一新或者立场鲜明的观点无疑值得司法实务界参考借鉴。例如，“在民法中，应从损害赔偿责任是否发生的角度来探讨其违法性存在与否；在刑法中，则应从作为科处刑罚前提的违法性角度来探讨其违法性之有无”（第127页）；“民刑法的判断都是实质判断和形式判断的统一，而且难分伯仲”（第162页）；“民刑关系宜区分为两大类，即民刑界分问题和民刑制约问题。民刑关联层面的核心是民刑的相互制约关系，同时也包括牵连关系、竞合关系、冲突关系、转换关系及混同关系”（第216~217页）；“既然从根本上讲，区别两者的实质意义在于法律责任的不同解决方式，就应当从不同处断方式进行反推：但凡以特别法条优于普通法条的方式予以处断的，是法条竞合；反之，以重法优于轻法原则处断的，则为想象竞合”（第429页）；“行为人若实施犯罪行为，就违反了不得侵害刑法所保护的社会关系的义务，应向国家承担刑事法律责任（公法责任）；同时，行为人实施的犯罪行为也是严重的侵权行为，又违反了不得侵害他人合法财产权、人身权的私法义务，应当向受害人承担民事法律责任（私法责任）”（第431页）；等等。

三是进一步掌握“做深做细”的学术研究方法。陈航教授在多个地方直陈民刑关系理论研究“宏大叙事”方面的不足，强调和注重从“微观”“精细”“精确”“精密”等方面下功夫来深化和推进关涉民刑关系问题的研究，从而“为实践中民刑交叉案件的处理机制提供理论支持”（封底）。

1. 强调“从小处”和“微观”着手。他指出，“民刑界分问题既要大处着眼更要小处着手，仅仅满足于宏大叙事是远远不够的。类似‘不当得利行为能否构成犯罪’这样的疑问，牵扯到对不当得利的构成要件的细致入微的论证分析，涉及对不当得利与侵权行为的关系的判断，更关涉对侵占罪构成要件的精确分析与妥当解读”（第297页）；“民刑界分问题的研究，首先应当把对一个个民刑相关性问题的微观分析作为主攻方向，唯有在类似微观分析累积达到相当规模的情况下，所谓的宏大叙事才会水到渠成并不至于偏离方向”（第299页）；“民刑制约关系内容广泛，问题繁多。既可以从宏观上予以揭示，也可以从微观上加以把握”（第462页）；“正是不法给付行为的民法属性（特殊的不当得利，不法给付者丧失请求返还权），导致了其在刑法上有别于拒不返还一般不当得利的性质界定（拒不返还一般不当得利的，可能构成侵占罪），这是民刑制约关系的又一‘微观’体现”（第487页）。

2. 强调“精确”与“精密”思维。他认为，“对民刑关系的研究不是趋向于否定公私法之间的这种区分，而应当是继续大力推进二元化的区分理论，是要对之进行更精密更细致的区分”（第49页）；“不仅刑法领域呼唤着精确化思维，其他法域（如民法）也需要精确化思维”（第615页）；“只有精确的法学理论才能产生精确的法律规定，才能为社会及其成员规定精确的自由程度”（第615页）；“民刑关系的界分事关行为人行为性质的判断，用通俗的话讲，涉及的是要‘坐大牢’还是‘赔点钱’的重大决断，精确思维的重要性尤为突出”（第616页）；“法律的精确化思维，一个重要的问题是将各法域中为人们所公认的基本原理转化为能够操作、具体把握的识别技术。只有这样，才能从根本上为刑法的精确化思考提供可能”（第617页）。

3. 强调说理与论证。他说道，“司法者对自己是否基于标准人立场、心态、感受进行判断，要进行充分的说理和论证。绝不能简单地以一句‘依据常理推断’草草了事。对公众反响强烈的案件，尤其应当履行这种论证责任”（第186页）；“对法律问题的决断，不仅要求结论正确，更特别强调要说明该结论形成的过程与理由”（第560页）；“究竟不当得利的主观方面及获得方式是什么，即构成要件是什么？这一问题是导致相关案件民刑定性错误的根源之一，理当详加论证才对”（第616页）；“除了对刑法的谦抑性进行更加精细的论证（如它究竟只是一个立法领域的问题，还是也当然应当贯彻于司法实践？等等）之外，还必须考虑如何将这一原理转化为技术，以便能够具体操作”（第617页）。

4. 强调类型化和区别对待。他针对不当得利与侵占罪的关系，“不可简单而论，起码需要分以下情况予以讨论：第一，通过犯罪手段获取的不当利益都不成立侵占罪。第二，通过其他非犯罪的方式获得的不当得利，如果数额未达到较大，或者虽然数额较大但并非拒不退还的，或者虽然数额较大、拒不退还但受损害方未告诉的，都不构成侵占罪。第三，因给付而受益的不当得利，如系他人的给付，当被要求归还而拒不返还的，则可能构成侵占罪；如系因自己的给付而获益的，本人反悔而拒不交付的，不构成侵占罪。第四，关于金钱等种类物的给付，要根据情况分析。第五，单位（法人）可以成为不当得利的主体，单位对该不当得利拒不返还的，单位不构成侵占罪……除了从上述几个方面总体把握以外，核心是结合具体案例进行微观的论证与分析”（第 443 ~ 445 页）；“对拒不返还不法给付之物的情形进一步细化并区别对待，这一思路是值得肯定的”（第 485 ~ 486 页）。

5. 强调“语境论”。他论述，“刑法解释必须建立在既定规范的基础之上，德国司法实践中之所以对诈骗罪的法益主张整体财产说，而日本却倾向于个别财产说，都是与各自的刑事立法相呼应的。在我国，关于诈骗罪侵犯法益的认定也应当与相关立法相协调，而不是脱离现行立法实际来判定”（第 391 页）。

随着我国社会主义市场经济的不断发展和社会主义法律体系的日趋完善，司法实践中同时涉及刑事问题和民事问题的具体案件定会越来越多。陈航教授这一“立足于民刑关系基础理论与法律实务之间的紧密联系，以问题为导向，结合司法实践中争议较大的民刑交叉疑难案件，深入、系统地论证了民、刑法乃至公、私法之间的相互关系，并兼顾了实体与程序问题”（封底）的《民刑关系基础理论研究》，无疑从学术基础理论层面为司法机关办理这些棘手的民刑交叉案件提供了实践指引。

刑法解释须在追问中深化

《刑法文义解释论》《刑法解释过程论》《刑法客观解释研究》等博士论文题目专门研究某一种刑法解释方法或者刑法解释的某个论题，相比于先前的“刑法解释论”而言无疑意味着刑法学术研究在既有研究基础上的深入和发展，如同陈兴良教授所言的，他当时的博士论文题目为《共同犯罪研究》，而如今有的论文直接以其当初的三级标题甚至四级标题作为论文题目。不过，这只是学术“深入”的一种表现形式，另一种表现形式则是从“原理”或者“基础理论”方面加以深入研究。葛恒浩博士的《刑法解释基础理论研究》（法律出版社 2020 年版）就属于刑法解释领域的“深入”研究“基础理论”的佳作。

通读完此书后，在笔者看来，葛博士善于通过对既有理论的追问来深入推进研究，是该著作得以成功的可圈之处和关键之招。此处仅以刑法解释方法位阶为例加以说明。按照葛博士的总结分析，我国刑法学界对刑法解释方法位阶问题的研究存有“顺序说”“顺序与效力说”“效力说”“否定说”。

“顺序说”认为，刑法解释方法的位阶是指各种刑法解释方法的适用顺序。例如，有学者从贯彻罪刑法定原则的角度提出刑法解释方法的适用顺序应当是文义解释→体系解释→历史解释→目的解释→合宪性解释[①]。

---

① 参见梁根林：《罪刑法定视域中的刑法适用解释》，载《中国法学》2004 年第 3 期。

“顺序与效力说”认为，刑法解释方法的位阶包含刑法解释方法的适用顺序与效力等级。例如，有学者首先将刑法解释方法分为两类十种，即文理解释（包括字面解释、语法解释）和论理解释（包括扩张解释、限制解释、当然解释、反面解释、系统解释、沿革解释、比较解释、目的解释），进而认为这些解释方法应遵循以下规则：第一，文理解释优先于论理解释；第二，单一规则，即如果通过文理解释，实现刑法规定含义明确的结果，则不再运用论理解释方法；第三，综合规则，即在解释刑法规定时综合运用文理解释和论理解释；第四，论理解释优势规则，即对刑法规定的同一用语进行解释时，如果文理解释的结论与论理解释的结论相冲突，则应取论理解释的结论①。

有学者认为，刑法解释方法的位阶具体涉及三个层面，即“刑法解释应以维护刑法安定性优先，兼顾促进刑法正义性为价值目标，这是刑法解释方法位阶的价值维度；刑法解释应遵循文义解释→体系解释→历史解释→目的解释→合宪性解释的运用顺序，这是刑法解释方法位阶的序列维度；在可能文义之界限点上，文义因素绝对优先，在可能文义的界限内，目的解释居解释之冠，合宪性解释是对其他解释方法结论的最后检验，这是刑法解释方法位阶的效力维度”②。

有学者认为，刑法解释方法的位阶关系表现为两个层面：第一是“适用位阶”，应当遵循“文理解释→体系解释→目的论解释”的序列，即首先进行文理解释，客观地认识刑法条文的语言意义；其次联系相关法条的含义，进行体系解释；最后在上述解释仍不能释疑时，才可以进行目的论解释。第二是“效力位阶”，仅存在于最终的目的论解释结论

---

① 参见李希慧：《刑法解释论》，中国人民公安大学出版社1995年版，第132～133页。

② 参见苏彩霞：《刑法解释方法的位阶与运用》，载《中国法学》2008年第5期。

与文理解释结论发生冲突时。此时应优先适用文理解释结论[①]。有学者认为，刑法解释方法的适用位阶遵从文理解释→体系解释→历史解释→目的论解释的解释顺序；在效力位阶上，文理解释和目的论解释具有决定的意义[②]。

“效力说”认为，刑法解释方法的位阶问题就是单纯的效力等级问题，亦即某些解释方法对解释结论的选取具有决定性。例如，有学者认为，文理解释和目的论解释具有决定性，而体系解释、历史解释、比较解释等解释理由不具有决定性。文理解释和目的论解释的决定性具有不同的含义。文理解释的决定性在于，所有的刑法解释都要从法条的文理开始，而且不能超出刑法用语可能具有的含义；目的论解释的决定性在于，在对一个法条可以作出两种以上的解释结论时，只能采纳符合法条目的的解释结论[③]。

“否定说”认为，刑法解释方法的位阶是一个伪命题或者假命题。例如，有学者认为，刑法解释方法之间不存在绝对的优先关系，因此，刑法解释方法的位阶是一个伪命题[④]；还有学者认为，刑法解释方法的位阶关系，只是一种关于解释方法的大致排序，不具有可操作性，至多具有借鉴意义，因此，刑法解释方法位阶关系论归根结底是一个假命题[⑤]。

首先，葛博士在总结辨析既有文献基础上进而指出，“关于位阶问

---

① 参见程红：《论刑法解释方法的位阶》，载《法学》2011 年第 1 期。

② 戚劲松：《刑法解释方法的位阶与运用》，载《国家检察官学院学报》2015 年第 4 期。

③ 参见张明楷：《刑法分则的解释原理》（上），中国人民大学出版社 2011 年版，第 45 ~ 46 页。

④ 参见周光权：《刑法解释方法位阶性的质疑》，载《法学研究》2014 年第 5 期。

⑤ 参见温登平：《刑法解释方法位阶关系否定论》，载陈金钊、谢晖主编：《法律方法》（第 13 卷），山东人民出版社 2013 年版，第 360 ~ 370 页。

题研究成果的普遍写作模式是，首先收集和梳理关于位阶有无以及法律解释方法具体排列方式的各种观点，然后运用某种法理学或者法哲学的理论对之进行论证或者批评，最终得出作者对位阶问题的立场选择和具体判断。这种研究模式存在严重的逻辑跳跃，学者们似乎已经在位阶的含义问题上达成了共识；可事实是，到底何为位阶尚未完全厘清”（第189页）。同时强调，“为了确保研究对象的同一性，在探讨位阶的有无之前，有必要对于位阶问题的本体进行梳理和厘定”（第189页）。

其次，葛博士从以下几方面予以“深入”的分析和论证：其一，对“位阶”进行词源分析。现代汉语中的“位阶”一词源于对西方国家法律方法论文献的翻译。“位阶”的德语表述是Rangordnung。从字面含义分析，“位阶”一词含有“地位”和“等级”之意；从德国法律方法论文献来看，无论是持“肯定说”的学者（如阿列克西）还是持“否定说”的学者（如拉伦茨），均认为“位阶”是在效力等级的意义上而言的（第189~190页）。其二，对“顺序与效力说”的不足展开分析。其不足具体表现为三种情形：一是由于未明确区分适用顺序与效力等级，导致关于位阶的描述和判断显得十分含糊和暧昧；二是对适用顺序和效力等级的混淆导致学说内部的逻辑矛盾；三是由于法律解释方法数量众多，对法律适用方法进行适用排序会干扰对效力等级的判定（第191~193页）。其三，对“否定说”的“极端”予以矫正。“否定说的问题在于，在适用顺序上以司法实践运作的具体性彻底否认理论抽象和定型的可能性；在效力等级上在缺乏必要的逻辑论证环节的情况下直接以刑法解释方法之间关系的复杂性为由彻底否定在该关系中存在决定性的因素”（第194~195页）。

最后，葛博士提出自己的主张：(1)“刑法解释方法的位阶性所要解决的问题是，当不同的刑法解释方法产生相互矛盾的解释结论时，何种刑法解释方法具有决定性或者终局性的效力”（第195页）；（2）目的解释在各种刑法解释方法中处于最高位阶，刑法解释活动都是通过文义解释而最终实现对目的的揭示（第198页）。

此外，葛博士在“刑法文义解释方法”一章中对“形式解释论”与“实质解释论”论争的追问同样让人印象深刻（第41～48页）。无论是“处罚必要性到底是什么，这是一个有待进一步研究的问题”的“追问”（第44页），还是“形式解释论与实质解释论各自有其理论缺陷，它们都未对刑事法律适用过程予以准确和完整的描述”的“论断”（第47页），均会促发进一步的研究与思考。可以说，《刑法解释基础理论研究》“以可能的语义范围为初始起点和中心线索，研究了为确定可能的语义范围而划定的各种学说标准，分析了关于可能的语义之理解空间和实践效用的形式解释论与实质解释论之论争，总结了体系解释方法在刑法条文语言的模糊和省略之处的应用原理，梳理了涉及可能的语义之时代坐标和正当源泉的主观解释论与客观解释论之间的关系，探索了刑法解释方法位阶之问题指向和本来样貌，确认了扩张解释与类推适用之间的相同思维模式”，无疑将我国刑法解释的“基础理论研究”推向了一个新的阶段。

刑法学术往往在反思中提升

姚建龙教授的专著《社会变迁中的刑法问题》（北京大学出版社2019年版），是在整理近20年来刑法学研究成果的基础上形成的，大体上由五部分组成：一是挂职期间对部分疑难案件的办案心得；二是对金融犯罪与经济犯罪所作的研究与对刑法教义学的思考；三是应邀咨询期间对所参与论证的一些疑难案件的探究；四是参与学术讨论会提交的专题论文；五是在青少年犯罪与少年司法研究中，对有关刑法问题进行的思考。通读完以后，论著中那些带有“反思”的篇章，触发笔者思考一个问题：学术该如何反思，方能不断地丰富刑法知识，进而适应社会的变迁。

正如高铭暄教授所言，“批判是学术成长不竭的动力。改革开放30年来中国刑法学犯罪构成理论体系成熟的过程，实质上也是一个不断开展批评和自我批评的过程。正是中国刑法学界谦虚面对各种批判声音，并以此为契机开展深刻反思，才促成了犯罪构成理论体系的发展与完善”。

《社会变迁中的刑法问题》总共二十五章，其中，章名中含有“反思”一词的包括：第十三章“晚近我国死刑立法改革之反思”；章名和一级标题中均含有“反思”一词的包括：第二章“多样化刑法渊源之再提倡——对以修正案为修改刑法唯一方式的反思”及其一级标题“单一刑法渊源的形成与反思”，第十四章“对‘婚内强奸’以强奸罪定罪量刑的反思”及其一级标题“对婚内强奸以强奸罪定罪量刑的反思”；仅在一级标题中含有“反思”一词的包括：第一章“乡归何处：立足新时代中国实践的刑法理论自觉”中“立足新时代：基于实践的理论反思与发展自觉”，第八章“我国少年刑事责任制度之理论检讨”中“对现行少年刑事责任制度的反思”，第二十四章“贿赂犯罪立法结构的调整”中“行贿与受贿同罪同罚：立法趋向与反思”。姚教授除在这些篇章直接地对有关刑法问题进行“反思”之外，其他很多篇章也体现出“反思”与“争鸣”的气息。例如，第六章“论四要件犯罪构成理论的出罪功能”，第七章“论人工智能的刑事可罚性”，第十六章“强索类案件司法疑难问题与破解”，第十八章“性侵未成年人刑法适用若干疑难与争议问题辨析”，第十九章“互联网金融犯罪：一个概念的界定”，等等。

姚教授在该专著中对社会变迁中的许多刑法问题进行的“反思”，不仅促进了刑法知识量的增长，而且也提供了刑法方法论（如何进行学术反思）的指引。就后者而论，至少有以下几点：

其一，“反思”要注意同一用语的内涵是否一致。作者在第七章“论人工智能的刑事可罚性”中开篇即提出要明晰一个概念——“人工智能犯罪”，它仅仅指“未来具有‘自主意识’的强人工智能犯罪”，且在整个行文讨论辨析“人工智能视域下的刑事责任根据论”“人工智能时代刑法谦抑性与犯罪化之关系反思”“人工智能的犯罪主体资格分析”“人工智能的刑事责任能力认定标准构建”“人工智能时代刑罚目的之厘清”“人工智能时代刑罚体系之发展”等问题过程中始终围绕“具有‘自主意识’的强人工智能”来进行，否则，“用语混乱不利于对人工智能领域的刑法理论展开深入交流”（第123页）。第十九章“互联网金融犯罪：一个概念的界定”则立足于“概念界定是理论研究的基本起点”的立场，从“互联网金融犯罪：现象、研究、术语的使用”“互联网金融犯罪概念界定的现实：争议与分歧”“互联网金融犯罪概念界定面临的困境”“互联网金融犯罪概念界定的新思路”等方面对“互联网金融犯罪”的概念界定作了详细论证。

其二，“反思”要在同一语境中进行。关于传统的四要件犯罪构成理论体系是否具有出罪功能，以及是否包含出罪要素，学界主要有三种观点：一是“移植论”认为四要件犯罪构成理论体系没有出罪机制，主张重构我国犯罪构成理论体系，并建议移植德日三阶层犯罪构成理论。例如，陈兴良教授从犯罪构成要件是否具备阶层性的角度出发，认为我国四要件平面犯罪构成要件不具备阶层性出罪事由体系，并且类似正当防卫、紧急避险等也没有被纳入犯罪构成理论体系之中。二是“改良论”认为四要件犯罪构成理论体系虽具备一定的出罪功能但仍需要完善。例如李洁教授从价值评价角度出发，认为在我国刑法理论体系中，将排除犯罪事由放在构成要件体系之外讨论，有碍于理论体系的安全性和可操作性，建议在保持四要件理论体系的基础上，将排除犯罪事由融入犯罪构成理论体系中。三是“肯定论”认为四要件犯罪构成理论体系具备出罪机制。例如，高铭暄教授从法理分析角度出发，认为四大犯罪构成要件既是积极要件又是消极要件，当完全满足四个要件而确证犯罪成立时，即发挥了入罪功能，反之，当缺失其中任何一个要件而否决犯罪成立时，即发挥了出罪功能（第 91 ~93 页）。显然，要想就此问题进行反思，必须厘清“移植论”“改良论”“肯定论”所持的“出罪机制”是否同一语境，否则就只会是“各说各话”，形不成真正的“争议焦点”。作者专门列的一个二级标题“三阶层‘出罪’定义下，我国四要件犯罪构成理论的出罪功能”（第 97 页），就是立足于同一语境下来展开“反思”与“争鸣”。

其三，“反思”在回答“问题”与论证“观点”中进行。作者在第一章“乡归何处：立足新时代中国实践的刑法理论自觉”中指出，“关于德日刑法理论是否能够取代苏俄刑法理论，至少还需要明确以下问题：形式犯罪概念一定优于实质犯罪概念吗？阶层犯罪论一定优于四要件犯罪构成理论吗？两者之间是非此即彼的关系吗？”（第 12 页）与此同时，作者还强调，“移植德日刑法理论要考虑以下三个问题：第一，移植德日刑法理论以取代苏俄刑法理论的必要性；第二，移植德日刑法理论的方法、时机；第三，其他刑事司法制度需要做出怎样的调整才能与德日刑法理论相匹配”，并认为“全面移植德日刑法理论的观点还应当经过更加严密的论证”（第 13 ~ 14 页）。当然，这里需强调的是，论证负担即给出理由到底由反思方还是被反思方承担，一般而言应由提出主张的一方来承担。

确如姚教授在专著的“后记”所言，“近些年来，中国刑法理论呈现向德日学术话语转向的趋势，在某种程度上可以说是在‘去苏俄化’的名义下中断了刑法理论的本土化过程。大量引进的‘夹生饭式’的德日刑法学术话语与理论问题，使得刑法学研究的‘专业槽’看上去越来越深，但是并未能接续近代以来的刑法学传统，以至于常常让人有一夜醒来看不懂中国刑法学和不知如何去研究刑法学问题的感慨。中国刑法学究竟应向何处去，这是一个问题”。笔者认为，这个新时代的刑法学之问的回答，更需要秉持科学、客观、理性、全面的反思立场，更需要全面地总结中国的刑事法实践（包括立法实践和司法实践）经验。

另一种学习：修辞术与表达法

“启蒙意味着从一种不成熟状态过渡到成熟状态，这种过渡又不是自我完成的，而是经由别人的引导完成的。我们完全可以把这种需要启蒙的不成熟状态视为一种蒙昧状态，因而启蒙也就是解蔽、解脱与解放”，这是笔者的导师陈兴良教授在《刑法的启蒙》（第三版，北京大学出版社 2018 年版）“渴望启蒙（代序）”中对哲学家康德这段经典话语——“启蒙运动就是人类脱离自己所加之于自己的不成熟状态。不成熟状态就是不经别人的引导，就对运用自己的理智无能为力”——的解读。

就学术之路而言，陈先生就是启蒙和引导笔者从“不成熟状态”向“成熟状态”过渡（只是因生性愚钝，现今仍远未至成熟状态）的人，“启蒙”的方式除陈先生言传身教之外，还有一种重要的方式就是笔者阅读他的学术论文专著。

《刑法的启蒙》第一版出版于 1997 年、修订版出版于 2002 年（法律出版社），笔者先前均认真阅读过，无疑，每次阅读均会让笔者加深对西方刑法思想史上十位著名刑法思想家（包括对于刑法学科的形成具有创始贡献的孟德斯鸠、贝卡里亚、费尔巴哈；以哲学思想著称的康德、黑格尔、边沁；对于刑法学派具有开拓功勋的龙勃罗梭、菲利、加罗法洛、李斯特）的刑法思想和理论的了解。此次阅读则有所不同，侧重点聚焦在陈先生写作的修辞术与表达法方面，也算是另一种学习吧！

修辞（figure of speech ，rhetoric），即文辞或修饰文辞。“修”是修饰的意思，“辞”本来意思是辩论，后引申为一切的言辞。修辞本义就是修饰言论，也就是在使用语言的过程中，利用多种语言手段以达到尽可能好的表达效果的一种语言活动。修辞，狭义上就是指文字修辞；广义上包括文章的谋篇布局、遣词造句的全过程，同时包括语言文字修辞。

据统计，已知的修辞手法（又称修辞格）大致有62大类78小类，包括比喻（又分为明喻、暗喻、借喻、博喻或复喻、倒喻或逆喻、反喻、互喻或回喻、较喻或强喻、譬喻、饰喻、引喻），白描，比拟（比体），避复，变用，层递，衬垫（衬迭），衬托（反衬、陪衬），倒文，倒装，迭音，叠字重叠，顶真（顶针、联珠），对比，对仗（对偶、队仗、排偶），翻新，反复，复沓，反问，访词，访化，飞白，分承（并提、合叙、合说），复迭错综，复合偏义，共用，呼告，互体，互文，换算，回环，回文，降用，借代，设问，歧谬，排比，拈连，摹绘（摹形、摹声、摹色），列锦，连及，夸张，警策，示现，双关，重言，重叠，指代，用典，引用，移用，须真（联珠），谐音，歇后，象征，镶嵌，析字，委婉（分为迂回语、谦敬语、避讳语），婉曲，通感（移觉、移就），跳脱，转文①。

其中，常见的有十多种，包括：1. 比拟（把甲事物当作乙事物的描写方法，分为拟人和拟物）；2. 比喻（即打比方，是用本质不同但具有相似点的另一事物说明或描绘事物的方法，一般包括本体、喻体和喻词三部分，具体分为明喻、暗喻、借喻）；3. 排比［把内容相关、结构

① 《汉语中的修辞手法共有几种?》，载华语网：http：//www. thn21. com/base/xin/9416. html，最后访问时间：2021年3月28日。

相同或相似、语气一致的（一般为三个或者三个以上）短语或句子连用的方法］；4. 夸张（对事物加以超越事实的描述，分为扩大、缩小、超前夸张或者直接、间接夸张）；5. 借代（又称换名，用与人或事物有关的东西来代替人或事物的方法，以突出事物的特征，引起人的联想，增强语言的象征性，使语言生动活泼、富于变化）；6. 对偶（用结构相同或相近、字数相等的一对短语或句子对称排列起来表达相对或相近的意思）；7. 设问（为了突出所说的内容，把它用问话的形式表示出来）；8. 反问（用疑问的形式来表达确定的意思）；9. 反复（根据表达需要，使同一个词语或句子一再出现的方法）；10. 衬托（把两个相对或相反的事物，或同一事物的两个方面放在一起，让它们互相衬托、相得益彰的方法）；11. 互文（又称互辞，上下两句或一句话中的两个部分，看似各说一件事，实则是互相呼应，互相阐发，互相补充，说的是一件事）；等等。

《刑法的启蒙》（第三版）采用了若干种修辞方法，具体包括：

1. 对偶。此点从该书的目录就可看出一二（《刑法哲学》《刑法的人性基础》《刑法的价值构造》等著作的目录均体现出“对称”的形式美感），现摘录如下：“渴望启蒙（代序）”对称“缅怀片面（代跋）”，“1. 孟德斯鸠：探寻法意（1.1 超越实在法；1.2 刑法的精神；1.3 犯罪的载体；1.4 刑罚的限度 ）；2. 贝卡里亚：建构公理（2.1 追随孟德斯鸠；2.2 刑法的原则；2.3 犯罪的本质；2.4 刑罚的目的）；3. 边沁：追求功利（3.1 实现最大幸福；3.2 犯罪：禁止的恶；3.3 刑罚：必要的恶）；4. 费尔巴哈：崇尚威吓（4.1 缔造实在法；4.2 罪刑法定主义；4.3. 权利侵害说；4.4 心理强制说）；5. 康德：弘扬道义（5.1 揭示法伦理；5.2 犯罪不义论；5.3 道义报应论；5.4 等量报应论）；6. 黑格尔：诉诸理性（6.1 构筑法理念；6.2 犯罪不法论；6.3 法律报应论；

6.4 等价报应论）；7. 龙勃罗梭：遭遇基因（7.1 方法论革命；7.2 犯罪天生论；7.3 刑罚救治论）；8. 菲利：防卫社会（8.1 颠覆古典学派；8.2 犯罪饱和论；8.3 刑罚防卫论）；9. 加罗法洛：回归自然（9.1 开拓新视界；9.2 自然犯罪论；9.3 刑罚遏制论）；10. 李斯特：关切目的（10.1 复兴刑事政策；10.2 犯罪征表说；10.3 目的刑主义）”。

2. 比喻。“孟德斯鸠绝不是一个幻想家，他时刻将其想象的翅膀悬挂上‘原因’的重量”（第 9 页）；“罪刑的均衡，也就是保持罪与刑之间的适当比例。在当今刑法教科书中已经成为常识与通论，但在孟德斯鸠生活的时代不啻是乌云密布的天空中划过的一道闪电”（第 39 页）；“贝卡里亚在刑法领域不是一个横空出世的孤独的英雄，而是启蒙时代的产儿”（第 44 页）；“返祖遗传，这个念头像一道闪电划过龙勃罗梭的脑海，这一瞬间宣告了刑事人类学派的诞生！”（第 227 页）“刑罚，并不像在古典派犯罪学者和立法者的主张影响之下而产生的公众舆论所想象的那样，是简单的犯罪万灵药”（第 310 页）；“刑事政策乃达到犯罪预防目的之手段，而此手段要有效，须先对犯罪现象之各事实有确实之认识，如同医生的处方要有效，首先对疾病情况所为之诊断要正确”（第 349 页）。

3. 排比。“孟德斯鸠的可贵之处在于，他并没有局限在这些个别的因素上，而是力图通过分析这些因素之间的关系把握社会的发展进程；他并没有停留在这些表面的现象上，而是希冀透过这些现象发现支配着这些现象的本质的东西——这种东西，孟德斯鸠称之为‘精神’”（第 5 页）；“怜悯限制我们去制造生理痛苦，怜悯阻止我们去制造精神痛苦，怜悯促使我们在看见邻人处于痛苦中时帮助他们”（第 325 ~ 326 页）；“从盲目到目的，从机械到能动，从冲动到理性，这就是李斯特为刑罚的历史演进所勾勒的线索”（第 363 页）；“从解剖罪犯的尸体，发现低等动物的特征，从而得出天生犯罪人的结论，龙勃罗梭是片面的典型，其深刻性令人惊讶！从否定刑法的报应性，确立刑罚的矫正性与治疗性，进而以制裁取代刑罚，草拟出‘没有刑罚的刑法典’，菲利是典型的片面，其深刻性令人瞠目！”（第375页）。

4. 设问。“那么，什么是法的精神呢？‘精神’一词给人以强烈的主观色彩，至少在汉语中是如此，它作为客观存在的物质是相对应的哲学范畴。但如果误以为法的精神也是主观的人的思想，那就是完全误解了孟德斯鸠”（第5~6页）；“那么，什么是犯罪的真正原因呢？龙勃罗梭不无感叹地说：‘实言之，每一现象中的真正特殊原因何在，即使是善于观察的人，亦不能下一断语’”（第247页）；“那么，什么是情感分析呢？加罗法洛指出：犯罪一直是一种有害行为，但它同时又是一种伤害某种被某个聚居体共同承认的道德情感的行为……”（第323页）“加罗法洛如何得出一种超法律的犯罪概念——自然犯罪呢？加罗法洛认为，犯罪并不是对权利的侵害，而是对情感的侵害……”（第324页）

5. 衬托。“在这个意义上说，古典学派的衰落与实证学派的勃兴都是社会的产物”（第282页）；“保安处分是克莱因闪光的思想火花之一，但在当时报应主义与自由主义盛行的社会背景之下，这一思想火花显得暗淡，只是一点火星而已”（第314页）；“白天与黑夜，我似乎沉浸在两个极端的世界里：白天是现实，面对满桌的案卷，个案占据我的心思，面对的是一个个被告人。黑夜是历史，遨游在思想的海洋里，与刑法先哲们进行精神的沟通与学术的对话”（第382页）。

6. 夸张。“菲利以犯罪人取代古典学派的犯罪行为，以犯罪人的人身危险性取代古典学派的犯罪行为的社会危害性，由此也使责任的意蕴发生了一场革命性的变化”（第300页）。

7. 用典。“相对于龙勃罗梭而言，菲利是青出于蓝而胜于蓝。犯罪饱和论所包含的内容大大超过龙勃罗梭的天生犯罪人论”（第 293 页）；“在人类思想史上，贡献何须多，只需那么‘一点’，足矣。这‘一点’是星星之火，可成燎原之势。在那燎原的大火中，这‘一点’火星是显得何等渺小与何其可怜。但没有星星之火，岂有燎原之势？片面的深刻也正统此理”（第 375 页），等等。

表达技巧，是指作者表达文章的内容所运用的写作原则、规律和方法，包括以下方面：1. 表达方式，具体分为记叙、说明、议论、抒情和描写；2. 表现手法，具体有想象、联想、类比、象征、烘托、对比、渲染、悬念、反衬、比兴、托物言志、铺陈描写、赋比兴、动静相衬、虚实结合、景情合一、借景抒情、情景交融、借古抒怀、借古讽今、用典、铺垫、欲扬先抑、先声夺人、以小见大、以动写静、正侧面描写相结合等；3. 材料安排，具体涉及主次、详略、繁简；4. 结构，分为承上启下、设置悬念、照应、铺垫、衔接、伏笔、首尾照应、开门见山、层层深入、先总后分、先景后情、卒章显志等；5. 修辞手法，具体有比喻、双关、借代、反复、排比、反问、设问、拟人、夸张、对偶、用典、顶真、互文等。

依此来看，表达技巧相比于前述的修辞手法而言，外延更加宽泛。此处笔者不打算全面分析和总结《刑法的启蒙》（第三版）所运用的表达技巧，而仅仅摘录该书多处出现的“如果说……，那么”的表述，以资表明陈先生在行文中对承启转合这一表达技巧的熟稔运用，具体包括：1. “如果说刑事古典学派是一种启蒙，那么，刑事实证学派是一种启蒙之启蒙”（代序第 8 页）；2. “如果说，在贝卡里亚的思想中，罪刑法定主义主要是限制司法权，尽管也涉及限制立法权的内容，例如认为不得规定残暴的刑罚等，那么，罪刑均衡原则主要是为科学的刑事立法提供一般的标准，尽管在刑事司法中也存在罪刑均衡的问题”（第 63

页）；3. “如果说，黑格尔关于犯罪的定义还失之泛泛，没有更多的新意，那么，黑格尔的刑罚理论，尤其是以法律报应著称，则在刑法思想史上具有独特的意义”（第 203 页）；4. “如果说，康德关注的是刑罚对犯罪的道义上的否定评价，那么，黑格尔主张的是刑罚对犯罪的法律上的否定评价”（第 212 页）；5. “如果说，实证主义是作为龙勃罗梭研究犯罪的方法论而存在的，那么，进化论则对龙勃罗梭犯罪学的产生具有直接的影响”（第 234 页）；6. “如果说，贝卡里亚的著作充满了理性的光芒与智慧的火花，逻辑与推理构成了严谨的体系，那么，龙勃罗梭的著作体现了实证主义的精神，更多的是用数据与图表作为佐证”（第 238 页）；7. “如果说，龙勃罗梭以其所确立的刑事人类学派宣告与刑事古典学派分道扬镳，那么，作为弟子的菲利在刑事人类学派的基础上转型刑事社会学派，并以实证派犯罪学的名义彻底与刑事古典学派决裂”（第 270 ~ 271 页）。此处之所以特意关注陈先生的“如果说……，那么”的范式表达法，是因为这也是陈先生曾经帮笔者修改论文的着力之处[①]，笔者至今清晰地记得当时陈先生在纸质底稿上对论文各个段落之间的承上启下方面所作的几处修改。

《刑法的启蒙》（第三版）是陈先生所有著作中较为特殊的一种，被归于“学术随笔集”（近期北京大学出版社出版的“陈兴良作品集”包括 10 部：自选集《走向哲学的刑法学》《走向规范的刑法学》《走向教义的刑法学》，随笔集《刑法的启蒙》，讲演集《刑法的格物》《刑法的致知》，序跋集《法外说法》《书外说书》《道外说道》，备忘录《立此存照——高尚挪用资金案侧记》）。“随笔”，顾名思义，随笔一记，其

① 参见陈兴良、刘树德：《犯罪概念的形式化与实质化辨正》，载《法律科学》1999 年第 5 期。

作为一种文学样式，是由法国散文家蒙田所创，如今是散文的一个分支，是议论文的一个变体，兼有议论和抒情两种特性，通常篇幅短小，形式多样，作者惯常用各种修辞手法曲折传达自己的见解和情感，语言灵动，婉而多讽，是较为流行的一种散文体裁。正是“随笔”的这些属性，才能让陈先生少受纯学术层面的“羁绊”，尽情地挥洒，为我们提供了另一富有特色的精神食粮。

另一种角度欣赏“刑法教义学”

陈兴良教授曾指出，“在将来相当长的一个时期，犯罪论体系还会是我国刑法学界的理论热点，并且也是刑法的学术增长点”①。令人可喜的是，无论是针对犯罪论体系的整体宏观思考，还是基于犯罪论体系的中观或者微观研究，均呈现日新月异的变化。陈璇博士的《刑法归责原理的规范化展开》（法律出版社2019年版）就是围绕客观归责问题进行中观层面研究的佳作。

针对该书的刑法学术价值和知识增量而言，陈兴良、周光权、刘明祥教授均已作了多维度的高度评价，“归责是刑法中的核心问题，也是刑法教义学研究的重心之所在。本书将理论探讨的目光聚焦于刑法中的归责，从客观归责到主观归责，以敏锐的笔触、绵密的叙述、翔实的资料和严密的论证，为我们展示了刑法中归责理论的博大精深，是我国刑法归责理论的前沿之作，值得推荐”（陈兴良）；“在推进我国刑法学纵深发展的过程中，对于在事实的因果关系理论之外如何建立‘法律的因果关系’理论（规范地理解结果归属问题）的重要性日益凸显。陈璇博士近十年来始终专注于对此的深入思考，其不仅对德国的客观归责理论进行了系统检讨，而且朝着建构与我国司法实务需要相适应的本土性下位规则方面作了很多努力，所取得的成果极其引人注目，相信本书的

① 参见车浩：《阶层犯罪论的构造》，法律出版社2017年版，序言第2页。

出版不仅能够为我国的客观归责理论研究积累有益素材，而且能够将相关研究引入一个可以想象、值得期待的新高度”（周光权）；“归责是犯罪论的核心范畴。《刑法归责原理的规范化展开》堪称该领域一部具有相当开拓性的力作。本书既有宏观广阔的理论视野，又能深入危险判断、合义务替代行为、规范保护目的等具体问题当中展开丝丝入扣、细致缜密的分析；既广泛借鉴德国、日本等域外的理论成果与经验，又始终以中国的规范与典型判例为立足点。本书的出版，必将大大拓宽我国归责理论研究的视野、提升我国归责理论研究的水平”（刘明祥，封底）。

全文拜读陈璇博士赠送的大作过程中，除了静下心来认真地“咀嚼”和“消化”诸多“时髦用语”（例如，“客观归责”“主观归责”“风险创设”“风险实现”“被容许风险”“行为无价值”“结果无价值”“注意义务规范”“假定因果关系”“合义务替代行为”“规范保护目的”“因果流程偏离”等）和“新颖主张/命题”（例如，在剖析“一般人认识+行为人特别认识”之事实认定模式的困境和反思其根基的基础上确立“以全体客观事实为基础的一般人预测”的判断标准；注意义务标准个人化乃刑法目的之内在要求；被容许风险的本质系针对能力缺失状态的归责排除事由；客观归责理论所实现的一个最重要的飞跃：在危险实现过程的规范评价问题上摒弃相当因果关系说的事前的一般人预见可能性标准，转而采取了站在事后裁判者立场上的规范目的判断方法；行为人具备违法性认识的最低标准是其对立法者据以订立禁止规范的行为反价值性有所认知；因果流程的发展情况涉及的是客观归责中关于行为创设的危险是否合乎规律地得到实现的问题，而危险实现的判断应当从事后的客观立场出发，并结合具体构成要件背后之评价规范的目的来进行，而不应当掺入任何关于人（无论是一般人还是行为人）的认识能力的标准，等等）之外，笔者亦从“修辞术”的维度“品味”

和“欣赏”陈璇博士的诸多“表达手法”和“美言佳句”。或许与笔者近期品读陈兴良教授《刑法的启蒙》并从“修辞术与表达法”角度谈了点心得有关吧，陈璇博士能够在这样一部极为专深的学术著作之中充分运用有关修辞表达之法，无疑更让笔者心生几分愉悦和感佩。

修辞，狭义上就是指文字修辞；广义上包括文章的谋篇布局、遣词造句的全过程，同时包括语言文字修辞。择其要者，该书所运用的修辞方法具体包括：

1. 比喻。例如，“只有彻底拆除横亘于故意与违法性认识之间的高墙，才能真正获得规范化的故意概念”（第 201 页）；“尽管因果流程的偏离看似只是恢宏的刑法理论大厦中一个相对具体的问题，但它实际上却紧紧牵动着犯罪论的‘大动脉’和‘主神经’”（第 242 页）；“尽管与（客观的）行为无价值同处客观不法的一个屋檐下，但结果无价值既然纯粹是供法律裁判者在事后运用刑罚时加以考察的对象，那它自然也就没有必要为处于行为当时情形下的行为人所认知，也没有必要成为故意的认识对象”（第 248 页）。

2. 引用俗语。例如，“目的行为论的‘金字招牌’就在于，客观归责论可以在不考虑行为人个人能力和主观认知的情况下，在客观构成要件阶段就对危险是否受到禁止这个问题给出确定的回答”（第 92 页）；“或许是因为在相当长的时间里，我国的审判实践极少涉及违法性认识的问题，故具有研究价值的判例寥若晨星，以致学界苦于‘巧妇难为无米之炊’，无从结合鲜活的案例精细地开发和总结违法性认识判断的方法和规则”（第 183 页）；“要想单纯以这一环节为基础实现专业语言与日常语言的对话，其难度在许多情况下堪比‘对牛弹琴’”（第 217 页）。

3. 排比。例如，“预见可能性之路之所以越走越狭窄，不是因为开路不力，而是因为方向选择本身有误；预见可能性之树之所以无法结出硕果，并非因为浇灌不勤，而是因为这棵树的种子先天不足；预见可能性之所以在实践中困境重重，并非因为人们对所谓的‘一般人经验法则’的界定不够具体和精细，而是因为以事实标准去认定规范问题的做法本身注定了它只能是‘磨砖为镜，煮沙为饭’”（第153页）；“人们或许不知道容留他人吸毒的行为已被规定为犯罪，但大都能意识到该行为对他人消费毒品产生了促进作用，而毒品的泛滥将危害国民的身体健康、引发各种社会问题；人们不一定了解使用假币的行为违法，却懂得用假币来进行交易会助长伪造货币的现象，从而损害国家货币的公共信用；人们未必能认识到伪造居民身份证的行为触犯了刑律，却知道该行为侵犯了国家机关对居民身份证的独占制作权，不利于国家对公民进行有效的识别和管理”（第217页）。

4. 对仗。例如，“典型的因果流程说最终依靠的不过是只可意会不可言传、只可领悟不可推论的法感觉而已”（第164页）。

5. 反衬。例如，“正是由于行为的这种反价值性既是法律规范形成的源头和基础，又贴近于外行人的生活和意识，其一头连接着法律专业世界的‘阳春白雪’，另一头连接着日常观念世界的‘下里巴人’，故它可以成为求取法律语言与外行民众认知之最大公约数的工具，从而也就可以成为联通二者的桥梁”（第217页）。

6. 引用经典。例如，“借用中国古代先贤的两句古训：‘不教而杀谓之虐’（《论语·尧曰》）、‘不教而诛，刑繁而邪不胜’（《荀子·富国》），恰好可以点出‘不知法不免责’做法所带来的恶果：其一侵犯公民的尊严与自由；其二因为难以获得公众的认同而最终无法实现一般预防的效果”（第194页）。

7. 设问。例如，“接下来需要探讨的问题是：违法性认识错误究竟应以何种具体方式、在多大程度上影响归责呢？换言之，当违法性认识成为归责要件之后，如何通过教义学理论的具体设计合理地实现责任原则与犯罪预防之间的平衡?”（第194页）；“这里就有三个核心问题需要探讨：（1）故意的认识对象理应包含哪些内容?（2）对于事实认识错误与违法性认识错误应当一视同仁还是分而治之?（3）能否在贯彻责任原则的同时对该原则进行软化处理，从而使责任与预防的天平朝向更加有利于后者的一侧倾斜?”（第198页）

8. 反问。例如，“如果说由于危害结果已包含了因果关系，故后者在构成要件中没有独立存在的意义，那为什么不能反过来认为：由于因果关系必然同时包含了危害行为和危害结果，所以后两者才不具有构成要件要素的地位呢?”（第244页）

9. 引用对联。例如，“当客居海外的游子在异国猛然看见了门福、春联和鲜红的中国结时，他的脑海中一定会迅速闪现出家乡的景致、家人的面容以及春节时‘千门万户曈曈日，总把新桃换旧符’的喜庆场面，这一切均不假思索、油然而生，任何的语言都是多余的”（第230页）。

10. 成语运用。“当一种学说不得不靠这种朝三暮四的手法去维系自身结论的妥当性时，不仅预示着它已经陷入黔驴技穷的境地，而且难免让人对其理论根基产生怀疑”（第71页）；“判断某一公民是否忠诚于法秩序，关键是看他在意识到自己的行为有触犯法规之虞时，是即刻悬崖勒马还是依然一意孤行”（第206页）；“在违法性认识错误的场合，由于行为人在内心已经形成了与国家法秩序南辕北辙的另一套世界观，故他就具有了持续、反复破坏规范的危险性”（第207页）；“随着法律的专业门槛不断提高、适用于同行业和领域的法律条文激增，不通过专门学习就能轻易知法懂法的时代早已过去；与此同时，随着科学知识的普及，人们对客观事物运行规律的了解达到了前所未有的水平。于是，完全可能出现某个事实为普通人了如指掌，而某项法律却反而鲜为人知的现象”（第 209 页）；“这种左右逢源是以突破责任原则的最低底线为代价，是以在践行责任原则的道路上半途而废为结局的，这就注定了它无法真正经受住合宪性解释的考验”（第 213 页）；“处在两个不同世界的人若是固执地坚持唯我独尊、自说自话，则永远无法相互接近、彼此理解；双方要实现沟通，就必须尝试从对方的立场出发换位思考，以对方易于接受的方式表达”（第 217 页）；“‘大义灭亲’案件的典型是，行为人出于‘为民除害’的正义感，将其常年在村中横行霸道、为非作歹的逆子杀死”（第 221 页）；“就杀人、强奸、盗窃、诈骗等犯罪而言，无论是违法性抑或其实质反价值性几乎是天经地义、万世不易的”（第 224 页）；“部分学者在解决危险实现的问题时始终对行为时一般人的预见可能性标准恋恋不舍，或者说在事后标准与行为时标准之间摇摆不定”（第 253 页）；“若从行为人本人的角度来看，则被害人撞死的事实显然与其计划背道而驰、水火不容；但若从客观和规范的立场，则由于撞死的危险本来就内含于坠桥的危险之中，故又可以肯定危险的实现”（第 264 页），等等。

按照林来梵教授的观点，“文人法学”亦即“人文法学”，强调的是“以人文的传统、人文的精神以及人文的情怀，去滋润、涵养现代的法律与法学”[①]。陈璇博士在专深的学术著作中运用多样的修辞手法和美妙的文字语言，无疑会催发这些“略显深奥”的学术作品呈现出类似“文人法学”的感染力，进而增加几许轻松的欣赏愉悦之感。

---

① 参见林来梵：《文人法学》（增订版），清华大学出版社 2017 年版，增订版序以及第一版序。

另一种收获：序言如何写

曾经见过读书从前言或者后记开始的观点，只是记不清具体出处了。笔者尽管没有养成这种习惯，但大多时候对书的前言、代跋或者后记持有一份兴趣，因为这些板块确实有时会给读者带来额外的资讯和兴趣，更多地了解关于“书”或者“作者”的细故与情愫。

收到从当当网购买的张明楷教授刚修订出版的《外国刑法纲要》（第三版）之际，除看到其装帧设计类似于张教授的被誉为“太黄太后”的《刑法学》（第五版，法律出版社 2016 年版）之外，笔者立刻开始阅读该书的“第三版前言”，意图知悉新版做了哪些增删。读完之后，其反复采用“AABB”式词语（即词语前两字一样，后两字一样的叠词）的表达方式（共 21 处），倒是引发了笔者更强烈的兴趣。现全文照录如下：

《外国刑法纲要》（第二版）于 2007 年出版，距今已十余年。原本不打算对本书修修补补，因为笔者清清楚楚地知道，在国内陆陆续续翻译出版国外权威刑法教科书的当下，《外国刑法纲要》已无再版价值。但由于读者们的期待和出版社的催促，笔者还是犹犹豫豫地更改初衷，认认真真地删改本书，使第三版得以印行。

与第二版相同的是，第三版在形式上仍然采用德国、日本通行的三阶层犯罪论体系，并试图以通俗的语言、全面的视角将外国林林总总的理论与形形色色的判例介绍给读者（当然也有零零星星的分析），由读者判断各种学说的利弊和决定不同观点的取舍。笔者虽然时时刻刻告诫自己，一定要以中立态度介绍国外立法、理论与判例，但也明明白白地意识到，不管如何保持中立，都不可避免地打上自我立场的烙印。这是因为，每个人在阅读各种文献时，所看到的内容和获得的结论并不是取决于电脑与眼睛，而是取决于大脑与内心。本书没有像德国通说那样在构成要件中介绍故意，也没有以独立的一章分别介绍不作为犯和过失犯，就足以说明这一点。尽管如此，笔者还是可以坦坦荡荡地说，书中所介绍的任何观点，都有可信的直接来源和可靠的间接来源。当然，由于外文资料和本人外语水平均有限，即使看书时仔仔细细、兢兢业业，但写书时不免浑浑噩噩、混混沌沌，成书后未免忐忐忑忑、战战兢兢。

和第二版不同的是，第三版就有很多内容对德国、日本的刑法理论和判例进行了分别介绍；即使一并介绍时，也会尽可能说明日本与德国的差异。一些人习惯于认为，日本刑法理论整整齐齐地移植乃至完完全全地照搬了德国刑法理论。其实，除了形式上的三阶层体系之外，实体内容大相径庭。例如，第一，德国刑法理论采取客观归责理论，但日本的通说采取相当因果关系说，即使在德国取得博士学位的刑罚学者也不赞成日本采用客观归责理论。第二，在违法性方面，德国的通说是二元论，结果无价值论基本没有学术地位，但在日本，法益侵害说（法益保护主义）是通说，结果无价值论至少是强有力的学说。第三，德国刑法理论的通说将故意作为主观的违法要素，但日本的通说仍然认为故意是责任要素；关于事实认识错误，德国的通说采取具体符合说，日本的通说则采取法定符合说。第四，关于未遂犯，德国实际上采取的是主观的未遂犯论（印象说），日本采取的是客观的未遂犯论；德国肯定不能犯的可罚性，日本否定不能犯的可罚性。第五，关于共犯，日本根据本国的立法与判例形成了自己的共犯理论，其所使用的很多概念（如行为共同说、犯罪共同说、部分犯罪共同说、共谋共同正犯、共犯的脱离等）并非缘于德国。第六，关于罪数，日本采取了完全不同于德国的罪数论体系，其普遍使用的包括一罪、牵连犯、一连行为等概念并不见于德国。如此等等，不胜枚举。至于对具体犯罪构成要件的解释，则根本不存在日本移植德国刑法理论的现象。团藤重光、大塚仁等教授以往出版的刑法教科书都列有德国参考文献，但现在的刑法教科书（如平野龙一、内藤谦、大谷实、浅田和茂、曾根威彦、西田典之、前田雅英、山口厚、高桥则夫、井田良、松原芳博等教授撰写的教科书）均不列有德文文献。言必称德国的时代早已过去，完全没有德文注释的论著已经相当普遍。

“刑法反映存在于文化根底的价值，可谓其时代的文化的一面镜子”（H. Mannheim 语）；“刑法特别敏感地反映着社会构造上或者社会意识上的变化”（W. Friedmann 语）。我国刑法理论的发展变化，充分证明了这一点。中国需要自己本土的体系化刑法理论，但本土理论与国外理论既非对立关系，也非同一关系，而是交叉竞合关系。我们需要借助国外的刑法理论认识自己的刑法理论，并且通过借鉴国外的刑法理论形成自己本土的体系化刑法理论。对国外学说唯唯诺诺地全盘接受或者轰轰烈烈地全面批判，都不利于中国刑法理论的繁荣与发展。懂得后再放弃，获得后再扬弃，或许是更好的学术路径。

之所以对此特别感兴趣，一是与笔者正在阅读刘瑜教授的《送你一颗子弹》（东方出版社 2018 年版）中一段类似表达的话有关，即“女人爱起来哪里是伤风感冒，上来就是肿瘤，良性的也得开刀，恶性的就死定了。更可气的是，她就是不爱的时候，也要把‘不爱’这件事整成一件轰轰烈烈的大事，天天捂着心口寻寻觅觅冷冷清清凄凄惨惨切切”（第 223 页）。二是与笔者正在校对自己的书稿《无理不成“书”——

裁判文书说理23讲》（中国检察出版社2020年版）中有关裁判文书要注意运用合适的修辞手法来释法说理的内容有关。读罢后几日，笔者编发了微信（2020年6月22日17时56分），一是询问张明楷教授当时反复采用此种叠词表达法有无特别的考虑或者目的；二是询问宋北平教授此种叠词表达法是否属于一种修辞法以及其起何种效果。张教授留言回复（2020年6月22日18时7分）：当时没有特别的考虑和目的，这种表达法也未必适用于每个前言，只是当时这个前言恰好运用了这种表达法而已，有点“特色”，今后也不会再用了。宋北平教授微信（2020年6月24日2时32分）回复：此种叠词在古文中又叫“重言”。叠词有多种方式，包括：1. AA式，例如，叮叮；2. AAB式，例如，叮叮当；3. ABB式，例如，羞答答；4. ABAB式，例如，一拐一拐；5. AABB式，例如，蹦蹦跳跳。虽然此种叠词本身不是独立的修辞方法，但在特定的语境中能够产生较强的节奏感，呈现较好的韵律效果。

或许基于“思维涟漪”和“认知化学反应”的缘故吧，有一天晚上笔者躺在床上突然脑子里有了此种修辞表达方式是否会出现在裁判文书之中的想法。第二日（2020年6月21日20时32分），笔者就向朋友梁海强博士寻求帮助，知悉现有的大数据分析完全可以检索中国裁判文书网是否有这类表达方式的裁判文书。梁博士先通过对数据库编程，并用php代码过滤，后又通过数据库结构化语言SQL编程过滤，三日后就给了笔者回信：通过检索落款日期为2001年至2020年6月间的刑事裁判文书，共提取到ABAB式和AABB式叠词285个，具体分布在裁判文书1257篇之中。其中，同一篇裁判文书中出现3次或者以上叠词的，则仅有10篇，即“陈某卿等隐匿、故意销毁会计凭证、会计账簿、财务会计报告案”[①]“史某甲受贿、贪污案”[②]“张某平故意杀人案”[③]“杨某英故意伤害案”[④]“王某庆非法生产制毒物品案”[⑤]“王某德等寻衅滋事、非法占用农地、聚众斗殴案”[⑥]“芦某佳等诈骗案”[⑦]“邓某军诈骗案”[⑧]“邢某贩卖毒品案”[⑨]。经一一阅读后发现，裁判文书均是在“犯罪事实部分”运用叠词，而在“本院认为部分”没有出现叠词。这正好也间接地证明，此种反复使用叠词表达法不会是“常态”，且不适宜在刑事裁判文书的释法说理之中运用。

此篇读后感，权且也就是阅读《外国刑法纲要》（第三版）的另一种收获吧。

---

① 广东省高级人民法院（2016）粤刑终字第298号、第299号刑事判决书。
② 江苏省溧阳市人民法院（2013）溧刑二初字第162号刑事判决书。
③ 山西省忻州市中级人民法院（2018）晋09刑初63号刑事判决书。
④ 山西省五台县人民法院（2017）晋0922刑初30号刑事判决书。
⑤ 湖北省罗田县人民法院（2016）鄂1123刑初137号刑事判决书。
⑥ 吉林省扶余市人民法院（2018）吉0781刑初37号刑事判决书。
⑦ 内蒙古自治区赤峰市中级人民法院（2017）内04刑终84号刑事判决书。
⑧ 湖南省资兴市人民法院（2019）湘1081刑初38号刑事判决书。
⑨ 河南省南阳市卧龙区人民法院（2010）宛龙刑初字第201号刑事判决书。

以“案例修辞”激活“正当防卫”

自1997年对1979年刑法正当防卫相关条款进行修改以来，“中国正当防卫理论的研究总体上呈现出发展乏力、暮气略重的景象，无论是研究方法的创新性还是研究内容的突破性，均逊色于刑法总论的诸多其他领域”[①]。陈璇教授正是有感于此种现状并致力于改变此种局面，推出了“我国正当防卫制度研究的进阶之作”（陈兴良教授所作序言，第1页）。确如陈兴良教授所言，“在本书中，陈璇引入并且采用了德国刑法教义学的话语，对我国刑法中的正当防卫进行分析，提出了某些具有鲜明特色的论述话语，从而极大地丰富了我国正当范围理论”（陈兴良教授所作序言，第3页），“本书在很大程度上回应了我国正当防卫理论研究中的疑难问题和司法认定中的疑难案例，因而本书是一部在正当防卫理论上的创新之作和前沿之作，推动、促进了我国正当防卫的理论发展，同时也对于司法机关办理正当防卫案件具有指导意义”（封底）。

阅读此部专著过程中，陈璇教授在书中所秉持和贯通的案例意识和修辞意识给笔者留下了很深的印象。具体而言：

一是案例意识。陈璇教授在“后记”中对“理论联系实际”这一指导我国整个哲学社会科学的主流方法论进行了认真的反思，并提出了

① 参见陈璇：《正当防卫：理念、学说与制度适用》，中国检察出版社2020年版，第188页。

“对于实践的重视并不意味着否定理论的独立性”“从本土实际出发并不等于抹杀理论的普适性”等论断（第316~322页）。

可以说，陈璇教授的该部专著较好地体现了这一指导理念，这从其对我国刑事司法实践案例的充分运用足以得到证明。自中国裁判文书网正式运营和大批量的裁判文书上网公布①以来，法学界开始借助和利用裁判文书网来从事法学研究。陈璇教授更是秉持如下立场，“以实践为研究素材的来源。即理论研究必须时刻关注司法实务当中出现的争议案件和疑难问题”“以判例为交流对话的伙伴。学者应当认真倾听司法者裁判案件的理由和论据，主动与判决进行对话”（后记第317页），要么引用典型案例作为有关章的“引言”来开启话题，例如第二章“‘道德洁癖’的克服：自招侵害与正当防卫”开头为“聚焦‘何强聚众斗殴案’”，第七章“防卫过当的罪过：防卫意识与犯罪故意”的开头为“争点聚焦与典型实例”；要么在有关章中引用典型案例作为展开论证正当防卫相关问题的鲜活素材，例如引用了“沈某高故意伤害案”“项某杰故意伤害案”“陈某荣故意伤害案”“曹某军故意伤害案”“丛某宇故意伤害案”“黄某某故意伤害案”“胡某某等故意毁坏财物案”；要么在有关章中专门就多个典型案例进行精彩到位的理论评析，例如第五章“‘唯结果论’的纠偏：防卫限度的双层结构论”专门以“行为导向的双层检验机制”为分析框架对“于某故意伤害案（指导性案例93号）”“朱某山故意伤害案（防卫过当）案（检例第46号）”“王某故意伤害

① 2013年7月1日中国裁判文书网上线运行；2013年11月21日最高人民法院发布《关于推进司法公开三大平台建设的若干意见》（法发〔2013〕13号）；2013年11月21日最高人民法院发布《关于人民法院在互联网公布裁判文书的规定》（法释〔2013〕26号）；2016年8月29日最高人民法院修订发布《关于人民法院在互联网公布裁判文书的规定》（法释〔2016〕19号），截至2020年8月30日18时，中国裁判文书网文书总量突破1亿篇。

案”“董某刚正当防卫案”“季某某致盖某某重伤案”“负某某故意伤害案”“龙某某正当防卫案”“王某某正当防卫案”展开有针对性的分析论证；等等。

可以说，作为刑法学人，切实关注不时提供多样性、复杂性和疑难性案例的中国司法实践，并与实务界进行良性互动的“法理”对话和论证博弈，无疑是“建构具有中国特色、更加本土化的刑法学”① 和“编纂具有中国特色的罗克辛式的刑法教科书”② 的不二法门。

二是修辞意识。笔者先前已在《刑法归责原理的规范化展开》这样一部极为专深的学术著作之中充分领略过陈璇教授运用有关修辞表达之法的特色，此次阅读更是加深了对陈璇教授这一学术个性的肯认。该书至少运用了以下诸种修辞方法：

1. 打比方。“如果将法定正当化事由比作一棵大树的话，那么关于它的法律规定就如同树的基干，它定着在某一特定部门法的规范地面上；然而这棵大树赖以生存的根系，即正当化事由的合法性根基实际上却蔓延遍布与各个部门法的土壤之中，大树繁茂的枝叶所形成的绿荫，即它的合法化效果，也突破了其主干所在的区域，覆盖了整个法秩序”（第3~4、80页）。

2. 引用经典。“正所谓‘天作孽，犹可违；自作孽，不可活’”（《尚书·太甲》）。

3. 反问。“当侵害人通过违反义务的方式不仅将他人的法益推向毁灭的边缘，而且也使自身的法益陷入危险之中的时候，法律怎么可

---

① 参见周光权：《论中国刑法教义学研究自主性的提升》，载《政治与法律》2019年第8期。

② 参见刘树德：《人民法院刑事裁判规则指导与案例汇纂》，法律出版社2013年版，导言第3页。

能对他还给予与其他公民一样无微不至的周到保护，我们又怎能把侵害人与防卫人的法益放在两个完全平行的天平托盘上去作比较呢?”（第30页）

4. 排比。“若公民预见到自己去麻将馆将会引起某人的袭击，则他有义务放弃这一消遣计划；若摊贩知道自己向顾客索要钱款将会导致对方的殴打，则他应当停止行使债权；若某人估计自己的争吵可能激起对方使用暴力，则他必须主动退缩、偃旗息鼓”（第45页）。

5. 引用俗语。“公定力只是对相对人防卫权的程序性‘冻结’，而非实体性消灭。这种‘冻结’绝不是要陷相对人于‘叫天天不应、呼地地不灵’的绝境”（第106页）；“在正当防卫中，双方法益值得保护的程度本来就不在同一水平线上，双方主体所应承担的风险大小也绝非‘半斤对八两’”（第122页）。

6. 引用法谚。“尽管‘正当防卫乃自然权利’‘正当防卫无历史’之类的法谚流传甚广，但这一判断其实并非放之四海而皆准、推之百世而不悖”（第131页）。

7. 引用经典故事。“‘吾之茅屋乃吾之城堡，风能进，雨能进，国王不能进’。住宅作为公民最为私密的场所，作为公民最有理由期望享有自由和安全的地方……”（第161页）“法律固然要求防卫人应当选择给侵害人造成损害最小的防卫手段，但这绝非强令其行‘宋襄公之仁’；让防卫人承担该义务的前提是，他采用较轻的防卫手段既不会减弱防卫行为的有效性，也不至于危及自身的安全”（第230页）。

8. 运用成语（绝大多数页码中至少有一个成语）。“受侵害人或者第三人……认知能力出现减弱的原因不外乎在于：侵害发生的环境容易使人陷入惊慌失措、草木皆兵的精神状态，或者侵害以迅雷不及掩耳之势降临，给人留下的反应时间过于短暂”（第217页）；“假如侵害人想要终结冲突状态，从而使自身法益的值得保护性复归至冲突发生前的正常水平，那么，要么他已经完全丧失了继续侵害的能力，要么必须在停止侵害的同时准确无误地向防卫人表明自己放下屠刀、偃旗息鼓的决心”（第226页），等等。

代跋：跟“金老头”学读书方法

笔者在书店偶然发现了金克木先生的《书读完了》（增订版，上海文艺出版社2017年版）。当时即刻觉得这书名很有意思，同时也让笔者隐约地想起曾经读过金先生所写的《蜗角古今谈》（辽宁教育出版社1995年版）。笔者阅读此书有两个目的：一是想弄明白《书读完了》这一书名的意思；二是想弄明白《书读完了》这本书到底怎么是展示“一代学术大家卓越的读书方法，一位文化传奇特殊的学习路径”（书的腰封）的。

《书读完了》（第一版）由汉语大词典出版社2006年出版，上海辞书出版社2007年再版过一次。此次增订版增加了七篇文章，删除了两篇，并调换了部分文章的位置。其具体分为“‘书读完了’”（共22篇）、“福尔摩斯·读书得间”（共17篇）、“读书·读人·读物”（共18篇）三辑。

品读完此书后，关于《书读完了》书名的疑惑自然有了答案。金先生在“书读完了”这一篇中转述了一则逸事：“有人说，历史学家陈寅恪曾对人说过，他幼年时去见历史学家夏曾佑，那位老人对他说：‘你能读外国书，很好；我只能读中国书，都读完了，没得读了。’他当时很惊讶，以为那位学者老糊涂了。等到自己也老了时，他才觉得那话有点道理：中国古书不过是那几十种，是读得完的。说这故事的人也是个老人，他卖了一个关子，说忘了问究竟是哪几十种。现在这些人都下世了，无从问起了”（前言第 4 页）。金先生随后作了如下的解释：那两位老学者之所以认为中国古书不过几十种且是读得完的，是因为“他们看出了古书间的关系，发现了其中的头绪、结构、系统，也可以说是找到了密码本。只就书籍而言，总有些书是绝大部分的书的基础，离了这些书，其他书就无所依附，因为书籍和文化一样总是累积起来的”（第 16 页）。可见，金先生的“书读完了”是有其具体语境的，其中的“书”首先是指“中国古书”，同时又并非泛指浩如烟海的所有“中国古书”，而是“有些不依附其他而为其他所依附的书”，这些书“应当是少不了的必读书或则说必备的知识基础”，具体包括《易》《诗》《书》《左传》《礼记》《论语》《孟子》《荀子》《老子》《庄子》等。只要“‘本人’（这些书——引者注）都认识了，其他不过是肖像画而已，多看少看无关大体了。用现在话说就是，主要的信息已有了，其他是重复再加一点，每部书的信息量不多了”（第 19 页）。当然，仅就这些书而言，并非人人“读得完”的，只有这故事中的“老人们”方能“读得完”。

至于读书方法而言，金先生在“谈读书和‘格式塔’”“读书得间”“读书法”“古今对话：读书”“怎样读汉译佛典——略介鸠摩罗什谈文体”“读书·读人·读物”“读书——读语言世界”等篇章中专门谈读书及其方法。择其要者：

1. “一揽子”读书法。“读书要形式内容一网打起来，一把抓……要‘不求甚解’，又要‘探骊得珠’，就是要讲效率，不浪费时间。好比吃中药，有效成分不多，需要有‘药引子’。参观要有‘指南’”（第 20 页）。

2. “福尔摩斯式”钻探读书法。“找几个点深钻一下，由点及面，由表及里，又由内而外，仿佛想绘出潜在的地质图。文献的表层是语言文字，是‘文体’，可否由此深入其中潜在思想，再从功能或效用方面结合其作者、读者、传播者、有意无意应用者，由此可能窥见其共识和异识，测出变化”（第45页）。

3. 谈论式读书法。“和书对话”“边看边问边谈论，不诛求字句像审问犯人”“不是兢兢业业唯恐原作者打手心的读法，是把他当作朋友共同谈论的读法，所以也不是以我为主的读法，更不是以对方为资料或为敌人的读法”（第225~226页）。

4. 得间读书法。“古人有个说法叫‘读书得间’，大概是说读出字里行间的微言大义，于无字处看出字来。其实行间的空白还是由字句来的；若没有字，行间空白也没有了”“古书和今书，空白处总可以找出问题来的。不一定是书错，也许是在书之外，总之，读者要发现问题，要问个为什么，却不是专挑错”（第231~232页）。

与此同时，金先生在其他一篇篇珠玉之文中也直接或者间接地论及了读书及其方法，不乏精彩的论述，例如，“读书可以把书当作教师，只要取其所长，不要责其所短”（第23页）；“如果想读自己研究以外的书，如何在书海之中航行呢？……最好学会给书‘看相’，最好还能兼有图书馆员和报馆编辑的本领”（第23页）；“书的阅读是可以分层次的。若是最低层次的阅读，建议几点：一是把文言当白话读；二是可以跳着读；三是拣软性的读，莫先啃硬骨头；四是自己去解说，边读边解，别去找‘标准答案’”（第177页）；“历史上出现一种新思想，一方面要看它对于以前的思想有什么革新，有什么异同，另一方面要看它对于以后思想有什么影响，起什么作用，适应什么气候。后一方面可能更为重要”（第211页）；“读哲学书的前提是和对方站在同一条起跑线上，先明白他提出的是什么问题，先得有什么预备动作或‘助跑’，然后和他一同齐步前进，随时问答”（第220页）；“‘见其所见，不见其所不见’……一本书里可以有无数内容，有各种层次的思想，那就只能取我所需，见我所见，择其一端，不及其余”（第234页）；“读书本无定法，只要各得其所”“各有才能偏向，各有目的不同，能适合自己而有效的，就是好的读书法”“适合自己便能生效，凡事都要讲效率，读书也一样。无效读书不如睡觉”（第236、237页）；“不会读，书如干草。会读，书如甘草”（第245页）。“读书好比游览。所读的是本文，或说‘文本’，这以外的都是导游的话。导游是必要的，但游览还得靠自己。读书也得靠自己亲自和对方打交道，也就是与书对话。对话不仅眼看耳听，还要用心思”（第249页）；“不但佛书，其他古书往往也有内外之别。讲给别人听的，自己人内部用的，大有不同。这也许是读古书之一诀窍”（第270页）；“对于专门研究者当然要避免这样（只读中国佛教文献中汉、藏等语言译本的一小部分，会以偏概全——引者注），但对于着眼于了解文化的人却又不同。这些人读书既要‘胸有成竹’，又要‘目无全牛’，还要能‘小中见大’”（第277页）；“读书也可以说是听古人、外国人、见不到面或见面而听不到他讲课的人的话。反过来，听话也可以说是一种读书。也许这可以叫作‘读人’”（第341页）；等等。

正如黄德海先生在为《书读完了》写的前言“有这样一个老头”中所说，“书是否真的能够读完，书、人和物是不是真的能通，是‘如人饮水，冷暖自知’的事，要亲身体味领受才好。能确定的只是，金克木提示了一个进入书的世界的方便法门”（前言第8页）。确实如此，特别是在如今信息爆炸的时代，“书读完了”的时空已不存在，身处“书读不完”处境中的我等凡夫俗辈就更应当重视读书方法或“进入书的世界的方便法门”，方能事半功倍，更好地以“生有涯”达至“知无涯”。